*新訂* 事例で学ぶ保育内容

## 領域 人間関係

監修 無藤 隆
編者 岩立京子 赤石元子 古賀松香
著者 西坂小百合 森下葉子 倉持清美

萌文書林
Houbunshorin

# 新訂版 シリーズはじめに

　幼児 「カラー5領域」シリーズについて、多くの方々に大学の授業や現場での研修などのテキストとして使って頂いてきたが、平成29年3月の幼稚園教育要領、保育所保育指針、幼保連携型認定こども園教育・保育要領の改訂（改定）を受けて、そのポイントを盛り込み、改訂しました。

　同時に、従来からの特徴を堅持しています。第一に何より、保育現場の写真をほとんどの見開きに入れて、視覚的なわかりやすさを可能にしていることです。それは単なる図解ではなく、長い時間を掛けて、保育現場で撮った実践についての写真です。中身に意味があるように、複数の写真を組み合わせて、本文で記述している活動の流れがわかるように工夫したところも多々あります。また、写真をすべてカラーにしてあります。今時、誰しも写真がカラーであることに慣れているだけでなく、やはり実際の様子がよくわかるからです。特に初心の学生などそれは大事なことです。

　第二に、本シリーズでの実践例と写真は、特にお茶の水女子大学附属幼稚園及び東京学芸大学附属幼稚園など、編者や執筆者が関わりの深く、全国的にも名がとどろいている園について、その長年にわたり蓄えられてきた実践知を解説と写真により明らかにしようとしてきたのです。その実践者自身も多く執筆していますし、研究者もまた実践者と協同しながら研究を進めてきており、また保育の改善や解明に努めてきました。その成果を本シリーズで初心者にもわかりやすい形で伝えるようにしています。

　第三に、その意味で本シリーズは、大学の研究者と現場の実践者との間のまったくの対等の協同関係により執筆してきました。その協力関係を維持し発展させることと本書を執筆する過程は重なり合ったものなのです。日頃から研究会や保育公開や園内研究会などを通して協働してきた間柄でもあります。

　第四に、実践と理論の往復と対応に意識して、執筆しました。その二つが別なことでないように、話し合いを重ねて、原稿の調整を行いました。シリーズの全体のあり方を整えるとともに、各巻ごとに編者を中心に執筆者と互いに連絡を取りつつ、完成に至ったのです。理論的な立場の章も実践のあり方を踏まえ、それに対する展望を提供するよう努めました。

　最後に何より、新しい幼稚園教育要領、保育所保育指針、幼保連携型認定こども園教育・保育要領の考え方を反映させています。それは次のように整理できます。

最も基本となることは、従来からの考えを引き継ぎ、乳幼児期に相応しい教育のあり方を保持し発展させていくことです。この時期の子どもは園の環境にある物事に能動的・主体的に関わることを通して成長を遂げていくのであり、保育者の仕事はそれを支え促す働きにあります。また、この時期に子どもに経験してほしい事柄を整理したものが保育内容の５つの領域なのです。

　そこで子どもの内面に育つ力が「資質・能力」です。それを子どもが関わり、その関わりを通して体験を重ね、学びとして成立していく過程として捉えたものが幼児教育としての３つの柱です。プロセスとしてとらえることにより保育において子どもを指導する際のポイントが見えてきます。それは、子どもが気づくこと・できるようになること（知識・技能の基礎）、試し工夫すること（思考力などの基礎）、自分のやりたいことに向けて粘り強く取り組むこと（学びに向かう力など）を中心としたものです。それは短い時間での活動をよりよくしていく視点であり、同時に、長い期間を掛けて子どもの学びが成長につながっていくあり方でもあります。

　その資質・能力の始まりの姿を示すものが保育所保育指針などに示させる乳児保育の３の視点です。自分の心身への関わり、人との関わり、物との関わりからなり、それが５つの領域に発展すると同時に、そこから資質・能力が伸びていきます。

　その幼児期の終わりの姿が「幼児期の終わりまでに育ってほしい姿」です。それは資質・能力の成長が５つの領域の内容の中で具体化していき、姿として結実し、さらに小学校以降へと述べていく様子を示しています。これが実践を見直す視点として使えるものとなります。

　このように、新たな考え方を取り入れながら、乳幼児期の教育の本質である環境を通しての保育の考え方を実践に具体的に即して解説したものが本シリーズなのです。

　このような大胆な企画を全面的にサポートして頂いた萌文書林編集部の方々に感謝するとともに、本書に登場することを快く承知して頂いた子どもたちと保護者の方々、また保育の現場の実践者の方々に感謝申し上げます。


平成 29 年の年末に

監修者　無藤　隆

# 本書はじめに

　近年、IT（情報通信技術）の進展は著しく、巷では、ICT、IoT などの言葉が飛びかっている（関連 8 章）。それらが飛躍的に進歩し、私たちの生活を変化させてきている。これらはすべて、人間の機能を仮想空間において拡張したり、人工知能を使って瞬時に問題解決したりして、時間や空間、人手を省くことができるものといえよう。このような変化により、対人的なコミュニケーションは必要な情報のみを交わし合う無機的なものとなり、人と人とが対面して、関わり合っていく社会的、情動的コミュニケーションの機会は奪われていく。一方で、グローバル化は、私たちの生活に多様性をもたらし、多様な文化や価値観の衝突、融合などにより、あらゆる分野の境界を超えて、新たなものを生み出している。このような社会で、人々のコミュニケーションを支えているのも時空間を超える情報通信技術であるが、様々な文化、社会的背景をもつ人々が実際に関わるとき、様々な衝突が起きているのも事実である。

　人は、人と人との間で生きていく存在である。互いに対面して、言葉や感情を交わし合い、時に対立し、悩みながらも、関係を修復しようと試み、和解したり、新たな関係を形成したりしていく存在である。この、人間的な労力を必要とする過程から、真の愛情や信頼も生まれてくるのではないだろうか。とくに乳幼児期は、心身ともに触れ合う社会的、情動的コミュニケーションが重要な時期である。生まれた直後から、養育者に抱かれ、体の温もりを感じながら、コミュニケーションし、人間関係の最初の発達課題である愛着や信頼を獲得していく。そして、発達するにつれて、生活空間を広げ、幼稚園等施設に入園し、保育者や仲間と出会い、関わりを通して、自立心や他者への愛情や信頼、社会生活における望ましい習慣や態度を身につけている。これらは、ある意味、時間がかかるし、労力も要する営みかもしれない。しかし、人間の発達において、このような直接体験を欠いてはならないと思う。

　しかし、虐待件数はとどまるところを知らぬ勢いで増え続け、貧困、いじめなど、乳幼児期を取り巻く環境の問題は厳しいものがある。乳幼児期は人格の基礎を培う時期であり、その保証に向けて、保育者及び幼稚園等施設の役割と責任は大きいと思う。

　本書の各章には、それぞれの筆者が今日、重要だと思うことを若干重複しつつも含めた。学生が保育内容「人間関係」の基礎を学ぶテキストとして、また、現職の保育者が自らの実践を振り返り、質を向上させるための資料として使っていただきたい。

　平成 30 年 2 月

編者代表　岩立京子

# 領 域 人間関係

## ＊ Contents ＊

※本文中の上付き数字[1] は、引用文献の番号を示しています。
引用文献は、巻末に章別に掲載してあります。

---

### ● 掲載写真について ●

　本書は保育事例・写真を多数掲載して編集いたしました。ご協力いただきました園や関係者のお名前は、奥付に「事例・写真 提供協力」としてまとめています。また、本書全体にわたって多くの事例と写真のご協力をいただいた3園については、下記のように園名を略して本文中にも掲載しております。

| 略　称 | 正 式 園 名 |
| --- | --- |
| お茶大 | お茶の水女子大学附属幼稚園 |
| お茶大こども園 | 文京区立お茶の水女子大学こども園 (1章の一部に掲載) |
| 学大小金井 | 東京学芸大学附属幼稚園小金井園舎 |

# 幼児教育の基本

乳幼児期にふさわしい教育を行う、その中核が「環境を通しての保育」の捉え方である。
子どもは身近な環境に能動的に関わり、その充実した活動すなわち遊びを通して
心身の成長が可能となる。それを遊びを通しての学びと呼ぶ。
そこで育っていく子どもの根幹にある力が資質・能力であり、
それが幼児教育の終わりまでに育ってほしい姿として結実し、さらに小学校以降へと伸びていく。

# 幼稚園教育要領、保育所保育指針、幼保連携型認定こども園教育・保育要領における幼児教育の捉え方とは

## 1 幼児教育の根幹

　幼稚園教育要領第1章では、幼児教育の根幹を幼児期の特性に応じて育まれる「見方・考え方」として示している。幼児教育における「見方・考え方」は、「幼児がそれぞれ発達に即しながら身近な環境に主体的に関わり、心が動かされる体験を重ね遊びが発展し生活が広がる中で環境との関わり方や意味に気づき、これらを取り込もうとして諸感覚を働かせながら試行錯誤したり、思いを巡らせたりする」ということである。

　この体験というのは内面が動くことと言っている。だから、心を動かされる体験というのは、いろいろなことに喜んだり感動したり、ワクワクしたりする体験をすることである。そういうことを積み上げながら、子どもの主体的な遊びが発展していく。また、遊び以外の生活の場面が広がっていく。そのなかで環境との関わり方や意味に気づき、自分たちが環境に関わっていることがどういうふうにすればよくなるか、どういう意味をもっているかについて考える。環境の関わり方を知り、こうしたいと思う気持ちをもち、それを取り込んで、自分のものとして自分の力でやってみたいと思うことから試行錯誤が生まれる。これは体を使い諸感覚を使いつつ、思い巡らすことである。思い巡らすというのは、「じっくり考える」「あれこれ悩む」「こうかなと思う」「こうしようとする」といった、子どもの内面的な、知的であり情動的なことを表現した様子である。

　たとえば、子どもたちが砂場遊びのなかで水を流すとする。樋（とい）を使って水を入れていくときに試行錯誤するだろう。子どもたちのイメージとしては水が水路みたいにスーッと流れていく、だけれど、樋が短いから組み合わせていく。その時に4歳児で最初はいい加減にやっていると、傾斜が平らで流れなかったり、樋に隙間が空いていると水が漏れたりするし、そうしているうちに、たとえば樋を重ねるときに上流の樋が上になければならない、逆になっ

ていると隙間ができてしまうとか、細かいことに気づいて台を工夫することを何度もやっていく。そこに身近な環境に主体的に関わっている姿がある。何とか水を流したいというあこがれのイメージをもち、そのうえで何度も工夫している。水を流したいという気持ちから生まれる物事の関連づけということがここでいう意味である。子どもにとって、実際に何かをやることで、さまざまな事

柄のつながりが見えてくる。そのなかで、自ら考えながら、保育者と話しながら何度もやっていく。そこには試行錯誤がある。同時に単に手先で適当にやっているわけではない。ランダムにやっているわけではなくて、一度上流の樋を上の方にすると気づけば、それが外れたらまた上に乗っけることをする。傾斜が適当にできたら、それが外れたらちゃんと直す。水の特徴に気づきながら、それを自分のものにしていく子どもの様子が見られる。

　そう考えると、幼児教育の一番の中心は、この「見方・考え方」であって、それを子どもが自分のものにしていく過程であるわけである。それを保育者は援助していく。この「見方・考え方」が成立していく過程を「学び」と言っている。それが幼児期にふさわしい教育のあり方で、それが一番の中核になる。今回の改訂では、それが幼稚園・保育所・認定こども園でつながる根幹だということで明確にしてある。

　そのうえでそれを小学校以降につないでいく必要があると考える。ここにもふたつの側面がある。ひとつは幼児教育と小学校教育のつながりをしばしばあまりに周辺的・断片的なことを見ていく傾向があるということである。そうではなく、子どもたちが学校教育を通して育っていくときに身につけていく力の根幹までさかのぼって整理していく。これを小学校・中学校で言えば、教科を超えて共通の子どもたちの力の根幹というものは何なのかということに戻って整理していくということになる。それを「資質・能力」と呼んでいる。小学校とこの資質・能力においてつながる。もうひとつは、あまりにそれが抽象的すぎるので、具体的に5歳児の終わりごろの子どもたちが見せる発達の姿を具体的に提示して、それを小学校につなぐとしてある。この二重の構成によって幼児教育と小学校教育のつなぎをしていく。

## 2　育みたい資質・能力

　まず、根幹となる力について3つに分けてある。①は「知識及び技能の基礎」、②は「思考力・判断力・表現力等の基礎」、③が「学びに向かう力、人間性等」である。これは小・中学校において従来言ってきた、「知識・技能」と「思考力・判断力・表現力等」と「主体的に学習する態度」という学力の3要素に対応している。この3つの資質・能力は幼・小・中・高で大きくは同じであるとしている。また、幼稚園と認定こども園と保育所においても同様である。つまり、すべての幼児教育の施設と、基本的には小・中・高が共通の枠組みであるとしたわけである。その共通性を明らかにさせて、そのうえで幼児期の固有性というのを、先ほどの見方・考え方によって、幼児期らしく言い換えて、はっきりとさせていく。

　まず1番目に、「知識及び技能の基礎」の部分（豊かな体験を通じて、感じたり、気付いたり、分かったり、できるようになったりする）である。これは、砂場の例でいうと、「水は高い所から低い所へ落ちる」くらいは3歳児でもわかるだろうが、「ちょっとした隙間があるとこぼれる」とか、もう少し大きくなると、「相当ゆるやかにすると水が流れない」、逆に「傾斜があると水の流れが速くなる」という傾斜度に気づいていく。実際に遊びながら特徴を見いだしていくのだが、これが知識及び技能の基礎となる。それは別の言い方をすれば「何

（what）」についてである。知識及び技能の基礎というのは、世の中にはいろいろなものやいろいろな人がいて、それぞれの特徴がわかるということであるし、それぞれの特徴に関われるということだと言える。水の特徴に気づく、縄跳びが跳べる、ウサギをだっこできる、ダンゴムシは丸まるなど、それぞれの特徴がわかる、知るとか、実際にウサギにとって心地よいように抱くことができるなどといった、個別的な事柄が実は幼児教育のなかでは無数に存在する。これをまず基本として捉える。

2番目に、「思考力・判断力・表現力等の基礎」であるが、これは、「気付いたことや、できるようになったことなどを使い、考えたり、試したり、工夫したり、表現したりする」力である。では、「考える」というのはどういう場面で起こるだろうか。「考える」というのは、脳のそれなりの部分を使うことであり、活性化していると言ってよい。その意味での考えること自体は乳児のときからしていることである。

ただ、大人は頭の中だけで考える。それは、幼児にはなかなか難しい。幼児の「考える」場面というのは、つまり先ほどの砂場に水を流すだとか、段ボールで窓を窓らしく作るとかなどで、それは子どものやりたいことや願いがあることによって「工夫する」という姿が出てくる。どう工夫すればいいか、ということで立ち止まり、そこで試行錯誤する。その手を止めて「エーと」と思うその瞬間に子どもの考えが生まれる。一瞬考えるなかで、子どもたちの試行錯誤と考える力が入り混じっている。気づいたこと、できるようになったことを使いながら考えたり試したり工夫したりするわけである。

さらに、ここに表現も出てくるだろう。つまり、考えたことや工夫したことを互いに伝えるということである。それによって子どもたちの考える力はさらに伸びていく。伝え合うというのは対保育者や対子ども同士ということであるが、「ここのところを工夫した」「こういうふうにするといいんだよ」等をお互いに言えるようになっていく。そこに自分たちの考えることの自覚があり、自覚があることによってよりよく考えるところに結びついていく。

3番目の「学びに向かう力、人間性等」であるが、これはまさに非認知的な力の部分である。根幹にあるのが学びに向かう力なのだと考える。つまり、幼稚園教育要領等でこれまで大切にしてきた「心情・意欲・態度」というものはまさに非認知的能力、あるいは社会情動的な力である。そこでは従来、態度の詳細があまり書かれていなかったが、そこをもう少しはっきりさせていく。「心情・意欲」はまさに「心が動かされ」「やりたい」「好きになる」「興味をもつ」という部分である。「態度」はそれをもとにして、「粘り強く取り組む」とか「積極的に工夫する」あり方を指している。意欲だけではなく、たとえば「好奇心」「やり遂げる力」「挑戦していく力」「人と協力する」等、さまざまなことが「態度」と呼ばれており、それによっていかによりよい生活を営むかが大切になる。子どもが自分たちが作った物、気

づいたものを使ってさらに遊びや生活を発展させるものということを指す。たとえば、5歳児がまず大きなお家を作って窓を開けてみる。その後、3歳児をそこに招待する、中でお茶会をする。そうするとテーブルを用意してお茶セットを置いて、3歳児を呼んできて……ということはひとつの遊びの活動が次に展開しながら子どもたちがそれを生かしてまた活動していっている。これこそが、「よりよい生活を営む」幼児像となる。

では、それは具体的にはどういうふうに実践していけばよいのか。幼児教育の具体的な中身は5領域にある。5領域というのは「ねらい」があって、それは「心情・意欲・態度」を中心とした、先ほど示した3つの資質・能力の部分であり、具体的には内容を指している。内容によって、とくに「知識及び技能の基礎」が育まれる。砂場を使うのか、水を使うのか等々のことが内容となる。

そのうえで10の姿というのを提示している。これは、5歳児修了までに資質・能力が育っていく際の具体的な姿として挙げられている。つまり、5領域の中で5歳児の後半で、子どもたちに育っていくであろう姿を取り出している。5領域の内容というのは、よく見ると、やさしめなものと難しいものが混じっている。「これは3歳児くらい」というものと「これは5歳児くらい」というものが混じっているのである。それとともに、小学校との関連において、幼稚園・保育所・認定こども園を共通化していくときに幼児期の終わりまでに、言い換えれば幼稚園、保育所や認定こども園で育っていく「子どもの最終像」を描いていくことが大切になると考えている。それを小学校へつなげていく。それは最終テストをしようという発想のものではない。5歳児の2学期・3学期の子どものあれこれ遊び・活動している様子を思い浮かべたときに、思い当たる節があるようなことを示している。「あれが育っている」「あの辺がまだ育っていないから、ちょっと10月から力を入れよう」等を10に整理してある。

# 3 幼児期の終わりまでに育ってほしい姿

10の姿を確認したい。①は「健康な心と体」で、幼稚園などの「生活の中で、充実感をもって自分のやりたいことに向かって心と体を十分に働かせ、見通しをもって行動し、自ら健康で安全な生活をつくり出すようになる」とある。これはまさに領域「健康」そのものである。5歳児後半らしさというのは「見通しをもつ」とか「生活をつくり出す」というようなところかと思われる。それらは3歳児もできなくはないだろうが、それをちゃんとするのは難しいというところで、やはり5歳児の姿であると思われる。

次に②自立心は、「身近な環境に主体的に関わり様々な活動を楽しむ中で、しなければならないことを自覚し、自分の力で行うために考えたり、工夫したりしながら、諦めずにやり遂げることで達成感を味わい、自信をもって行動するようになる」とあり、これはまさに非認知的な力になる。これも、たとえば「自覚して行う」とか「諦めずにやり遂げる」とか「自分の力で」というと年長らしさというものを感じるわけで、この辺まで育ってほしいと

保育者として願うのである。

　さらに、③協同性も同様である。「友達と関わる中で、互いの思いや考えなどを共有し、共通の目的の実現に向けて、考えたり、工夫したり、協力したりし、充実感をもってやり遂げるようになる」とあるが、これはまさに「人間関係」のなかに、「友達と楽しく活動する中で、共通の目的を見いだし、工夫したり、協力したりなどする」とあり、それを受けている。共有するとか工夫、協力するとかやり遂げるということが、年長らしさということになるだろう。

　そういった10の項目が用意された。その際に、この『幼児期の終わりまでに育ってほしい姿』は、資質・能力が5領域の内容において、とくに5歳児の後半にねらい

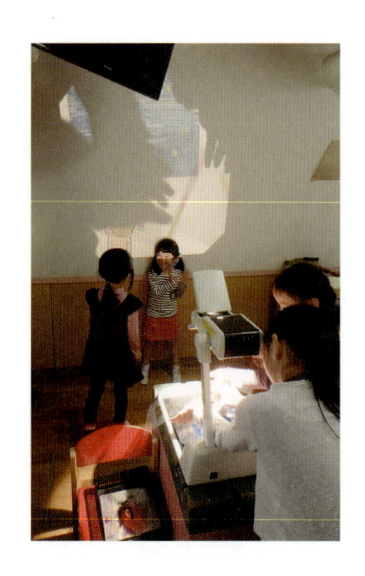

を達成するために、教師が指導し幼児が身につけていくことが望まれるものを抽出し、具体的な姿として整理したものである。それぞれの項目が個別に取り出されて指導されるものではない。もとより、幼児教育は環境を通して行うものであり、とりわけ幼児の自発的な活動としての遊びを通して、これらの姿が育っていくことに留意する必要がある。

　この姿というのは5歳児だけでなく、3歳児、4歳児においても、これを念頭に置きながら5領域にわたって指導が行われることが望まれる。その際、3歳児、4歳児それぞれの時期にふさわしい指導の積み重ねが、この『幼児期の終わりまでに育ってほしい姿』につながっていくことに留意する必要がある。これは保育所・認定こども園なら、0歳、1歳からスタートすることになるだろう。そして、これが「5歳児後半の評価の手立てともなるものであり、幼稚園等と小学校の教師がもつ5歳児修了の姿が共有化されることにより、幼児教育と小学校教育の接続の一層の強化が図られることが期待できる」のである。また、小学校の教員に「幼児教育って要するに何ですか」と聞かれたときに、「この10の姿を育てることです」と返答することができる。逆に言うと、「小学校に行く子どもたちはこの10の姿が多少なりとも育っているところです」と言えるわけである。厳密にいうと「この子はここが弱い、ここは伸びている」というのがあると思うので、それに向かって育っていきつつあるということであり、その具体的様子は要録等で示していけばよい。言うまでもなく、幼児教育における評価は、テストしてということではなく、保育者が保育を改善するためにある。

　この上で、10の姿として実現していく「資質・能力」を育てていくというときに大切なのは、「プロセスをどうしっかりと進めていくか」ということである。具体的には「学習過程」という表現であるが、学校教育法上で幼稚園も「学習する」ことになっているので「学び」と呼んでもいいし、「遊び」と呼んでもよい。資質能力を育てていく、その学びの過程にあって、子どもたちが主体的な遊びをするなかで身につけていくプロセスを保育者はどう支えていくか指導していくか。その際のポイントを3つに整理したのが「主体的・対話的で深い学び」の充実である。

# 4 「資質・能力」を育む3つの学び

この「主体的・対話的で深い学び」というのは幼・小・中・高で共通して使っている言葉であるが、幼児期には幼児期なりの意味で使っている。

「①直接的・具体的な体験の中で『見方・考え方』を働かせて対象と関わって心を動かし、幼児なりのやり方やペースで試行錯誤を繰り返し、生活を意味あるものとして捉える『深い学び』が実現できているか」

「②他者との関わりを深める中で、自分の思いや考えを表現し、伝え合ったり、考えを出し合ったり協力したりして自らの考えを広げ深める『対話的な学び』が実現できているか」と言われており、これは、他者と協同の関係、自分たちでやっていること・やってきたことを言い表し、伝え合うなかで深めていこうとすることである。

「③周囲の環境に興味や関心をもって積極的に働きかけ、見通しをもって粘り強く取り組み、自らの遊びを振り返って、期待をもちながら、次につなげる『主体的な学び』が実現できているか」。これは「主体的」について、まさに幼児教育の中心の部分である。主体的な遊びを通して学びを実現していくことなのである。ここはまさに非認知的な能力を育てるということである。ここでのポイントはまず、興味や関心をもってまわりに働きかけるということ、2番目は見通しをもつことである。粘り強く取り組むというのは、見通しをもつことなのである。

たとえば、「人の話を聞く姿勢」といっても、ただボーッと座っていればいいわけではない。ボーッと聞くか、しっかり考えて聞くかの違いは、見通しをもつかどうかの違いなのである。なかなか3歳児に見通しをもつことは難しいだろうが、4・5歳になると「何をめざしてこれを言っているのだろう」と考えることができるようになってくる。砂場に水を流すというのは、樋と水があるなかで先生に「流しなさい」と言われて流すということではなく、子どもにとっては砂場に海やプールのようなものを作ろうとするなかで、バケツやホースを使うのであろう。つまりは、何かしらのものを作ろうとしているイメージがあり、見通しをもっている。そういうなかで主体性は育っていき、さらに、自らの姿勢を振り返ることができるようになる。「今日どういう遊びをしたのか」、「その遊びのなかでどういう工夫をしたのか」というのを友達同士で伝え合うということ、クラスで先生が子どもに聞いて発表してもらう、「これはどう」と聞いてもらう、それが対話ということである。

そう考えると、「深い学び」も、「対話的学び」も「主体的な学び」ももちろん相互に密接に関連し合っていて、「ここが主体的な学びの時間、こっちが対話的な学び、ここが深い学び」ではない。すべての基礎となっているのが、子どもがものと出会い、人とつながり合いながら、より主体的で対話的な深い学びを実現していく過程であり、それが幼児教育のなかで起きているプロセスなのである。それが、より高いレベルで充実したものになるための指導のあり方である。幼児教育がほかの教育と共通性をもち、いかに小学校教育以降につながって、しかも同時に幼児期としての土台を形成できるかということをはっきりさせているのである。

# §2 これからの0〜2歳児の保育

## 1 非認知と認知能力

　保育において普通の言い方をすれば、「認知」というのは知的な力で、「非認知」というのは情意的な力とか人と協働する力ということである。「資質・能力」でいうと、「知識及び技能の基礎」は「気づくこと」と簡単には言えるが、それは知的な力の一面である。もう一面は2番目の「思考力等」で、それは考えること、工夫することであり、知的な力の中心だ。3番目の「学びに向かう力・人間性等」というのは「心情・意欲・態度」の育ちから生まれるとあるので、情意的な部分となる。「心情・意欲・態度」という「心情」は、気持ちとか感情であり、心が動かされると説明できる。「意欲」はやりたいと思うこと。「態度」というのは、保育内容でいうと粘り強くできるといった類のことを指している。だから粘り強く最後まで取り組むとか、難しいことにも挑戦してみるとか、みんなで一緒に考えていくというのを「態度」と言う。そのあたりを一括りにして「学びに向かう力」ということで、これを小・中・高共通の言い方にしようとしている。

　幼児期の終わりまでに育ってほしい姿を理解するとき、乳児期から始まるということが重要である。「乳児保育のねらい・内容」で3つの視点が示されている。第1が「自分の心身への関わり」である。2番目は「親とか保育士など身近な人との関わり」で、信頼感とか愛着を育てることから始まる。3番目は「ものとの関わり」で、ここに気づいたり考えたりという知的な部分の芽生えがある。

　なお、「健やかに伸び伸びと育つ」という部分で、心身について子どもが自ら健康で安全な生活をつくり出す力の基盤を養うということとしており、これが幼児期の終わりまでに育ってほしい姿とつながることがわかる。つまり乳児から始まって幼児期、さらに小学校・中学校との連続性を明瞭に出してある。また、身近なものとの関わりの方は、「考える」「好奇心」というのも入っている。乳児もまた当然ながら考えるのである。それは小学生や、まして

大人とは違う働きでもあり、無意図的で無自覚的であるけれど、そこから発展していき、より意図的で自覚的な考えへと乳幼児期全体を通して発達していく。人間関係は段階的であり、まず愛着が成り立って、その次に1〜2歳児を見ていくと、仲間との仲良し関係が始まり、3歳以降に集団的な取り組みや共同的活動が始まるという3段階になっている。ベースとして愛着がまず先にある。

このように、いずれも発達的な展開として示してあり、視点で異なるが、いずれにしても乳児期からの連続的な発展というのが強く打ち出されている。

## 2 養護と教育の一体性

　養護とは生命的な存在である子どもの生きることそのものの保障を言っている。生命の保持と情緒の安定という整理は、その身体とさらに心の基盤を整えるということを意味している。とくに保育側がそのことの責務を負っており、保育所なり認定こども園ではとくに幼い子どもがおり、長時間の生活があるので強調されるが、実はその用語を使うかは別とすれば、幼稚園教育でそもそも「保育」という用語を使い（学校教育法における幼稚園教育の目的）、保護という概念がそこで中核的な意味をもち、また児童福祉法の根幹にある理念としての「愛し保護すること」を受けている以上、当然なのである。

　養護とは保育・幼児教育の施設の場という家庭から離れて不安になっている子どもを安心していてよいとするところから始まる。そこから、保育者との愛着・信頼の関係に支えられ、子どもの関心が徐々にその周囲へと広がっていく。すると、そこにほかの子どもたちがおり、いろいろなものがあり、さまざまな活動が展開していることに気づき、そこに加わろうとする動きが始まる。そこでの経験の保障が保育内容の5つの領域として整理されたものであり、その経験を「教育」と呼ぶのである。だから、養護に支えられた教育が「幼児教育」ともなり、将来の小学校以降の学校教育の土台となり、同時に小学校以降の教育を下に降ろすのではなく、身近な環境における出会いとそこでの関わりから成り立つ経験をその幼児教育としていくのである。

## 3 0〜2歳児の保育における「視点」から領域へ

　実は乳児保育の「視点」は、5領域が成り立つ発達的根拠でもある。発達的問いというのは大体始まりを問題にする。身体に関わるところは比較的直線的に発達していく。物の辺りは広がりとして発達していく。人との関わりは対大人と対子どもと違うので階段的な展開をする。いずれにしてもその5領域が教科教育の手前にある乳幼児期に成立する土台であり、さらにその基盤がある。逆に、その上に発展の土台があって、その上に教科があるということなのである。全体を見ると、小・中学校の教科教育の発達的な基盤が乳児から始まることが明示されたと言えるのではないだろうか。そういう意味で、乳幼児から大人までの流れを発達的に規定して教育を位置づけるということになったのである。

子どもが主体的に環境と相互作用することで、その成長が保証されていくという原理は平成元年度から入っているが、子どもの主体的な生活、自発的な活動としての遊びを、専門家である幼稚園教諭・保育士が援助していくという構造が、平成20年度ではっきりとしてきた。計画としての保育課程、実現としての指導計画というカリキュラムがはっきりしている。それを受けて、幼児教育全体の原則が構造的に明示されたのである。

「幼児期の終わりまでに育ってほしい姿」というのは方向性であると述べた。それは幼児期に完成させようとしているわけではない。乳児期から育っていく方向である。「姿」というのはさまざまな活動のなかで見えてくる子どもの様子である。かつ、保育者がていねいに見ていけば見えるような様子なのであり、現場で見えてくる部分を大切にしていこうというメッセージなのである。とくに、乳児保育から始まる子どもの姿であるのだが、幼稚園もゼロから始まるわけではなく、幼稚園に行く前に家庭での育ちがあり、さらに子育て支援施設などで集団経験がある程度あり、そういうところの育ちを受けて幼稚園がある。

# 4 「視点」と「領域」

乳児保育では、たとえば8か月の赤ちゃんは、自分の体と相手となる大人、そしてそばにあるものとの関わりで始まる。それに対して保育内容というのは子ども自身がどう関わるかという、その子どもの関わりである。「保育内容」という場合には、まわりにいろいろなものがあるというところから出発する。人がいる、物がある、動物がある、植物がある、積み木があるというように、物や人や出来事の整理で、そこに子どもが出会っていくという捉え方をする。しかし乳児においては、子どもが関わるという行為そのものが先にあって、そこ

から対象化が始まる。それを「領域」と呼ぶと誤解を招くので、「関わりの視点」としている。関わるというあり方が重要なのである。乳児自身がまわりにどう働きかけるというか、まわりにどう関わるかということの視点である。小さい時期から人と関わるなかにいろいろなことが生まれてくるという、関わりから捉えるということを意味している。

# §3 幼児教育の目的と領域

　幼児教育は家庭や地域の教育とつながりつつ、家庭で養育されてきた子どもの力をさらに家庭外にある諸々に向けて伸ばしていくものである。園でのさまざまな活動から子どもが経験することがしだいに身について積み重なり、小学校以降の学校教育やさらにはそこでの自立した生活への基盤となっていく。だが、それは単にのちに必要なことを保育者が一方的に述べれば身につくということではない。幼児期の特性に配慮してそれにふさわしい指導の仕方がいる。だが、逆にまた幼児期にふさわしく、子どもが喜ぶなら何でもよいのではない。発達の大きな流れを形成して、将来に向けての基盤づくりともなるべきなのである。

## 1 幼児期にふさわしく教育するとは

　幼児期にふさわしいとは何をすればよいのだろうか。活動であり、遊びであり、また生活である。それは教育の方法であるように思えるが、同時に、教育の内容に関わり、さらに幼児教育の目的に関わってくる。そこで可能であり、望まれることが何かということから目的や内容が規定され、実際にはどのように行ったらよいかで方法が定まるが、そのふたつが別々のことではないというのが、この時期の教育の基本となる特徴なのである。

　幼児期はとくに幼稚園においては（基本的には保育所や認定こども園でも）、家庭で育ってきた子どもを受け入れ、一定の空間（園のなか）と一定の時間（4時間程度）、ある程度の人数の同年代の子ども集団のなかで、育てていく。それが小学校教育へと引き継がれていく。たとえば、小学校教育ではこれこれのことをする。その前の準備の段階でこういったことができていると便利なので、そうしてほしいという声がある。それはもっともだが、そのうち、どれが幼児期にふさわしいことなのかどうかの吟味がいる。さらに、小学校側で必要とは意識されていないが、実は幼児期に育てていることはたくさんある。

　だからまず、幼児期に子どもは幼稚園といわず、保育所・認定こども園といわず、どんなことを学び、どんなふうに育っているのかを検討し、それをもとに、そこをさらに伸ばすとか、特定の点で落ち込みがないようにするということが基本にある。その全体像のなかで特定のことの指導のあり方を問題としうる。そういった子どもがふだんの生活で行い、学び、また教わっているであろうことを、もっと組織的に、また子どもが積極的に関わるなかで、さまざまな対象について、園のなかで関わり、そこから学んでいくのである。その意味で、幼児期の教育は子どものふだんの学びの延長にあり、その組織化と集中化にあるのである。

## 2 小学校以上の教育の基盤として

　小学校以降の学校教育はふだんの生活ではあまり出会わないことについて、しかし、将来必要になるから、教室の授業で学んでいく。専門家になるために、また市民生活においてある程度は必要であることではあるが、といって、ふだんの生活で子どもにそれほど理解でき、学習可能なように提示されない。見よう見まねでは学ぶことができないことである。かけ算の九九を、とくに筆算としてふだんの生活の延長で学べるとはあまり思えない。文章の細部の表現の精密な意味を考え、何度も文章を読み返して考えるという経験もほとんどの子どもはしそうにない。そこで、小学校では教師が教科書を使って、ていねいに初めからステップを踏んできちんと理解し記憶できるように教えていくのである。

　幼児期に生活と遊びをもとに学んでいくというのは単にそういったやり方が導入しやすいとか、楽しいからということではない。学ぶべきことが生活や遊びの活動と切り離せないからである。またそこで子どもが行う活動の全体とつながったものだからである。

　たとえば、小学校の算数で図形の学習が出てきて、丸や三角や四角について学び、さらに面積の求め方を習う。では、幼児期はそのような形を身のまわりから探し出して、命名したり、簡単な図形を比べたりすることだろうか。実はそうではない。実際に幼稚園の生活を見てみると、そこで出会う図形とは、たとえば、ボール遊びのボールが球であり、積み木遊びの積み木が四角や三角である（正確には、立方体や直方体や三角柱）。机だって立方体のようなものだ。子どもにとって規則性のある形が印象に残るのは立体図形であり、それを使って、図形の特徴を利用した遊びをするときであろう。ボールはまさに球として転がるから遊べるのである。積み木は四角は積み重ね、三角はとがったところに使う。子どもの遊びや生活のなかにあって、身体を使って持ったりさわったりできて、形の特徴が顕著に利用されるものが基礎として重要である。

　学ぶべき事柄を生活や活動の文脈から切り離して、教室のような場で、言葉をおもに使って説明を受けて学ぶのは幼児の時期にはまだ早い。この時期は身のまわりにある諸々について関わり、その関わりから多くのことを少しずつ積み重ねていくのである。

　その積み重ねを発達の流れといってもよい。どんなことでもその流れのなかで獲得されていく成果であり、あくまで後から見ると、ひとつの成果となっていても、その背後には長い時間をかけてのさまざまな活動からのまとまりとして成り立つものなのである。45分座って人の話を聞くとか、鉛筆を持つということでも、ある時期に訓練して成り立てばよいのではない。人の話を聞くのは姿勢を保つだけではなく、その内容に興味をもち、自分が知っていることにつなげつつ理解を試みていく長い発達の過程が乳児期から始まって生じている。

筆記具にせよ、クレヨンで絵を描くことから色鉛筆を使うこと、大きな画用紙に描くことや小さな模様を描くこと、手先の巧緻性を要するさまざまな活動に取り組むこと等が背景にあって、初めて、鉛筆をちゃんと持ち、小さな字を書くということが可能になる。

さらにそういった小学校の学習活動を可能にする前提として学びの自覚化、自己抑制ができるようになるということが挙げられる。算数の時間には算数を学ぶといったことが可能なためには、やろうとすることを自分の力で切り替えて、続きは次の機会にして、今は目の前のことに集中するなどができる必要がある。そういったことはまさに幼児教育で少しずつ進めていることである。時間割を入れて行うということではなく、やりたいことをやりつつも、ほかの子どもに配慮し、園の規則を守り、適当なときに遊びを終わらせる、などができるようになっていく。そういった広い意味での学校への準備は気づかれにくいが、最も大事なことである。

実はその前には、やりたいことをするということ自体の発達がある。自己発揮とは、何も自己が確立していて、それを発揮するという意味ではない。まわりのさまざまなものが何であれ、それに心が動いて、何かやってみたくなり、実際に試し、それをもっと広げていく。そういった遊びのような自発性のともなった積極性のある活動が成り立つことをいっているのである。何にでも好奇心を燃やし、それに触れたり、いじったり、試したりして、その結果を見て、もっとおもしろいことができないかと考えてみる。そこに実はその後の学習の原点があるのである。

# 3 家庭や地域の教育とのつながりのなかで

たとえば、小学校以上の教育でも、家庭や地域の教育のあり方とつながり、連携して進められる。だが、その教育内容も教育の方法も、学校という独自の場で学校ならではの事柄について教えることで成り立つものである。それ自体が直接に家庭や地域での活動やそこでの学びとつながるというわけではない。

だが、幼児期の場合、そこで活動し学ぶことは家庭や地域でのことの延長にある。だからそのつながりはいわば内在的であり、だからこそ、幼児教育ということで、家庭や地域での教育を含めて、園の保育を考えるのである。

そこで、子どもの発達の全体に対して、園と家庭と地域が総体として何を可能にしているのかの検討は不可欠である。ある程度の分担があり、ま

た重なりがあるだろう。家庭で親子・家族の関係のなかで、また慣れ親しんだ場において、日々の繰り返しのような活動を子どもは営んでいる。その多くは親に依存し、親にやってもらっているだろう。そうなると、園においては、子どもだけでやれることを増やすべきであろう。また、

発達としてもそのほうが伸びていくに違いない。といって、何でもできるというわけにはいかず、むしろ、とくに注意を向けたことのない多くのことにできる限り関わりを増やそうとしているのだから、初めはほとんどのことができないだろう。だから、そこに助力が必要になる。

　多くの家庭でやっていることであれば、改めて園であれこれとその種の活動を初めからすべて行う必要はないだろう。家庭で少々やっているが不十分であるなら、園で行うことになる。家庭でやってはいるが、漠然としていて明瞭な形でないため、園では正面切ってきちんと学ぶようにするかもしれない。子ども同士の集まりのなかで互いの関係を取り結び、小集団さらに大きな集団へと活動を展開するようなことは、地域での子ども集団がほとんど成り立っていない現在では、とくに園に求められるだろう。

　そういったことの見通しのうえで、子どもにとって必要な経験を保証していくために、保育内容を定めている。必要な活動から子どもは内容に即した経験を得て、それを広げ、深めるなかで発達を遂げていく。

# 4 子どもの発達を促すとは

　幼児期の教育を子どもの発達を促すこととして捉えた。しかし、その発達とはさほど自明のことではない。発達学とか発達心理学とかで扱うものが、幼稚園での保育での大まかの流れを規定するのではあるが、その保育の実際にまで立ち入るものではない。むしろ、そこでいう発達とは、家庭・地域・園がつながるなかで子どもが経験し、その経験が相互に重なりながら、次の時期へと発展していく大きな「川」のようなものだとイメージするとよいだろう。たくさんの支流があり、また分岐し、合流しつつ、しだいに川は大河となって流れていく。その川の流れやまわりの景色の様子を記述していくと、発達が見えてくるが、それはかならずしも細部まで固定したものではない。大まかな川筋の線だけが決まっていて、あとは、実際の子どもを囲む環境や人々や文化のあり方でその詳細が成り立っていくのである。

　そういった総体が発達を進めていくのはよいとしても、そこで、とくに園において専門家である保育者がその発達を促すとはいかにして可能なのだろうか。すでに生じている・動き始めているところを促すのである。だから、すでに起きているところを見定めつつ、さらにそれが進むように、関連する活動が生じるような素材を用意する。すると、子どもがその素材に関わり、その素材をもとにさまざまな活動を展開する。その活動の流れのなかですでに生まれている発達の流れをもとに学びが成り立ち、子どもはいろいろなことができるようになったり、気づいたり、その他の経験を深めるだろう。その経験が子どもにとってその発達に入り込み、発達を促すことになる。

　だから、どういった発達を促し、そこでいかなる学びを可能にし、どういった経験が結果していくかを保育者は見定めて、環境にしかるべき素材を用意する。またその素材へどう関わると、とくにそういった学びと経験と発達の経路が成り立つかを考えて、それを刺激し、動かしていくであろう活動を支え、助言し、ときに指示していくのである。

# 5 保育内容がもつ意味

　幼児期の特徴の大きなものに、その発達は物事への関わりのなかで、いわばそれに含み込まれるところで進むということがある。その物事の種類が保育内容である。その意義はふたつに大きく整理できる。

　ひとつは、家庭から学校への移行の期間としての幼児期において、子どもはこの世の中を構成する諸々と出会い、そこでの関わりを通して、次に成長していくであろうさまざまな芽生えを出していくということである。そういった諸々とは、たとえば、人であり、動物であり、植物であり、砂であり土であり、積み木でありすべり台である。あるいはまた自分自身であり、自分の身体である。また、他者とコミュニケーションをとるための手段であり、とりわけ、言葉であり、また自分の考えや感じ方を表す表現の方法であり、表現されたものである。そういったものが、健康、人間関係、環境、言葉、表現といった具合に大きくまとめられている。

　そういった物事についてそれが何であり、どのようにして成り立ち、どのようにいろいろな仕方で動くかということをわかるだけではなく、それに対して自分がどのように関わることができて、どのような経験が可能なものなのか、自分がそこで考え、感じ、さらには感動することがあるのか、その様子はどのようなものかなどが感性的に把握できるようになる。それが幼児期の発達である。

　もうひとつは、その対象をいわば素材にして、自分がそこでもがき、感じ、考えることが大事だということである。子どもは抽象的なことを相手に学ぶわけではない。生活はつねに具体物からなる。そこで子どもが能動的に関わるとき、それが遊びという活動になっていく。そういった遊びや生活が幼児期の特徴だということは、保育内容を切り離して、子どもの活動はあり得ないということである。しかも、その活動が展開し、そこで子どもの経験が深まるには、その対象となる物事の特質に応じた独自の関わり方が不可欠である。何でもよいか

らそれに触れれば、そこにおのずと子どもにとって意味のある経験が成り立つのではない。その物事にふさわしいあり方を子どもは模索するのである。とはいえ、子どもの遊びにおいては、かならずしも大人の正答とか正しい規則にのっとらねばならないのではない。物事は実に多様な可能性を秘めているから、むしろ幼児期はその可能性を逐一試していき、そのうえで、正しいとか適切だとされる関わり方の方向へと習熟していくのである。

# §4 環境を通しての教育

　幼児教育は園の環境を通して、そこでの子どもの出会いを通して成り立つ。その経緯をていねいに追ってみよう。

## 1 環境に置かれたものと出会う

　子どもは園の環境に置かれたものと出会い、そこから自分でできることを探し、取り組む。むしろ、園に置かれたものからやってみたいことを誘発されるというほうがよいだろう。すべり台を見ればすべりたくなる。積み木を見れば積みたくなる。

　とはいえ、園にはルールがあり、何でもしてよいというわけでないことは入園したての子どもでもわかる。また、さわりたくなっても、実際にどうしたらよいかがすぐにわかるとは限らない。保育者が説明をしたり、見本を示すこともある。ほかの子どもがやっているのを見て、まねすることもある。ある3歳の子どもが入園後すぐに砂場に入り、どうやら初めてらしく、おずおずと砂に触れていた。砂を手ですくい、それを何となく、そばにまいていた。そのうち、まわりの子どもの様子を見ながら、手で浅い穴を掘り始めたのである。おそらくほとんど初めて砂に触り、砂場に入ったのだろう。砂の感触もなれないだろうし、穴を掘ることもわからない。何より、そこでのおもしろさがピンとこない。でも、一度始めると、ほかの子どもの刺激もあり、自分で始めたことを発展させていくことも出てくる。何より、自分がしたことの結果を見て、さらに何かを加えていくことにより、工夫の芽があらわれる。

　どうしてもっと簡単に保育者が使い方を指導し、正しいやり方を指示することをなるべく避けようとするのだろうか。ひとつは、園に置かれたもの、またそこにいる人、そこで起きている事柄は実にたくさんあり、その一つ一つを保育者が指示するより、子どもが見て取り、自分で始めるほうがいろいろなことについて学べるからである。

　また、どのもの・人をとっても、多様な可能性の広がりがあり、その動かし方の全体を知ることが必要だからである。積み木は置くだけではなく、叩くことも、転がすこともできないわけではない。置き方だって、上や横や斜めといろいろとある。置いて見立てることも、その上を歩くことも、ものを転がすことも可能だ。体の動き自体だって、数百という体中の関節での曲げ方や回転の仕方とその組み合わせだけでも膨大な可能性があり、その一つ一つ

を子どもは経験することで、その後のもっと組織的な体の動かし方の基礎ができる。そういった経験のうえに、場に応じ、対象の特性を考慮し、目的にふさわしい使い方を習得するのである。

　園に置かれたものとは、子どもがいわば世界に出会い、その基本を学ぶための一通りの素材である。おそらくどんなところであっても、人間として生きるのに必要な最小限の出会うべき対象があり、関わりがあるだろう。水や土や風や光といった自然や、動植物、さまざまな人工物、いろいろな人、自分自身、そこで可能な社会的文化的に意味のある活動。そういったものへの出会いを保証する場が園である。

## 2　園という場が探索の場となる

　園にはいろいろなものがあり、さまざまな子どもがいて、絶えず多種多様な活動が並行して生じている。小さな子どもにはめまいがするほど、することのできる可能性が目の前に繰り広げられている。だが、それらのほとんどは眺めていると楽しくて時が過ごせるとか、ボタンひとつでめずらしい光景が展開するというものではない。いくら積み木を眺めていても、自動的におもしろいことが起こるわけではない。あくまで子どもが関わって、おもしろいことを引き起こすのである。いや、子どもが初めて、動かし、工夫し、発見し、思いつくからこそ、楽しいのだろう。一見、何でもないようなものを一転させて、変化をつくり出せることがおもしろいのである。

　そういったものが園にはほとんど無数に置いてある。保育者がとくにそういった意識をもたないような何でもない隅っこや単なる都合で置かれたものでさえ、子どもはそうした遊びの素材に変えてしまう。雨の日に、雨樋から水がポトポトと垂れてくれば、それに見ほれ、入れ物を置いて、水を溜めてみたり、音を楽しんだりするかもしれない。

　園のどこに何があり、そこで何が可能かを子どもはしだいにわかっていく。それでも、季節や天候により何ができるかの可能性は広がる。ほかの子どもが楽しそうに遊んでいれば、そういうこともできるのかと新たな気づきもある。自分の技術が向上すれば、また可能性が大きくなる。「園は子どもの宇宙である」と私はあるところで述べたことがある。

　園のいろいろな箇所に子どもが動く動線を毎日重ねていってみよう。その無数の線が重なっていくに違いない。そのさまざまな箇所で子どもがする活動や動き方の種類も広がっていき、動線の重なりをいわば立体化し、時間の流れのなかでの展開をイメージしてみる。子どもは園という生態学的環境の一部になり、そこでの潜在的可能性の探索者になるのである。

# 3 子ども同士の関係のなかから始まる

　子どもの間の関係はまた独自の活動のあり方を構成する。園の物理的なものの場のあり方とは異なる独自の人間としての関係を子どもは取り結ぶからである。園は子どもが見知らぬところから互いに親しくなり、協力の関係をつくり出す経験をする場でもある。子どもは園においてほかの子ども、すなわち対等につきあう相手に出会うのである。

　子ども同士の関係は友情という心理的人間関係にいずれ発展していくが、まずは共に遊ぶということから始まる。平行遊びという言葉があるように、たとえば、砂場で一緒にそばで遊んでいつつも、しかし互いに話し合ったり、明確に模倣し合ったり、共に同じものをつくるということはまだない。だがどうやら一緒にいるということはうれしいようである。実はそういった関係はある程度協力して同じものをつくったり、遊んだりするようになっても続いていく。大型積み木を使って、ふたりがともに「遊園地」をつくっていた。しかし、時々どうするか話し合ったり、遊んだりするものの、大部分の時間はひとりずつで組み立てている。ただ、5歳児くらいになると、分担して、各々が何をつくっているかを互いに了解し、また全体のテーマに合うように工夫している。大事なことはそのものを使う遊びに関心があって、その遊びがいわばほかの子どもを巻き込むようにして、広がることを基本形としているところにある。

　といっても、子ども同士がもっと直接に交渉することはしばしば見られる。交渉があまり生じていなくても、数名が一緒に動きまわるといったことは始終ある。そこでは、同じようなことをするということ自体に喜びを感じているようである。相手がすることと同じことをする。相手が跳び上がれば、こちらも同じように跳び上がり、楽しい感情が伝染し、その感情に浸っているようである。人間関係は、共にいることの楽しさといった感情を中心に成り立つ。

　しだいに特定の相手との安定し持続した関係が生まれる。園に朝行くと、特定の子どもを探し、いつもその数名で動く。またその子どもが来たら、何も文句を言わずに仲間に入れてやる。だがその一方で、始終、遊ぶ相手が変化し、毎日入れ替わるのも幼児期の特徴である。子どもは園でのさまざまな子どもと遊ぶことを通して、さまざまな人柄の人とのつきあい方の学びをしているのである。同時に、特定の人と親しくなるという経験も始まっている。

　子どもが同じ目標をもって、互いにそれを実現しようと、相手に配慮し、話し合ったり、工夫したりして、活動することは、つまり協力する関係が成り立つことである。子ども同士の関係は親しみを感じるということと、目標に向けて協力するということの両面をもち、そのつながりが濃密であることに大事な意味がある。

## 4 保育者が支える

　園が単に子どもが集まり、安心して遊べる公園以上の意味をもつのは、保育者が園の環境を整え、また随時、子どもの活動を支えるからである。その支えは専門的なものであり、その専門性が何であるかを理解し、それを身につけることにより、初めて、プロとして一人前になる。そこには、ピアノを弾くといった個別の技術を必要とするもの

があるのだが、根幹はこれまでも述べてきたような子どもの活動を促し、子どもの深い経験を支えていくことにある。この点は節を改めて、後ほどさらに詳しく述べよう。

## 5 子どもが活動を進め組織し計画する

　子どもは環境との出会いから活動し、学んでいく。そこではただそのものを眺めたり、誰かと一緒に定まったことをしていても、子どもの経験として深まっていかない。何より、子どもがその子なりにやってみたいと心が動くことが肝心である。そうなって初めて、子どもの力が存分に発揮され、またまわりのものや人を利用しようという気持ちも生まれる。といっても、実際には、何かを眺めて、そこでおもしろく思って、すぐに活発に工夫して取り組むとは限らない。まず取りかかる。そこでふとおもしろくなる可能性に気づく。さらにやってみる。だんだん、楽しくなる。こうしたらどうだろう、と工夫も出てくる。そういった対象と子どもの間のやりとりが成り立って、活動は発展していく。その過程で子どもがもつ力や好みその他が発揮され、またまわりを巻き込んでいくだろう。

　子どもにとって園の環境が大事だとは、単に図書館のようにまた公園のように、子どもに有益な遊具その他の素材を配列して、順番にそれに接するようにすることではない。子どもが対象とやりとりをして、ほかの子どもとの協同する関係に広がる一連の過程を刺激し、持続させていくところにある。

　そこから、子どもは思いついていろいろなことをする楽しさや、どんなことでも関わり試してみると、おもしろい活動が広がるものだということをわかっていく。まわりのいろいろなことへの興味が生まれ、それがその後の大人になるまでの長い生活や学習の基盤となる。さらに、試してみることから、もっと計画して、こうやってみようと先をイメージして、そこに向けて、自らのまたまわりの子どもの活動を組織することの芽生えも出てくる。そういったことが園の環境において成り立つことが幼児教育の核である。

# §5 幼児教育の基本

以上述べてきたことを改めて、幼児教育の基本として整理してみよう。

## 1 幼児期にふさわしい生活の展開

　子どもは園のなかでたとえば、造形活動を保育者の説明のもとに行うといった活動もする。だが、それは小学校の授業とはかなり異なっている。明確な時間割というわけではない。その製作はたとえば、七夕の笹の飾りというように、行事やその他の活動に用いるためである。また、とくに保育者が指示しない自由遊びを選ぶ時間でも子どもが造形活動を行えるように、部屋にはクレヨンや絵筆や紙などが用意してあり、やりたいときに使えるようにしてある。そして設定での造形活動はそういった子どもが自発的に取り組む活動への刺激にもなり、またそこで使えるような技法の導入をも意図している。逆に、そういったふだんやっていることが子どもの設定での活動の工夫としてあらわれてもくるだろう。子どもが、たとえば日頃から親しむウサギやザリガニを絵に描くことがある。そういう毎日のように世話したり、遊んだりする経験がもとになり、豊かな絵の表現が生まれてくる。

　そもそも、子どもが朝、園に来て帰るまでのその全体が子どもにとっては生活である。そこでは、服を着替えるとか、トイレに行くといったこと、お弁当や給食を食べることも含めて、保育の活動である。幼児期にはそういったことも生活習慣の自立として大事だし、また、子どもが自分でできるようになるという自信を得るためにも大事な活動となる。そういった流れのなかで子どもの遊びの活動は生まれているし、設定の活動だって、意味をもつ。さらに、設定の活動と子どもの自由な時間の遊びがさほどに違うともいえない。子どもが興味をもって集中するように設定の活動を行えるようにするには、子どもの遊びの要素を組み込む必要がある。逆に、ふだんの遊びだって、それが子どもにとっておもしろくなり、発展していくには、保育者の助力が不可欠である。

　幼児期の生活は子どもにとって遊びと切り離せない。衣食住の生活自体と遊びそのものは異なるが、その間はつながりが深く、すぐに生活から遊びへ、遊びから生活へと移行するし、重なっていく。またそこで体を使い、実際に関わり、動いていくところで、子どもにとっての経験が成り立つ。

## 2 遊びを通しての総合的な指導

　子どもの行うどの活動をひとつとっても、そこには保育内容の領域でいえば、さまざまなものが関係している。たとえば、大型の積み木遊びをするとしよう。子どもは想像力を働かせ、どういった場にするか、どこを何に見立てるかと考えるに違いない。そこにはさらに言葉による見立てや言葉を使っての子ども相互の了解が行われるだろう。互いの意見の調整があり、誰を仲間に入れるか、誰をごっこの役割の何にあてるかでも、子ども同士のやりとりがなされる。

　積み木を積んでいくのだから、そこには手の巧緻性が必要となる。ずれないようにしっかりと積まないと、何段も積むことはできない。斜めの坂にしたり、門にしてくぐれるようにしようとか思えば、どうやれば可能かと考える必要もあり、試行錯誤からよい工夫を編み出すことも出てくる。積み木というものの特性を考慮し、ものの仕組みのあり方を捉えていく必要もある。さらに、三角や四角（正確には三角柱や立方体や直方体）の形を生かそうともする。積んでいくのは四角い積み木であり、上には三角を置いて、屋根みたいにする。平たい板を使って坂にする。形の特性の利用がなされる。

　こう見てみると、ひとつの遊びのなかに、領域健康（手先の運動）、人間関係（友達同士の交渉）、環境（仕組みの理解や図形）、言葉（見立てややりとりの言葉）、表現（積み木の組み立ての全体が表現）のすべてのものが関係していることがわかる。小学校につながるという面では、生活科（遊び）、算数（図形）、国語（言葉）、図工（表現）、道徳（一人一人の子どもの意見を生かす）、等々につながることも理解されよう。

　遊びが総合的であるとは、そういった多くの領域が遊びのいろいろな面を構成するからであるが、さらに、もっと未分化な遊びのなかの子どもの心身の躍動があるからである。子どもの心も思考も遊びの展開のなかで生き生きと動き始め、子どもの体の動きと密着し、分けがたいものとして、流動し、形をなし、活発化し、また静かになり持続する。その基底にある経験の流れからそれが対象につながり、活動を引き起こすことで内容に関わる気づきが生まれていく。


## 3 一人一人の発達の特性に応じた指導

　子どもはその時期にふさわしく、時期に固有の発達の経路をたどって、進んでいく。その大きな道筋はどの子どもをとっても、ほぼ共通である。だが、その流れを仔細に見ると、ちょうど川は上流から下流に流れ、海に注ぐのは同じで、その上流・下流といったことに伴う

特徴も大きくは共通である。だが、一つ一つの川は独自の道をたどり、勢いも異なり、幅も違うし、まわりの光景もさまざまである。それは川の独自性であり、その土地の様子や気象風土、天候などにより異なるのである。子どももまた、大きな筋は共通でも、子どもの生来の気質、それまでの家庭の養育条件、誰が友達となったか、子ども自身がどのように遊びを展開してきたかなどにより、経験が少しずつ異なり、発達の独自性が生まれる。

　さらに、子どもが特定の対象に関わり、そこで繰り返し活動するなかで、ある程度はどの子どもにも共通する流れとその踏んでいく順序が成り立つ。すべり台であれば、初めはおずおずと段を登り、すべるにしても緊張して少しずつ足を突っ張りながらすべるだろう。だが、しだいに慣れていき、すべりを楽しむようになる。次には、すべり方を変えてみたり、誰かと一緒にすべったりもする。すべり台の板を逆に登ってみるなどの冒険もするだろうし、腹ばいとか段ボールを使ってすべるなども出てくるかもしれない。

　そうすると、発達を3つの水準で考えることができる。第1は、大きな時期ごとの流れであり、大まかでかなりの幅がある。第2は、その場への適応を含んだ、対象との関わりの進化である。第3は、子どもによる独自の経験による、その持続と展開の流れであり、それは一人一人異なる。

　保育者はつねにその3つを念頭に置き、一般的な年齢や時期の特徴だけではなく、対象に応じて、また一人一人の発達の流れのありように応じて、活動を計画する。大きな枠としての計画と、そこでの対象に対する技術指導を含めた適応や習熟への指導、さらにひとりごとへの配慮を並行して考えるのである。

# 4 計画的な環境の構成

　繰り返し述べてきたように、幼児教育の基本的なあり方は、園にさまざまなものを置き、そこへの関わりを誘導することである。だとすると、保育者が子どもに相対し、どう関わり指導するかということ自体とともに、どのように園の環境を整え、子どもの活動を導き出すための素材とするかに十分に配慮する必要がある。

　一年中置いてあるいわば基本素材というものがある。保育室や庭の空間がそうである。そ

れが、走りまわったり、運動遊びや踊りをおどったり、遊具を取り出して展開する場となる。また保育室には絵を描く道具や紙が置いてあるだろう。セロハンテープその他の文房具類がある。紙やテープや段ボールが置いてあることも多い。コーナーに積み木があったり、ままごと用の台所セットや衣装が置いてもある。庭に出ると、すべり台やブランコや砂場がある。砂場のそばには水道があり、バケツやスコップが使えるようになっている。

ちょっとした木立があり、そこには虫なども来るかもしれない。飼育小屋があり、動物を飼って、子どもが世話をしたり、遊んだりする。果実のなる木があったり、畑があり、栽培やその後の活動が可能となる。こういった年中あるものは動かせないものもあるにしても、大体は毎日のように子どもがしたがり、またするほうがよい活動に対応している。

その時々で保育者が入れ替えたり、出したり引っ込めたりするものもある。壁面構成などは適宜変えていき、そのつどの子どもの活動の刺激剤となるべきだろう。秋の活動となるなら、ドングリや柿の実やススキなどを飾っておくかもしれない。部屋の絵本もそういった秋の素材に関わる図鑑とか、物語絵本を揃える。ある時期に保育者が導入することもあるだろう。編み物を教えてみる。そのための道具はいつも部屋にセットしておく。

環境に年中置かれていながら、変貌を示すものもある。落葉樹があれば、落ち葉の季節に注目を浴びる。季節の変化に応じて、夏ならプールが出され、水遊びが展開する。花びらを使った色水遊びも行われる。冬は氷に興味をもち、どこならできやすいかを試してみる。

そのつど、生まれる環境や呼び込まれまた出ていく環境もある。激しい雨の後に絵を描くとか、虹を見ることができた。小学生や中学生が訪問してきた。外に出て、散歩をして、近所の小川で遊び、ザリガニを捕まえる。

子どもにはできる限り多様な環境を用意する。だが同時に、そこでの活動にじっくりと取り組むことを可能にして、経験を深める。環境との出会いからいかなる活動が生まれるかが肝心な点であり、それを見越した環境の構成が求められる。

# §6 保育者のさまざまな役割

　保育者が園の環境を保育のための場と転換させる鍵である。どのように助力し、指導するかで、子どもの活動の幅も多様さも集中力も工夫の度合いも大きく変わってくる。その保育者の働きはいくつかに分けることができる。

## 1 用意し、見守り、支える

　子どもから離れ、子どもを見ていく働きである。環境を構成することは準備であるが、その日の保育を予想しつつ、行うことである。そのうえで、実際の保育の活動が始まり、子どもが遊びを進めていくとき、保育者は子どもの様子を見守り、必要ならいつでも助力に行ける体勢で、クラス全員の子どもの一人一人がどのようであるかを捉えていく。安全への配慮を含め、保育者は特定の子どもとのやりとりにあまり長い時間を費やすことを避けて、どの子どももその視野に入れるようにする。

　すぐそばでまた遠くから、子どもが何をしているかだけでなく、落ち着いているか、何か問題やもめ事が起きていないか、楽しそうかなどを把握できるものである。あるいは一通り遊んではいるが、どうやら遊びが停滞しているようだとか、いつもと同じことを繰り返しているだけではないかといったことは、そばに寄らないとわかりにくいが、捉えるべきことである。

　子どもは保育者に見守られているということで安心して遊びに没頭できる。困ったら相談し、助けを求めることができる。どこに行けば、保育者からの助力を得られるかがわかっている。その際には、保育者はよい知恵を出してくれるし、いつも味方するとは限らないにしても、遊びがおもしろくなるような提案をしてくると感じられる。時々、保育者に声をかけたり、目を合わせると、にっこりと励ましの合図をくれる。

　保育者は必要ならすぐに子どものところにかけつける。危ないことがあったり、もめ事が拡大しそうだったり、誰かがいじめられているようであったりする。遊びが沈滞し、退屈そうだったり、乱暴になっていたりする。ふらふらととくに何をするでもない子どもがいる。せっかくのおもしろい遊びが進んでいるのに、ほかの子どもが気づいておらず、もったいない。いろいろな場合に保育者は子どもの遊びに入っていく。そういったいつでも動くという準備をもちながら、見守ることが支えるという働きなのである。

## 2 指導し、助言し、共に行う

　保育者はまた子どもの活動に直接、関与して、指導していく。ここに指導技術の違いが最も顕著にあらわれる。子どもが対象に関わって、そこにおのずと発展が可能になり、子どもが工夫しつつ、豊かな遊びとなり、子どもが多くのことを学ぶ、となればよいのだが、そういうことはかならずしも起こるとは限らない。通常は、その活動を広げていく保育者の働きかけが必要なのである。

　保育者は指導助言の機会をためらってはいけない。だが、その仕方はかなり難しい。ひとつは、子どもに何をしたらよいのかの明確な指示をどの程度行うか、子どもの活動の手伝いをどの程度までしてやるかである。もし子どものやりたいことがはっきりとしており、しかし自力ではできそうになく、しかもそのための技術がわかっていないなら、この際、やり方を教えてみる手もある。途中までやってやり、あとはやってごらんと渡す手もあるだろう。子どもたちが何とか考えて、上手なまた正規のやり方ではないにせよ、やれそうな力があり、また課題であるなら、任せてみて、「どうすればできるのかな」と子どもに委ねることもできる。あえて、「一緒に考えてみよう、もしかしたら、このあたりを試してみるとよいかもしれないね」と誘うこともあってよい。

　子どもに考えさせ工夫させることが大事だが、同時に、ある程度の達成感を覚えられないと、先に進もうとしなくなる。技術指導はちゃんと行って、子どもが遊びに活用できるようにすると、かえって子どもの遊びが広がることが多い。その際一方で、子どもの遊びの価値とか、そこでの素材への関わりから何を学ぶとよいかの見通しをもつことが大事だ。つね日頃からそのことを念頭に置いておくと、いざという機会に指導が可能となる。もうひとつは、子どもの側の動きを捉え、それを拾い上げ、流れの勢いを大事にすることだ。教えておきたいことや気がつかせたいことはあるにせよ、それはまた次の機会として、子どもの側のやってみたいことや発見を尊重することも多い。子どもの願うことを察知して、その素材で実現でき、かつその素材の特性を生かすような活動を思いつけると、もっとよいだろう。一緒に活動して、子どもの感じているおもしろさのポイントを捉えることがヒントになる。

## 3 共感し、受け止め、探り出す

　子どもの気持ちを捉え、その感情を共にすることは、保育の最も基礎にあることである。そういった共感を感じてもらっていると子どもが思えるからこそ、その指導も命令ではなく、子どもの活動をふくらませるものとして受け止められる。何かの折に助けを求める気にもなる。うまくできたときに達成の喜びを声や笑顔で知らせもする。

　子どもがいろいろなことをする。保育者の指示の範囲であったり、園としてのルールのなかのこともあり、また時にそこからはみ出しもする。あるいは、そういった違反ではないが、なかなか保育者の期待に沿えず、たとえば、ほかの子どもの遊んでいるところに加われない

とか、砂や土に触れないといったこともあるかもしれない。そういった場合に、注意を与えたり、時に叱ったり、励ましたり、適切なやり方を示したりもするだろうが、その前提には何であれ子どものすることを受け入れるということがある。全部を是認し、許容するという意味ではない。子どもがそれなりの重みや流れのもとでそうしたということを理解し、そこで動いている子どもの気持に共感することである。「やってみたかったんだ」と、いけないことであっても、理解を示すことはできる。なかなかやろうとしないことについて、「難しいことだからね」と気持ちのうえでの大変さの了解を言葉にすることもできる。そうすると、子どもは思わずしてしまうことの理解があるのだと安心して、そのうえでの是非の説明や教示を受け止めるゆとりができるだろう。

　子どもがあることにこだわり、何度も試してみる。そういったことについて、理解を働かせるには、その場で様子をよく見たり、子どもの言葉に耳を傾けるとともに、記録を整理したり、思い起こしたりして、子どもの活動での経験を探り、追ってみるとよい。本当のところはわからないとしても、子どもの視点に立っての深い共感的理解を具体的な活動の場に即して進めることが次の援助の手立てにつながる。

## 4　あこがれのモデルとなる

　保育者が子どもに向き合うだけでなく、子どももまた保育者を見ている。助けを求め、確認や励ましを得るためでなく、子どもには保育者は親とは異なりながら安心できる相手であり、困ったら頼りにすることができ、そもそも園でどうふるまったらよいのかの見本となる。どうしてよいかわからないときに保育者を見て、参考にするだろう。だが、それだけではなく、日頃から保育者や5歳児の子どものすることを参考にしつつ、こういったことができるのかと子どもは思い、それをめざしたり、自分たちが大きくなったときに思い出して試してやってみるだろう。

　特定の遊びとか遊具の使い方という以前に、保育者の立ち居ふるまいが子どもの日頃の様子に影響していくものなのではないだろうか。歩き方ひとつとっても、ゆるやかながらスムーズな足の運びというものがある。ドタバタとするのではなく、急いでいるにせよ、落ち着きのある歩き方である。歩きながら、まわりに配慮でき、ぶつかったりしない。まわりの子どもの様子に気を配る。

　説明をするとか、歌をうたうとか、絵本の読み聞かせの声の出し方や調子はもっと直接に子どもが模倣することがある。ものを作るときの手さばき、「どうしたらよいかなあ」と考える様子、「もっとがんばってみよう」と粘り強く取り組む仕方なども、子どもは保育者のやり方を見習うだろう。

保育者の服装や趣味にもよいセンスを発揮したい。保育室の飾りつけとか、花の生け方とか、歌の歌詞を紙に書いておくことひとつでも、センスがあらわれる。そういったものが子どもの感性に沈み込み、いつの間にか変えていくのである。

　とはいえ、あまりに大人の「よい趣味」に寄りすぎないように注意することも必要だ。子どもは、ちょうど、苦みの味を嫌い、甘いものが好きなように、明快なものや格好よいもの・かわいいものが好きなのである。そういったものを大事にしつつ、ほかの好みにもセンスを広げてほしいのである。

# 5　園のティームとして動く

　保育者ひとりが自分が担任する子ども全員へのすべての対応を担い、そこに全責任を負うというのは、本来、園においてあってはならないことである。園の保育は園長以下、全員で取り組み、保護者から委託された子どもの保育・教育にあたるのである。たしかに担任がいて、クラスの子どもに責任をもつのであるが、それはすべてを担い、ほかの保育者や園長などの介入や支援を排除すべきだということではない。園の保育は子どもに直接また継続的に関わる人もそうでない人もいて成り立つ。

　子どもの保育に迷ったら、ほかの保育者と相談し、管理職からの助言をいつでも受けられる。改めて会議といわずとも、ちょっとした業務の合間とか、子どもが帰ったあとのお茶の席にでもそういう話題が出る。そのためにも、日頃から研修その他を通して、そういった相互に信頼のおける、また園の全体の目標や考え方を共有している間柄をつくっていくのである。

　保育室での配置や園庭のあり方なども、園長の考えに従い、ある程度の整備を進めるだろうが、そこにクラスの担任の意見を反映し、また逆にそちらの設計意図を理解しつつ、クラスの活動を計画するだろう。そもそも、保育の指導計画は担任がつくりつつ、ほかの担任とも調整し、また園全体の教育課程と年間計画に合わせてもいく。園長に見てもらい、添削をしてもらうこともある。

　子どももまたいつもクラスとしてまとまって動くとは限らない。自由に遊ぶなかで園のいろいろなところに広がることもあるだろう。3歳児の子どもが5歳児の遊んでいるところに呼ばれて混じって遊ぶこともある。時に、多動な子どもがいろいろなクラスに行ってしまうこともある。そういった折など、自分のクラスの子どもでないなどと思わずに、目の前に来た子どもの世話をし、指導もするだろう。そのためにも、ふだんから、どのクラスの子どもであれ、その情報を共有しておく必要がある。

　園の保育とは、このように、各々の保育者がその力量を発揮しつつ、互いの得意や特徴を組み合わせ、園全体のいわば保育力を、個々の保育者の力の足し算以上に上げていくものなのである。そして、そういった園全体の保育に個々の保育者が加わることにより、その力量も伸びていく。園内の話し合いや研修の機会とともに、まさにティームとして保育に取り組むこと自体が保育者の力量形成の主要な場ともなるのである。

# §7 領域「人間関係」と他領域との関係

## 1 社会の変化を踏まえた幼児教育の基本、目標、ねらいと内容の考え方

　幼児教育は、幼児期にふさわしい遊びや生活を通して子どもの発達を促すことを目的としているが、幼児期にふさわしい発達とは何か、また期待されることは何だろうか。そして、それは社会の変化にともない、変わってくるものなのだろうか。幼児期に育てたい資質・能力の考え方が幼児教育の基本や目標、ねらい及び内容に反映されてくるのだが、それらのうち、社会の変化に関わらず一貫して重要なものや、変化に応じてよりいっそう強調されたり、あらたに加えられたりするものがある。

　わが国の幼児教育においては、遊びを中心とした生活を通して一人一人に応じた総合的な指導を行うことと、子どもの主体的活動が十分に確保されるための環境による教育が基本とされており、これらは今後、よりいっそう充実発展させることが求められている。なぜなら、幼児期は遊びを中心とした生活のなかで生まれる具体的かつ直接的な体験を通して、3つの資質・能力、すなわち「知識及び技能の基礎」「思考力、判断力、表現力等の基礎」「学びに向かう力、人間性等」が育まれる時期だからである。また、遊びを通して主体的に環境に関わることによって最も豊かな学びが生まれる時期であることから、基本的には保育者が直接、指示したりするのではなく、子どもの心が動き、おのずと多様な関わりが生まれる豊かな環境を構成することにより、教育を行うことが重要である。

　子どもにとって遊びとは何だろうか。また、子どもが育つうえでどのような意味をもつのだろうか。遊びは子どもが幼いほど生活と渾然一体としており、自分が好きで始めた遊びがその場の必要性に応じて当番活動に変化したり、園の保育室で掃除をしているうちに、また、

お弁当を食べているうちに遊びになることがある。そして、その遊びのなかで楽しさやうれしさの感情、自由さや主体性、想像力などが育まれていく。幼稚園教育要領においても、遊びを通しての指導を中心としてねらいが総合的に達成するようにすることが明確に位置づけられ、幼児は主体的活動としての遊びにおいて最もよく育ち、学ぶとされてい

る。なぜなら、遊びのもつ特徴が、心の発達にとって重要な要素を含んでいるからである。まず、遊びは他者から強制されて、あるいはご褒美を目当てに行われるものではない。子ども自身の興味や関心などによって自発的に生まれる。「知りたい」「見たい」「やってみたい」などの学びに向かう力は、今日の教育の場で重視される「主体的、対話的で深い学び」につながるものである。

　この学びに向かう力は、子どもがひとりで遊んでいるときにも発揮されるが、他者との関わりにおいて、それが増幅したり、持続したりすることがある。保育者から受け入れられているという受容感や安心感を土台として「やりたい」「やればできる」などの感覚が生まれ、自ら取り組むなかで学びに向かう力は高められていく。また、楽しさやうれしさという心情は他者と分かち合うときに増幅され、主体的取り組みをよりいっそう高めていくだろう。人が本来もつ、行動を自ら始めようとする力や環境に対して能動的に働きかけていく力が自然に発揮されやすいのが遊びであり、遊びは人と人との関わりのなかで発展し、心情、意欲、態度など子どもの発達を広げ、深め、高めていく。この豊かな遊びが生まれるためには、豊かな環境が必要である。豊かな環境を構成し「環境を通しての教育」を行うことを幼児教育の基本とする意義がここにある。時間、空間、人間関係という遊びを生み出す条件が喪失しがちな今日にあって、豊かな遊びや生活の体験を生み出す幼児教育の役割はいっそう重要になってきている。

　また、よりいっそう重視されてきたのが、発達や学びの連続性を踏まえた教育や園生活と家庭生活の連続性を踏まえた教育の充実である。子どもの発達やそれを支える生活はつねに連続であるが、家庭、園や小学校という場所で生活時間が大きく異なって区切られたり、保育・教育のねらいや内容も分断されがちである。異なること自体は環境の移行として意味をもつが、そのギャップが大きかったり、園や小学校の保育者や教師がそれを理解していないとすれば問題である。

　学校教育法の第22条には、「義務教育及びその後の教育の基礎を培うものとして、幼児を保育し」と規定されており、幼児期から児童期への教育の接続はよりいっそう、重視されていく。とくに領域「人間関係」の保育内容としては、幼小の連続性を意識しながら、協同する経験すなわち、幼児同士が共通の目的を生み出し協力し、工夫して実現していく経験を重ねることや、体験を重ねながら道徳性や規範意識の芽生えを培っていくことが必要である。

# 2 保育内容の領域「人間関係」の特質

　幼児期の発達は、ものや人、状況への関わりにおいて進むことにその特徴がある。幼稚園や保育所等で経験するものや人、状況との直接的・間接的な関わりのうち、重要なものが保育内容であり、それらを整理し、分けたものが保育内容の「領域」である。園では動植物・砂や水・積み木・すべり台などの諸々の「もの」、「人」、「状況」、さらに言葉や言葉以外の他者とのコミュニケーション、その他の多様な表現や、それらとの関わりにおける自分自身の心やからだなどとの出会いや関わりがあり、これらのものを整理し、まとめたものが5領域、すなわち「健康」「人間関係」「環境」「言葉」「表現」である。この「領域」は小学校の教科とは異なるので、領域別に教育課程や全体的な計画を編成したり、特定の活動と結びつけて指導したりするものではなく、総合的な指導を通して子どもたちが経験した内容を保育者やそのほかの人々が理解する視点でもある。

　各領域には「ねらい」が3つずつ挙げられている。領域「人間関係」でいえば、（1）幼稚園生活を楽しみ、自分の力で行動することの充実感を味わう、（2）身近な人と親しみ、関わりを深め、工夫したり、協力したりして一緒に活動する楽しさを味わい、愛情や信頼感をもつ、（3）社会生活における望ましい習慣や態度を身に付ける、ことがねらいとして示されている。このねらいは、何が確かに教えられたかという観点から「〜できる」という形で示されることが多い到達目標としてではなく、園生活全体を通して子どもがさまざまな体験を積み重ねるなかで、相互に関連をもちながら徐々に実現されていくものである。この3つのねらいを達成するために、各領域には8〜13項目の「内容」と、その「内容」を取り扱ううえでの3〜6つの留意点が「内容の取扱い」として示されている。

　平成29年告示の幼稚園教育要領であらたに加えられた点は、「ねらい」の（2）の「工夫したり、協力したりして一緒に活動する楽しさを味わい、」の箇所である。これは、幼児期の終わりまでに育ってほしい姿の「（3）協同性」に対応するもので、友達と工夫したり、協力したりすることが強調された。さらに、「内容の取扱い」では、「諦めずにやり遂げることの達成感や、前向きな見通しをもって」や、「自分のよさや特徴に気付き」などがあらたに加えられた。自立心、協同性、道徳性・規範意識の芽生え、社会生活との関わりは、いずれも領域「人間関係」のねらいや内容に関わるもので、あらたに幼児期に育てたい10の姿に位置付けられ、重視されている。

　また、幼稚園教育要領と同時期に改定された保育所保育指針では、第1章 総則の2養護に関する基本的事項があらたに示された。「養護」は「生命の保持及び情緒の安定」と定義されるが、養護があってはじめて保育が成り立つことが示された。重要な人的環境としての保育者には、応答的な環境や雰囲気のなかで子どもが安心できるような温かく、受容的な関わりが求められる。保育内容「人間関係」においては、保育等との信頼関係や、きまりの大切さに気づくこと、不安定な感情から立ち直ることや情動コントロール、相手の気持ちに気づいたりすることが重視されている。幼稚園教育要領に掲げられたねらいと内容、内容の取

扱い事項に基づき、各園の実状を踏まえながら、教育課程が編成され、指導計画をもとに長期的な見通しで意図的・計画的な教育が行われていく。

人が社会のなかで生きることの根底にあるのが人間関係であり、そういった意味で領域「人間関係」は、基本的に重要である。子どもは生まれつき、人に特別な関心を抱き、特定の人との間に信頼関係を築きやすいようなメカ

ニズムをもって生まれてくる。人とのコミュニケーションは生後直後から始まるものであり、生涯にわたって続くものである。子どもは、園でほかの子どもや保育者、そのほかの人々と出会い、相互に見たり、同じ活動をしたり、話し合ったりしながら親しい関係を構築していく。しかし、同時に、他者は自分の意図や欲求を阻む存在でもあり、子どもは他者と関わる楽しさ、うれしさと同時に、怒りや失敗感や葛藤などの経験を積み重ねていく。怒りや失敗感、葛藤などに出会ったときの自分、それに対処するときの自分、それを乗り越え、前向きに進もうとする自分などとの出会いを通して、自己を形成していく。他者との関わりの発達と自己の発達は連動しているものである。

子どもが具体的な関わりの経験を通して、それらの内容を学ぶことができるように保育者は環境を構成したり、タイミングを逃さず援助をしていくことが重要である。

## 3 領域「人間関係」と他領域との関係

領域は先に述べたように5つに分けられているが、子どもの発達はさまざまな側面が絡み合って相互に影響を与え合いながら進行していく。

園での指導は遊びや生活を通しての総合的な指導であり、ある領域のねらいを重視することはあっても、領域ごとの指導は行わない。この活動は「人間関係」領域、あの活動は「言葉」領域といったように領域のねらいや内容に特定の活動を割り当てることもしない。5領域は遊びや生活のなかで深く関連し合っているが、先に述べたように、領域「人間関係」はほかのすべての領域の基礎となるものである。

人は人と関わりながら生きる存在であり、人との関わりは人間の生活の原点から始まるといえる。楽しく、信頼のおける関係を築くことが安心感を高め、子どもがほかの物事へ取り組む意欲や態度が形成されやすくなるかもしれないし、取り組みの結果、生じるさまざまな学びを広げ、深めるかもしれない。また、人と対立したり、人との関係で葛藤したりすることが、ほかのものへの興味や関心を削いでしまう場合もあるだろう。さらに、その葛藤を乗り越えて再び物事に取り組む自分を再発見し、自尊心を高め、あらたな取り組みへと子ども

をかり立てるかもしれない。このように、人との関わりは安心感や楽しさを増幅したり、怒りや悲しみ、くやしさや葛藤などを増幅したり、また、つらい気持ちをいやしたりするかもしれない。

　領域「健康」の「(1)先生や友達と触れ合い、安定感をもって行動する」という内容、あるいは、領域「言葉」の「(1)先生や友達の言葉や話に興味や関心をもち、親しみをもって聞いたり、話したりする」という内容は、領域「人間関係」にも関わる内容である。他者に興味や関心をもって関わったり、そこから安定感を得ていくことは、すべての領域の内容の基礎となるものといえる。

　ある子どもが園庭で初めてセミの抜け殻を見た不思議さや驚きを保育者に伝えようとしている事例で、領域間の関係を考えてみよう。子どもは息せき切って保育者のところに走っていき、目を丸くして甲高い声で「こんなのあったよ」と言う。保育者は「わー、それセミの抜け殻っていうんだよ、すごいの見つけたね」と子どもの驚きを共有しつつ、ほほえんで応える。子どもは保育者から「抜け殻」という言葉を学び、今度は大きな声で「セミの抜け殻だよー」とさけびながら友達のほうへ走っていく。子どもは、まず、保育者のところに走っていき、保育者に伝え、驚きや感動を共有し、次に友達にそれを伝えに行った。その子どもが保育者との関わりから新しい言葉を学び、保育者と驚きを共有したことや、保育者から伝えられた「セミの抜け殻」という言葉を知った喜びが、友達に表現するきっかけとなっている。このように領域「人間関係」の内容は、「表現」「言葉」「環境」などのほかの領域の内容と深く関連し合っており、子どもはこれらの内容を総合的に経験し、ねらいが実現されていくのである。

# 第 2 章

# 乳幼児期の発達と
# 領域「人間関係」

———◆—— この章で学ぶこと ——◆———

私たちは生まれてからすぐに人と関わって生活していく。

人との関わりは、私たちにとって必要不可欠なものである。

そうした人との関わりは、乳幼児期の発達とどのように関連しているのだろうか。

また、人と関わる力は、どのように発達するのだろうか。

本章では、親・保育者・友達など、さまざまな人との関わりを、事例を交え見ていく。

# §1 親（保護者）との出会いと関わり

## 1 信頼関係の基盤 ─ 愛着の形成

　私たちは生まれてからさまざまな人と関わり、人間関係を広げていく。その最初に出会う人が母親を中心とした親（以下保護者を含む）である。新生児と親との関わりを見ると、親が子どもの世話をし、子どもは親に世話をしてもらうというような、親から子どもへの一方的な関わりの関係で、子どもが依存しているように見えるかもしれない。しかし、乳児は生まれてまもなくから、ほほえんだり泣いたりして親からの関わりや世話を引き出したり、関係を維持しようとしたりする能力があると考えられている。母親が乳児をあやしているのを見ると、子どもの発声に合わせて声を出したり、顔の表情をまねしたりし、子どものほうも母親の声のリズムや顔の表情に合わせて、口をあけたり、体を動かそうとしたりして、いつの間にかタイミングが合ってくることがある。こうした親子のコミュニケーションは、人間関係を形成する基盤となる。また、ほほえむことや泣くことは乳児がもつ人と関わる能力であるといえる。

　このようなほほえむ、泣くといった行動は、乳児が「お腹が空いて何とかしてほしい」「オムツがぬれて気持ち悪い」「眠いのに眠れない」「抱っこしてほしい」といったときに、親の世話を引き出したり、また親の世話や関わりが適切であったかどうかのフィードバックとしての意味をもつ。こうした行動は生まれて間もなくは不特定の他者に向けられるが、しだいに特定の対象である親と他者の区別がつくようになると、親に対してこのような行動が多く見られるようになり、泣いても親が抱っこすると泣きやんだり、親と目を合わせてほほええみあったりするようになる。このような特定の対象との間に形成された愛情の絆を「愛着」という。

　その後、ハイハイや伝い歩き、二足歩行といった運動機能の発達にともなって、親の後を追っていったり、自分から近づいていって抱っこを求めたりといった行動が見られるようになる。また親の姿が見えなくなると探そうとしたり泣いてしまったりというように、親の姿が見えるうちは安心して過ごせるのに、親の姿が見えなくなってしまったとたんに、不安を示すことがある。このときの親は「安全基地」・「安心の源」と考えられていて、親が目に見える範囲にいるときには、親のところへ行ったり来たり、親の姿を確認しながら、積極的に周囲のも

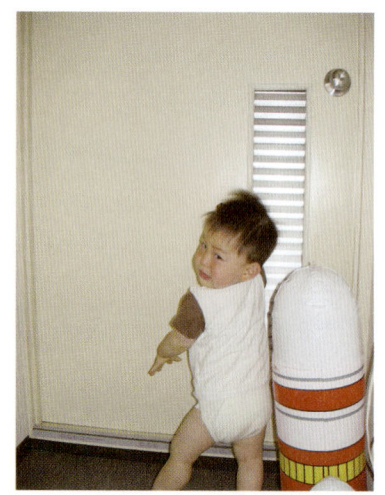

お母さんが見えなくなって不安（1歳0か月児）

のや環境に関わっていくことができるのである。しだいに家族を中心として親以外の他者との間にもこのような関係の絆が形成され、母親と父親、きょうだいなどを識別してさまざまな行動を示すようになる。一方で見知らぬ人に対して不安や恐れを抱くこともあり、いわゆる「人見知り」をすることもある。

乳児と親との間で見られる行動は、親から必要なケアや関わりを引き出すように乳児に備えられているものであり、乳児が安心して過ごすために必要である。このような乳児からの行動に対して、親はどのような関わりを求められているのかを考え理解し、応答していくことが必要であろう。

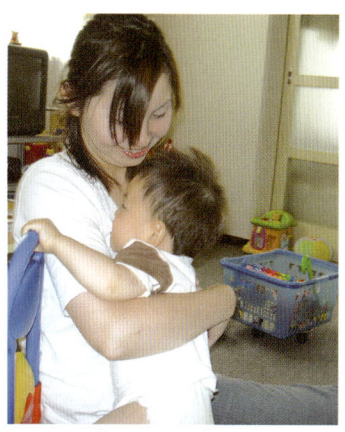

お母さんに抱かれていて安心

3歳を過ぎるころには、ほとんどの子どもが幼稚園や保育所などで集団生活を経験する。園に入る時期は家庭の状況によるが、親との密接な関係のなかでそれまで生活してきた子どもたちが、親と離れて過ごすことを経験する。それまで安心の源であった親から離れて生活することは、多くの子どもにとって不安であり、戸惑うことであろう。しかし、親が見えなくても、それまでの密接な愛情の絆に支えられ、多くの子どもが安定して過ごせるようになる。そしてしだいに園での生活に慣れてくると、自分以外の他者である保育者や友達に関心を示すようになる。

いつも一緒にいたい（後追い）

それまで親のほうが子どもの欲求や気持ちを理解し、応答してくれていたが、このころから、子どもが親の状況を見て、親の意図や願いに合わせて自分の行動を変容させる姿も見られる。最初は愛着の対象である親の意図や願いを理解しようとし、このような経験を積み重ねることで、人との関わりにおいて相手の気持ちを理解することにつながると考えらえれる。

事例
▼
2-1　お母さんは病気だから……

H男（3歳0か月）
（3歳6か月）

　H男（3歳0か月）は夜寝る前に母親に本を読んでもらう習慣があり、毎晩1冊、気に入った本を読んでもらうことになっている。ある日、母親が体調をくずし熱があるので先に布団に入っていると、もう寝る時間だと思ったH男は「これ読んで〜」と選んだ本を持ってきて母親にせがむ。本を読めないことはないけれどちょっと困った母親は「お母さん、お熱があって病気だから、今日ご本お休みしたらダメかなあ？」と聞いてみた。しかし、H男は「読んで〜、ご本読んで〜」と泣き出してしまった。仕方なく母親は体調が悪いの

（事例／写真：筆者）

　事例2-1は、母親の様子を見て自分なりに母親の行動の意味を理解し、自分がどうする
のかを考えた結果としての行動である。3歳0か月頃には、いつもの行動から、「寝る」＝
「絵本」と解釈し、絵本を読んでもらうという行動になるわけだが、3歳半頃になると、「母
親が寝る」ということの意味をこれまでの経験から理解し、そのとき自分がしてもらった行
動（トントンと背中をたたく）を思い出し、どうすることがよいのかを考えている。母親との
関係のなかで他者の行動からその意味を考えて、自分の欲求に合うようにさせたり、相手の
欲求に合うように自分の行動を変えていくのがわかる。はじめは親との間での関わりのなか
で生じ、しだいに他者との関係においても相手の行動の意味を理解することにつながってい
くと考えられる。


## 2　自分に気づく ── 自己と他者の関わり

### （1）自己の感覚

　赤ちゃんはいつから自分のことを自分だとわかるのだろうか。生まれるまでは母体で一体
となって過ごし、誕生と同時に母体と分離してひとりの存在になる。しかし、生まれて間も
ない乳児は、自分と外界との境界がわからない状態にあるといわれる。どこまでが自分でど
こからが自分でないのかの区別がなく、自分の手足をじっと眺めていたり、なめたり噛んだ
りしてしまうこともある。この境界が未分化な状態から、自分の身体の動き（運動）と身体
で感じる感覚を結びつけていくことで、自分と外界が分離していく。たとえば、指しゃぶり
は、自分の口でしゃぶる感覚としゃぶられる指の感覚がある。手で足をつかむと、触ってい
る感覚と触られている感覚がある。しかし、何かものを触っているときには、触られる感覚
はないし、誰かに抱っこされているときには触れた部分に触られている感覚がある。こうし
た経験を通して、乳児は外界と分離した身体としての自己（身体的自己）に気づくのである。
　また、親との情動的な関わりも自己の気づきを促す。乳児は親に抱かれて見つめ合ったり、

一緒に見て！

いない　いない　ばあ

　ほほえみ合ったり、言葉をかけられたりするうちに、親の顔や口の動きに合わせて手足を動かしたりする。このような情動的なコミュニケーションによっても、主観的な自己の気づきが促されていく。はじめは、そうした見つめ合う、ほほえみ合うふたりの関係であったものが（二項関係）、おもちゃや絵本など、同じものを一緒に見たり、指さしの方向を一緒に見たりして、同じものに関心を向けて、関心の先を共有するという関係が生じる（三項関係）。このような関係のなかで、親の視線の先や指先の方向を目で追ったり、行動をまねしてみることで、自分の行動として再現したり、思いや感じ方の道筋をたどり、主体としての自己の気づきも促されていく。

### （2）自我の芽生え

　2歳前後には、何にでも「イヤ！」を繰り返したり、「自分でやる」と主張する姿が見られる。それまで大人に促されるままに行動していたのに、従順に従うことを拒んだり、激しい自己主張をしたりすることで、自分という存在を強く意識していると考えられる。こうした時期を第一次反抗期と呼び、自我の芽生えと密接な関わりがあるとされる。ちょうどこの時期には、オムツが取れて自分でトイレに行くことができるようになったり、食事を食べさせてもらっていたのから自分で食べるようになったり、着替えも自分で少しずつできるようになるころである。そういった基本的生活習慣の自立が進むことは、自分でできたという達成感や満足感を味わうことにつながり、もっと自分でやりたいという意欲や自主性を促すことになる。この「もっとやりたい」という気持ちが「イヤ！」、「自分で」という主張をもたらすと考えられる。

　しかし、このような第一次反抗期に見られる“反抗”は、親などとの密接な関係のなかから生じてくるものである。子どもにとって親は、行動の方向性を示したり、あるいは行動を制御したり、子どもの行動をコントロールする存在であり、対等な関係ではない。この対等ではない関係に挑もうとするのが第一次反抗期であり、関係性のなかでどの程度は受け入れてもらえるのか、どの程度は受け入れてもらえないのかを、交渉する過程である。この過程が、他者と交渉することの始まりであり、人と向き合い、人との関係のなかで生きていくことの第一歩なのであろう。

# §2 乳幼児と保育者の出会いと関わり

## 1 乳児期、1・2歳児期の保育者との関わり

　乳児期、1・2歳児期における保育者との出会いについては、保育所への入所が中心となる。その出会いの時期については各家庭の事情によりばらつきがあり、子どもの年齢や月齢にもばらつきがある。また、保育所に入所する時期も多くは4月であるが、途中で入所するケースもある。したがって、乳児、1・2歳児と出会う保育者はさまざまな年齢や月齢の子どもに応じた関わりが求められる。ここでは、保育所での保育士と乳児、1・2歳児との関わりを紹介する。

### （1）信頼関係の構築

　いずれの年齢においても、子どもが安定して生活するためには、保育者との信頼関係が取り結ばれることが必要である。とくに乳児の場合には、入園してすぐのころには親から離れて過ごす不安や環境の違いに戸惑うこともあるが、保育者が子どもの生活リズムや活動のリズムに合わせた関わりをもつことによって、保育者が自分にとって安心できる存在になる。子どもにとって保育所は1日の大半を過ごす場となることから、乳児にとっては家庭的な雰囲気であること、またそこにいる保育者に受け入れられることが安定した生活を支える基盤となる。保育者の温かいまなざしや声かけ、乳児のリズムへの同調によって、信頼関係を築き始める。たとえば食事のときも、一対一で保育者の膝に座って食べる（授乳する）、イスには座るが保育者と一対一で援助してもらいながら食べることで、安心して食事ができ、食事の楽しさやおいしさを共有することで、さらに絆は深まっていく。このように個人差に応じて一人一人の欲求を満たしながらしだいに健康な生活リズムをつくっていくなかで、信頼関係を構築していくのである。保育者との関係が築かれることによって、生活が安定し、遊びも積極的になってくる。いつ

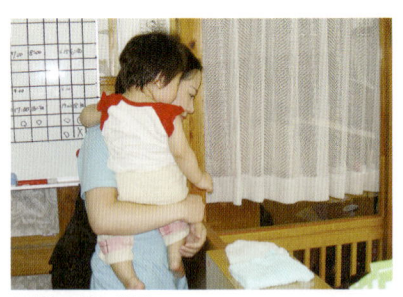
母親と一緒に登園

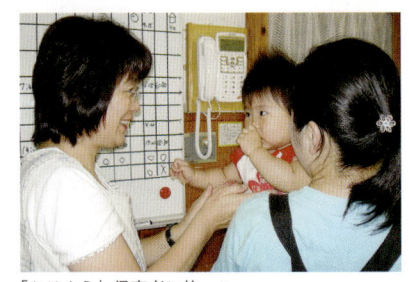
「おはよう」保育者に抱っこ

「もぐもぐして食べようね」

見ててもらえてうれしい

保育者の膝を取り合う

いろいろなことに挑戦

でも見守ってもらえる安心感のなかで過ごしている。一方で不安なとき、甘えたいときなどは保育者のもとで安心したい。しかし、同じようにほかの子どもも不安なときには保育者の膝を取り合うこともある。大好きな保育者が見えなくなると、不安になって追いかけたり、泣いたりすることもある。保育者と一対一の安定した関係を築きながら、信頼関係に支えられて生活を展開していく。

　1・2歳児においても、担当保育者との安心できる関係の構築が基盤となる。1歳児は自分の力で歩くことができ、ますます活動範囲が広がって、周囲の環境やものへの関わりが積極的になる。遊びのなかで保育者が同じものをもって同じ動きをすることで、自分のしていること、姿を認めてもらえる安心感につながっていく。それまでの受動的な世界から、自分の力で好きなところへ移動できるようになり、好奇心にあふれる時期でもある。身のまわりのものに触れ、遊び、関心をもつことで、新しい行動に挑戦するようになり、「自分で」やってみたい気持ちが芽生えてくる。保育者は子どもの自分でやりたい気持ちを尊重しながら、まだうまくできないことを援助するなどして、子どもの意欲を支えていく。2歳児は、「自分でやりたい」という気持ちがさらに高まるとともに、さまざまな場面での自己主張が盛んになる。自分でやろうとするが、一方で甘えたり、思い通りにいかないとかんしゃくを起こしたりするなど、感情が揺れ動く時期でもある。一人一人の気持ちを受け止め、見守ったり、待ったりしながら、さりげなく援助するなどして、ひとりでできたときの喜びを感じることができ、次の意欲につながるように接していく。

## （2）自己と調整

　2歳を過ぎるころから、自我の芽生えとともに友達への関心が高まってきて、「自分でやりたい」気持ちや「友達と遊びたい」気持ちが入り混じることがある。また、友達が持っているものが欲しくてトラブルが生じるなど、まだまだ自分の気持ちを調整することが難しい時期である。

## ひとりで楽しい、一緒も楽しい

　テラス（2歳児専用の遊び場）に出た子どもたちは、各々バケツやかご、スプーンなどを取ってきて、バケツや桶を鍋に見立ててさまざまな材料を投入してかき混ぜ始める。S保育者がそれぞれ自分の調理場を確保できるように台を用意し、ひとり1つずつの台の上で料理を始める。自分の好きな材料を持ってきては混ぜている。S保育者はお客さんになって、各調理場をまわり、「T花ちゃんのお鍋は野菜スープなのね？」「C太くんは何をつくっているのかな」と、それぞれの子どもがもつイメージを確認しながら、遊びが充実するように声をかけていく。そのうちM斗が他児の鍋の中にある材料を欲しくなったのか、S保育者に「あっち、ニンジンがほしい」と訴える。するとS保育者は「じゃあ、先生と一緒にお客さんになって買いにいってみようか？」と聞いてみる。M斗はうなずいて、自分の場所から離れると近くにあったかごをもってT花の前で保育者に寄り添う。S保育者は「なんて言おうか？」と聞いてみるが、M斗からは返事がない。「じゃあ、"ニンジンください"って言ってみる？」とS保育者が促すが、M斗の口は開かない。「そしたら、先生と一緒に"ニンジンください"って言ってみようか？」とS保育者が誘うと、M斗はうなずき、S保育者の「せえの」と言う合図とともに小さな声で「ニンジンください」と言う。T花は「はい、どうぞ」と言って、M斗のかごの中にニンジンを入れる。M斗は「今度はあっちのトマト」と、S保育者にE代のもとへ一緒に行くように誘い、ふたりでE代の前に行くと、「トマトください」と今度はひとりで言う。かごの中にトマトを入れてもらったM斗は、うれしそうに「ありがとう」と言い、自分の調理場に戻っていった。

（事例／写真：愛の園保育園）

事例2-2では、みんなで同じ道具を持って、みんなで同じ遊びをすることで、「一緒」という感覚を大切にしながら、遊びの援助が行われている。この時期の子どもにとって、他者の行動や考え・感情を理解しながら自分の行動を調整することは難しい。自分のやりたい気持ちを大切にしてもらいつつ、他者の遊びに関心を向けることのできる遊びの環境のなかで、友達との関係も広がっていく。保育者が個々の子どもの要求を理解しつつ、友達同士の関係をつなぐよう関わることによって、自分の気持ちを出したり、他者に受け入れてもらうための方法を理解したりしていくことが可能になるのであろう。

# 2 幼児期の保育者との関わり

幼児期においても、保育者に受け止めてもらえる安心感、信頼感が園生活の基盤となるであろう。入園間もない子どもたちにとっては、園での生活におけるよりどころとして、保育者との関わりが見られる。

## 事例 ▼ 2-3 大好きな先生がいい

● 3歳児クラス 6月

片づけの時間になって、部屋のなかでは積み木を元の場所に積み上げているが、その上にA花が座り込んでしまう。他児が持ってきた積み木を積もうとすると、それを嫌がって足で抵抗したりしており、J保育者が「A花ちゃん、お片づけだから降りようか?」と言っても降りようとしない。そのうちほとんど片づけが終わって、みんなが集まって音楽に合わせて踊りをおどり出す。A花は気になる様子で見ているが、積み木から降りようとはしない。A花が積み木に乗っているの見たM哉とD也がやってきて一緒に乗って座る。おどり終わったところでJ保育者がまねっこ遊びを始めると、3人とも気になる様子で見ているが、そのうちがまんしきれなかったのか、D也とM哉は積み木から降りて、まねっこ遊びのなかに入っていく。A花は一向に動こう

としないが、J保育者の動きや周囲の子どもたちの様子をじっと見ている。そこへもうひとりのA保育者が「A花ちゃん、どうしたのかな」と声をかけてくる。するとA花は「背中が

かゆいの」と言い、保育者にみてもらおうと背中を向けて洋服をめくる。「背中かいて」とA花が頼むので、A保育者は少し背中をさすりながら、「かゆくなっちゃったんだね。虫かな、でも赤くなってないからね。これでだいじょうぶ」と声をかける。A花は先生にさすってもらって安心したのか、お弁当の準備のために集まっている友達のところへ小走りに行き、その輪のなかに入っていく。

(事例／写真：学大小金井)

 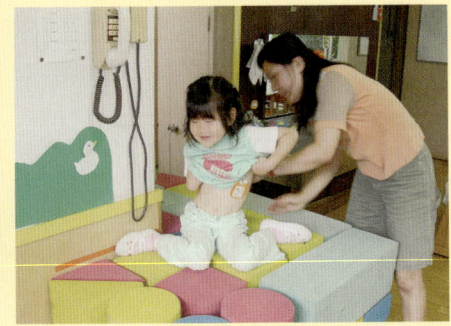

　事例2-3では、自分だけ片づけない、踊りに参加しないことで、自分の存在を大好きな保育者に気づいてほしい、受け止めてほしいという姿が示されている。大好きな保育者に気づいてもらい、受け止めてもらえたうれしさをうまく表現できず、とっさに「背中がかゆいの」と言ってさすってもらうことで、保育者の存在を身近なものとして確認している。このように、自分の存在を保育者に受け止めてもらっていることを確認することで、自己の安定感が確立されていくと考えられる。遊びのなかで、さまざまな場面を通して保育者が子どもたちの存在を受け止めていくことで、安心感・安定感がもたらされるのであろう。

　保育者との関わりは、友達との関わりの土台ともなる。保育者との信頼関係によって、子どもたちの生活は安定したものとなり、積極的に環境に関わっていくことができる。それは友達との関わりにおいてもいえることであり、また保育者との関わりは友達との関わりにおけるモデルにもなりうる。保育者との関係において味わう受け止める・受け入れられる関係の心地よさは、友達との関わりにおいて、相手の考えを理解する、気持ちを受け止めることにつながっていくと考えられる。

　しかし、保育者との関係では、いつも保育者が子どもの欲求を受け入れ、満たしてくれるとは限らない。ときには保育者とぶつかることもある。たとえば「みんなと一緒にやりたくない」、「片づけたくない」、「言うことを聞きたくない」などさまざまにあるが、多くの場合、子どもの要求がその状況においてはかなわないものである。こうしたときの保育者とのぶつかりの経験は、子どもにとって大きな学びの経験となるであろう。保育者の側は子どもの意図や要求を理解しようとし、そのうえで状況に応じた行動をとるにはどうしたらよいかということを考える。これは子どもたちが同じように意図や理解を考慮したうえで状況に応じた行動をとることのモデルになりうる。

# §3 友達との出会いと関わり

　幼稚園や保育所などに入ると、子どもたちは家庭や家族から離れて初めての集団生活を経験する。保育者との信頼関係に支えられながら家庭と園の違いに慣れ、しだいに安心感をもって周囲の環境に積極的に関わっていくようになると、そこにいるほかの子どもにも関心が向けられる姿、友達と一緒にいることの心地よさを感じる姿、仲間意識など結びつきを大切にする姿が見られる。

## 1 乳児期、1・2歳児期における友達との出会いと関わり

　乳児期においては、担当保育者のもとで一緒に過ごすことによって、身近にいるほかの子どもの存在に気づき、またともに生活していくなかで「一緒に生活する人」という感覚が生じていくと考えられる。生活のなかで、同じものを持ってなんとなく一緒という感覚を味わったり、友達のしていることに興味をもち、自分も同じものを持とうとしたりする。たとえば右の写真のように、電話ごっこも言葉を発するのは保育者で、「もしもし」という保育者の声に合わせて受話器を耳に当ててみたり、お話するような仕草を見せたりする。遊びのペースは保育者がつくっているが、同じものを持って同じことをすることによって、友達と一緒がなんとなくいいという感覚を味わっていく。

「もしもし。同じだね」（0歳児）

友達のやっていることへの興味（0歳児）

　1・2歳児においても、個々の興味や関心を充足する遊びはもちろん、複数名での活動が可能になってくる。たとえば次ページの写真のように、巧技台からマットにジャンプしたりハシゴを渡ったりする遊びのなかでは、遊びのペースは先生がつくっているが、その流れのなかで遊ぶことを楽しむようになる。このような遊びのなかでは順番などの簡単なルールを守ることも必要となり、その理解も可能になる。友達と同じことをするのが楽しかったり、ふれあいを心地よく感じたりする姿も見られる。1・2歳児は特定の友達と遊びたいというよりは、先生がつくる遊びのペースのなかで友達と同じ動きをしたり、触れ合ったりすることが楽しいことを経験していく。

順番にジャンプ！（1歳児）　　　　　　　　　マットの上でゴロゴロ（1歳児）

みんなで絵本を見る（1歳児）

　また、他者に対する思いやりの気持ちの芽生えもこのころから見られ始め、転んで泣いている友達をなでてみたり、寄り添ってみたり、慰めるようにみえる行動や、困っている友達を助けようとする姿も見られ始める。次の事例2−4は、食事のときに困っている同じグループの友達を手伝いたいという姿が見られる事例である。友達が困っていることや、自分が手伝えることを理解していることがわかる。友達を手伝いたい気持や、友達から「ありがとう」などと感謝される経験は、思いやりの気持ちの芽生えを培っていくと考えられる。

事例
▼
**2-4**　**ラップを外すのを手伝いたい**　　　　　●2歳児クラス　9月

　午後の食事（午後食）の時間、M保育者と担当する6人の子どもがひとつのテーブルを囲んでいる。この日のメニューは、おにぎり、バナナ、スープで、おにぎりは俵型で一つ一つキャンディーのようにラップで包んであり、子どもたちが自分でラップを外して食べられるようにしてある。S奈は自分でおにぎりのラップを外そうとして真剣な表情で取り組んでいる。その横で同じようにラップを外そうとしていたN希が、「できなーい」と保育者に助けを求める。保育者はちょうどほかの子どもの手伝いをしており、それを見たF佳が「やってあげる」と言う。N希は持っていたおにぎりをF佳に渡す。F佳はおにぎりからラップを外すと「できた」と言ってN希に差し出す。N希はおにぎりとラップを受け取り、「ありがと」と言って食べ始める。

（事例：著者）

# 2 幼児期における友達との出会いと関わり

## （1）友達——仲間

　私たち大人は、友達関係や仲間関係を取り結ぶときには、目的が同じであるとか、興味や関心が似ているとか、尊敬できるなどといった、さまざまな要素によって関係をつくっている。しかし、幼児期の子どもたちは、大人とは異なり、自宅が近所であるとか、たまたま近くに座っていたなどという、物理的な距離が友達関係の最初のきっかけとなる。幼児期においても、次のような子どもの友達との出会いと関わりの様子が見られる。

事例
▼
**2-5**　**あっちも気になる**

● 3歳児クラス　6月

　N実とM香が保育室の中央で座り込み、各々絵本を開いて見ている。それを見たU介が、絵本のコーナーへ行くと手に持てるだけの本を取り、ふたりのもとへ持って行き「いっぱいあるよー」と言いながらたくさんの本をふたりの目の前に落とす。ふたりは目の前に絵本がばさばさと落ちてきたので、驚いてしまう。その音で気づいた保育者が寄ってきて、U介に向かって「本屋さんならこっちでやろうかー」と数冊の本を拾いながら、U介に空いている場所を指し示す。U介は保育者を見ていたが、返事をせず、積み木でロケットをつくっているT太のところへ行き、「入れてー」と言ってロケットづくりに入る。積み木を運んだりのせたりしながらも、絵本を見ているふたりのほうをちらちらと見る。そして突然、絵本コーナーに行くと、残っている本を両手に抱えて再びふたりのところへ行き、今度はふたりの前にそおっと絵本を置くと、黙って立ち去りロケットづくりに戻っていった。

（事例／写真：学大小金井）

事例
▼
**2-6**　**自然に体が動くのは……**

● 3歳児クラス　9月

　男児数名が保育室内でソフト積み木を並べて遊んでいる。それぞれの子どもが思い思いに積み木を並べたり、積んだりして遊んでいると、F吾が突然、積み木を太鼓のように見立ててたたき始める。誘ったわけでも誘われてたわけでもないのに、それを見たN樹とC斗が近くにあった積み木を同じように太鼓に見立ててたたき始める。最初はそれぞれの場所でたたいていたのだが、そのうちだんだん近づいて、3人が寄ってきてたたいている。しばらくたたいていると、自分がたたいていた積み木だけでなく、ほかの子どもの積み木にも手を伸ばしてたたき始め、いつの間にか3人はぐるぐると回りながら積み木をたたく。

そうしているうちに、早く回りすぎてN樹が回っていた輪から飛び抜けて床に倒れ込む。それを見たF吾とC斗もまねして床に倒れ込んでいく。今度はN樹が近くにあった積み木の上に乗り、「電車でーす」と積み木を電車に見立て、「ガタンゴトン、ガタンゴトーン」と言いながら、積み木に乗って揺れ始める。それを見たF吾とC斗もまねして積み木にまたがると、「ガタンゴトン、ガタンゴトーン」と言いながら揺れる。ほとんど前に進まない積み木の電車を少しずつ前にガタゴトとずらしながら、3人はいつの間にか集まっていき、また、太鼓のときと同じように輪になろうとする。そうしているうちに片づけの時間となり、保育者が「そろそろお片づけするよー」と声をかけると、3人は今まで使っていた積み木を一緒に運び始めた。

（事例／写真：学大小金井）

　事例2−5にあるように、自分の周囲でほかの子どもが何をしているのかが気になり、どんなことをしているのか、様子をうかがったり、実際に近くに寄っていって自分の存在をアピールすることもある。そうしたなかで友達の存在に気づいたり、興味があることに関心を寄せたりするようになる。事例2−6に見られるように、友達のしていることに興味をもって見たり、ちょっとまねしてみたりしているうちに、体が同じように動き出し、たまたま一緒になった動きを楽しむ姿が見られる。とくに「一緒にやろう」とか「まねしてみよう」という気持ちを確認し合ったわけでもないのに、ひとりがやり始めた動きにほかの子どもが心を揺り動かされて動き出し、その合わさった動きをみんなで楽しむということがある。このような楽しい気持ちを共有することで、「友達と一緒だと楽しい」「もっと友達と一緒に遊びたい」という気持ちが高まっていく。

　ふだん一緒に遊ぶことが多かったり、同じ遊びをすることが多くなったりしてくると、「一緒に遊びたい」気持ちが芽生えてくる。子どもの場合、自分がやりたい遊びをしているところで一緒になった友達と遊ぶということもあるが、「○○ちゃんと遊びたい」といったような、特定の友達と一緒にいることを好む姿も見られる。とくに4歳児、5歳児と年齢が上がっていくにしたがって、いつも一緒に遊ぶメンバーが決まってきて、「仲間集団」を形成することがある。

# オレたち仲間だもんな！

　男児数名が砂場で穴を掘ったり、水を流して川をつなげたりして遊んでいた。この砂場で遊んでいたグループはいつも気が合う仲間同士で、一緒に遊ぶことが多い。この日も互いにイメージを出し合って砂場で遊んだのだが、片づけの時間になり、保育者に促されて片づけを始める。

砂場で使った道具を洗って片づけ、砂場にシートをかけるまでやるのだが、黙々と片づけは進んでいく。「おい、まだバケツが残ってるぞ」「オレ、あとこれやっとくから」など声をかけ合って、道具を片づけていく。「おーい、そっちもってー」、「こっち引っ張るよー」と、互いの動きを見ながら、声をかけ合ってシートをかけていく。そして砂場の片づけが終わると、「よし、終わったー！」、「みんな集まろうぜ」と言って円陣を組んで集まる。ひとりが「"オーッ！"ってやろうよ」と言って手を前に出すと、「いいよー」とまわりの子どもも言い、みんなで手を合わせ、声を合わせて「オー！」と大きな声でさけぶ。すぐに手を離すのかと思われたが、手を合わせたまま、何やら相談を始めていた。

（事例／写真：学大小金井）

　一緒に遊ぶ仲間のなかでは、遊びのイメージが共有されやすく、もしイメージが食い違っても意見を尊重し合う、自分たちで解決するといった姿が見られる。また、事例2-7では、「片づけをする」というひとつの目的が共有され、仲間同士が声をかけ合って片づけている様子が見られる。片づけの手順がわかっているということもあるが、みんなで遊んだ場所をみんなで片づけるという共通の意識によって、互いの動きを見て、声をかけ合うことができているのである。こうした仲間関係のなかで、子どもたちは他者の考えていることや気持ちを理解したり、自分の気持ちや考えを友達と折り合いがつくようにコントロールしたりすることを、経験のなかから獲得していくとともに、共通の目的に向かって協力し合うことで、協同性を培っていく。

## （2）集団──クラス

　仲のよい友達との関係を築き、深めていくことによって、子どもたちの園での経験はより意味のあるものとなるが、仲のよい友達をつくることだけが園での生活における人間関係ではない。園では、仲がよいかどうかとは別に、クラスという集団生活を営むことが求められる。園におけるクラス集団は、仲よしグループのようなインフォーマルな集団とは異なり、公の制度に基づいて同じ発達段階の子どもたちが集まった集合体で、意図的に形成されたフォーマルな集団である。園によっては異なる年齢・発達段階の子どもの集合体で縦割りクラスを形成する場合もある。いずれにせよ、園におけるクラス集団は、子どもたちにとって人生最初に出会うフォーマルな集団ということになるであろう。子どもたちはそのなかで、新たな友達との出会いや関わりがもたらされたり、友達を受け入れたり、自分が受け入れられたりすることを通して、集団に所属する一員としての意識が培われていく。

事例
▼
**2-8**　友達といたい──集団を気にする

4歳児クラス　6月

　プール遊びの前、プールに入る子どもも入らない子どもも、全員で体操を始める。今年になってプール遊びが始まって間もないこともあって、みんな新しい体操に興味があり、保育者の様子を見ながら体操をしている。

　そんななかD哉とJ介は体操の輪から少し外れて、体操をしているテラスの柱のほうへ行ってしまう。ふたりで柱につかまって、体操をしているクラスの友達の様子を眺めている。すると、外れてしまったふたりに気づいたF香が、「どーして体操しないの？ ちゃんとやらないとプールは入れないんだよ！」と、注意しにやってくる。F香に言われたふたりは、ちょっとふざけたように逃げ、また柱のところへ戻っていく。注意しに行ったF香のほうも、自分が体操しないといけないという思いがあるようで、それ以上は注意せずに体操の輪のなかに戻っていく。なんとなく気まずさを感じたD哉は、体操をしているみん

なのほうへ近づいていくが、柱に残っているJ介のことも気になる様子で、ちらちらと見ながら向かっていく。ちょうどそのときに、体操がもっとも盛り上がる振りの部分に差し掛かり、J介もみんなのほうへ小走りに入っていって、一緒に体操を踊る。

（事例／写真：学大小金井）

事例2-8では、クラスのみんなが体操をしているときに、集団から離れたり近づいたりするふたりの男児の様子が示されている。ふたりの男児は最初ふざけて、体操しているみんなのもとから離れていく。このふたりで離れていく行動は、ふたりの関係性において強い結びつきがあり、ひとりではなく友達と一緒だからふたりで離れていくことができるのであろう。しかし集団から完全に離れようとしていない姿からは、自分たちがその集団に所属していること、また今はプールの前の体操だから本当は離れてはいけないことは理解していると考えられる。注意をしにきたF香のほうも、同じクラスの仲間が離れてしまうのはいけないという気持ちもあって、ふたりに声をかけている。ふたりは「自分たちのクラスは今、体操をするんだ」ということを理解していつつも、その集団からどれくらい離れることができるか、自分を試してみている姿なのだと考えられる。集団がまとまって行動するとき、その共通の目的が存在し、個々の子どもたちがそれを理解していることが必要になる。大人であればそうした理解は難しくはないが、子どもたちにとっては容易なことではない。しかし事例にあるような、一緒に活動することで楽しい気持ちを味わったり、みんなで動きを合わせることの心地よさを感じたりすることで、集団への意識は高まっていくと考えられる。そのような集団への意識の高まりが、5歳児クラスの後半に見られる事例が次の事例2-9である。

---

事例
▼
## 2-9 私たちも見てほしかったけれど…

● 5歳児クラス 12月

　ふだんの遊びのなかから自分たちのできることや、練習したことを発表する「子ども会」の日が近づいてきた。5歳児クラスではいくつかのグループに分かれて、発表する内容を考え、必要な道具や衣装を自分たちで作ったり、練習を繰り返してきている。この日は子ども会の前の週で、幼稚園を参観に来たたくさんのお客さんが子どもたちの様子を見ていた。

　各グループがそれぞれ必要なものを作ったり、踊りの振りつけを考えたり、考えた内容を練習したあと、クラス全員が集まって、全員でやる歌の部分を練習した。その後、いつもならばグループごとに順番に発表していくのであるが、この日は事情が違っていた。保育時間と片づけの関係で、保育者はこの日は全員での歌の練習だけで全体の活動は終わろうと計画していた。しかし、歌の練習が予定よりも早く終わって時間が余ったこと、子どもたちはその後にグループごとの発表をするのだと当然のように思っていたことなどから、予定が変更となった。

　「今日はこれでおわりにしようかなと思っていたけど、こんなにたくさんお客さん（参観者）がきてくださっているので、せっかくだからみんなの（グループの）発表を見ても

らおうかと思います。……と思うんだけど、残念なことに時間があまりないの。なので、全部で 10 あるグループのうちの 2 グループだけやろうと思います」

　保育者がそう言うと、子どもたちは「私たちやりたい」、「ぼくらもやりたい」と口々にやりたい気持ちを表していく。ふたりの保育者のうちのひとりがグループごとの名前が書かれたカードをもち、もう一方の保育者がそのうち 2 枚を引く「くじ引き」で発表するグループが決められることとなる。ひとつめのグループが決まると、当たったグループの女の子たちは感嘆の声を上げて喜ぶ。ふたつめのグ

ループのカードが引かれるとき、みんな手を合わせて「どうか当たりますように」と祈るように保育者の手を見つめる。ふたつめのグループは男の子たちのグループが決まり、残念ながら外れてしまった子どもたちは「あ〜あ、やりたかったな〜」と落胆する。なかには泣き出してしまう女児も出てしまった。

　いよいよ選ばれた 2 グループの発表が始まる。すると先ほどまで「あいつらだけ、いーなー」とうらやましがっていた子どもたち、泣き出してしまった子どもたちが、音楽に合わせ一緒になってうたったり、手をたたいたりして、発表しているグループの子どもたちを応援し始める。発表できなかったグループの子どもたちも、一生懸命応援することで、自分たちのクラスの友達が、がんばっている姿を自分のことのようにたたえているようであった。

（事例／写真：学大小金井）

　事例 2-9 は、小さなグループで考えを出し合い、さらにそれをクラス集団としてもち寄って、ひとつの共通の目的である「子ども会」に向かっていくなかでの、子どもたちの集団との関わりである。「子ども会」に向けて、考えたり、意見を言い合ったり、何か作ったり、練習したり、小さなグループで行ってきた活動は、グループ相互に活動が共有され、自分のグループではないことでも、自分たちのクラスの仲間の発表として受け入れられることができている。自分たちが発表できなかった子どもたちにとっては、発表できなかったくやしさもあるなかで、クラスの仲間の発表を受け入れていく経験として、発表することができた子どもたちにとっては、発表できなかったグループの気持ちを考え、その分もがんばる経験として、子どもたちに受け入れる・受け入れてもらうことを学ぶ機会となりうる。そして、このような相互の理解のあるクラス集団は、長い期間をかけて、さまざまな経験を通して形成されていくと考えられる。また、こうしたクラス集団における経験は、初めて出会ったフォーマルな集団での経験として、後の学校教育につながっていくものであると考えられる。

# §4 友達とのぶつかり

　園での生活では、友達との関わりのなかで楽しさを感じたり、友達といることの心地よさを味わったりすることで、人間関係が形成されていく。他者との関わりは、単に一緒に過ごし関わっているだけでは意味がなく、その関わりの質が重要であり、その質によって人間関係の深まりがもたらされる。友達と関わって生活するなかでは、友達とぶつかる場面が生じる。それはものの所有をめぐるものであったり、イメージのズレであったり、手がぶつかったなどのトラブルなど、ぶつかる原因もぶつかる内容もさまざまにある。　そういったなかで、遊びのイメージが違っていることに気づいたり、友達の考えを理解したり、新たな考えを生み出したり、自分に折り合いをつけたりすることを学んでいくのである。

## 1 乳児期、1・2歳児期における友達とのぶつかり

　乳児期においては、興味や行動範囲が広がっていくと他者が使っているものが使いたくて取ったり、体の動かし方が不安定でぶつかったりして、相手が泣いてしまったりすることが生じる。欲求が満たされないとき、乳児は泣いて保育者を呼んだり、保育者のもとに寄っていったりして、どうにかしてほしいということを表明することがある。この時期は、他者とのやりとりに必要な言葉や他者の感情の理解がまだまだ不十分で、みんなで仲良く遊べる年齢ではないことから、一人一人の欲求や好奇心を満たせるよう援助することが求められる。好奇心や欲求が満たされる経験を積むことで、次の段階として友達と関わりたいという欲求が芽生えてくるのである。したがって、一人一人が十分に満たされるよう、たとえば同じおもちゃも数を十分に用意する、遊びの空間を担

当保育者ごとに区切るなど、不要なトラブルが生じないように配慮することが求められる。

　1・2歳児においては、思いを言葉で伝えることがまだ未熟なため、ときおり「噛みつき」が起きることがある。理由はさまざまで、たとえば「遊びを邪魔された」「友達が使っているおもちゃが欲しかった」などで、それらをうまく伝えることができないために感情が高まって思わず噛みついてしまうのである。また「噛みつき」でなくても、感情が高まって思わず手が出ることもある。こうした他者を身体的に傷つけてしまう行為は、なぜそれが起こってしまったのか、噛んだり手を出さずにいられなかったりする理由を探り、やってしまった子、やられてしまった子の気持ちに寄り添っていく。保育者に自分の嫌だった気持ちや感情の高まりを受け止めてもらうことが、自分の感情のコントロールへとつながっていく。

# 2 幼児期における友達とのぶつかり

## （1）思っていることの違いに気づく

　そもそも友達とぶつかったり、いざこざが生じたりする背景には、自分と友達との感じ方や考え方が異なることがある。そうした感じ方や考え方の違いはどのように理解していくのだろうか。

事例
**2-10** 池を広げたいのかと思ったんだけど

● 3歳児クラス　5月

　Y夫とU介が砂場に水を入れ、流れていくのをせき止めるダムのように、砂で土手をつくっている。水がいっぱいになっても水を入れていき、土手があとわずかでくずれそうになっているが、気づかず一心に水を入れている。Y夫たちのつくった土手の隣でも同じようにC代が水を入れて池をつくっている。C代は少しずつ池を広げており、同じようにY夫たちも池を広げたいと思っていると考えたようで、C代の池とY夫たちの池を仕切っている土手をくずす。

それに気づいたY夫が「ダムをつくってるのに、C代ちゃんが壊した！」と怒り出す。C代は怒鳴られたことに驚いた様子で、呆然とする。その場にいた保育者が「C代ちゃん、Y夫くんたち、ダムつくってたんだって。お水ここまでなんだって」とY夫たちは池を広げたいと

思っているわけではないことをC代に伝える。C代はうなずくが、どうしたらよいのかわからない様子で見ている。そして保育者は「C代ちゃんはもっと広げたらいいなって思ったんだよね」とC代の思いをY夫たちにも伝える。くずれたダムを直すために保育者は自分の手を機械のように動かしながら、「ここにダムをつくればいいのかな？ウィーンウィーン、ショベルカーです」とY夫たちの指示に従って直す。

（事例／写真：学大小金井）

他者が何をしようとしているのかを考え、それに合わせて行動しようとする姿は、大人との関係のなかで形成され、幼児期には友達に対しても見られる姿である。事例2-10は、C代がY夫は自分と同じように池をつくっているのだと思い、池を広げたら楽しいと思った結果の行動が、Y夫の考えと異なっていたために生じたぶつかりである。自分が考えていることと他者が考えていることの違いは、こうしたぶつかりの経験を通して理解され、その理解を促すのは、保育者の援助であろう。互いに違う考えをもっていることが、両者に理解できるように説明されており、こうしたていねいな関わりを繰り返し行うことによって、自分とは異なる思いをもつということに気づき、保育者によって他者の考え方や感じ方の道筋をたどり、それを理解した行動としての、相手の立場に立つ、共感するといった方向に向かっていくと考えられる。

### （2）イメージを合わせる――自己主張と自己抑制

　友達と関わって遊ぶなかでは、自分のもっている遊びのイメージと友達のもっている遊びのイメージが食い違うことがある。そうしたときに、自分のイメージを通したい気持ちと、友達と一緒にうまく関わって遊びたい気持ちが対立することがある。子どもたちは意見が違ったときにどのように調整するのだろうか。

---

事例
**2-11**　一緒に遊びたいけど、イメージが合わない

● 4歳児クラス　2月

海賊船をつくろう！

「違う、違う！」

　いつも一緒に遊んでいる数名の男児が、箱積み木で船をつくり始める。S太の「海賊ごっこやろうぜー！」という言葉によって、反応した男児たちが始めた遊びである。S太をはじめ、子どもたちは箱積み木をもってきては並べ、だいたいの大きさに積み木を並べると、今度は上に積み上げたりしていく。「ここが操縦席だー」、「こっちは食堂」と、それぞれの子どもたちがもっているイメージを口に出しながら、次々と積み上げていく。

　すると突然、F也が「ダメだ！こっちじゃない！」と、G夫がもっていた積み木を取り上げて放り投げると、それまでG夫が積み上げていた積み木を倒してくずしてしまった。G夫は海賊船のメンバーが座るイスを積み木でつくろうと並べていたのだが、F也はG夫の並べていた積み木のイスの場所が嫌だったようで、さけんだのであった。それを見ていた他児も驚いた様子で、集まってくる。

　G夫「……こっちはイスなんだけど」

F也「違うよ、イスは操縦席の後ろなの!」

G夫がつくっていたイスの場所と、F也の考えていたイスの場所が違っており、そのことでF也は、自分のもっているイメージに合わないことを主張したようである。

G夫「でも、こっちにつくりたい」

F也もG夫も、自分がもっているイメージどおりにつくりたい気持ちがあるので、話がまとまらないうえ、しだいに顔がゆがんでくる。せっかく楽しい

どうすればよいか相談

気持ちで遊んでいたのに、どうしたらよいのかわからなくなってしまいそうになる。そのときS太が「操縦席の後ろにあったほうが、操縦するのが見えていいんじゃない?」と言うと、周囲の子どもたちも、「操縦席の後ろがいいよ」「2階建て(2段)がいいんじゃない?」などと、口々に言い合う。「じゃあ、操縦席の後ろに2階建てでイスつくらない?」とS太がG夫の顔をのぞき込んで問いかける。するとG夫は「うん」とうなずき、S太の「じゃあやろう」というかけ声に合わせて、目の前の積み木を運び始める。そして、操縦席の後ろに少し高いイスがつくり上げられた。完成した操縦席とイスに、子どもたちは座り、海賊ごっこを始めるのであった。

オレたち海賊!

(事例/写真:学大小金井)

　事例2-11に見られるような意見の食い違いは、幼稚園や保育所などではよく見かけられる。初めは同じ「海賊ごっこ」という遊びを始めたのに、もっている海賊船のイメージが少しずつズレていて、それを確認することなく造っていたために生じている。初めから遊びのイメージを確認し合うことは難しく、「海賊ごっこ」というような遊びのテーマが決まると、楽しい気持ちが先行して、どんどん動きが出てくる。そうするとイメージのズレがあったときにこうしたぶつかりが生じてしまうのである。

　このような友達とぶつかることと、「自己」の発達は密接な関わりがある。2〜3歳を過ぎるころには、「これは私のもの!」「自分でやりたい!」というような、自分の欲求を押し出していく「自己主張」が見られ、それと同時に、自分の欲求を自分で制御したり制止したりする「自己抑制」を求められ、他者に受け入れてもらいつつ自分の主張も通したいという、このふたつの相反する自己の調整を行うことが求められる。他者との関係を築くためには、こうした自己コントロールをすることが必要であり、それは幼児期を通して友達と関わるなかで、さまざまなぶつかりの経験によって、「自己主張」と「自己抑制」のバランスを学んでいくと考えられる。事例2-10においても、自分のもつイメージを主張する、友達の意見に耳を傾ける、自分とは異なる他者の考えを受け入れるといったことが、友達同士の間で行われており、このように自分たちの力で問題を解決することによって、友達同士の関係はいっそう深いものとなっていくと考えられる。

# 3 ルールやきまりをつくる

　集団で生活するなかでは、ルールやきまりを守ることが求められる。ルールやきまりを守ることで心地よく生活することができるということを味わうことによって、その必要性に気づいていく。こうした経験の積み重ねから、5歳児になると、自分たちで必要なルールをつくることができるようになる。

事例
▼
**2-12**　おもしろさと危険は紙一重

● 5歳児クラス 12月

　4人の男児が中央テラスでフープを使って遊んでいた。フープを輪投げの輪にして、ひとりの男児がその輪を入れる的になって、残りの3人がそこにめがけてフープを投げていた。投げる側と的になる側は順番に交替しながら行われていた。初めは、ねらいを定めて、ふんわり弧を描くようにフープを投げ、的になっている男児にフープがうまく入るようにしていたのだが、だんだんおもしろくなってきたのか、早く引っかけたい気持ちが高まって

きたのか、投げ方が雑になり、かなりのスピードでフープを投げ始める。投げたフープは、ねらいが雑になっているのであまり的になっている男児のところにはいかないのだが、何度か投げているうちに勢いのよいフープが男児に当たってしまう。当てられた男児は「いたっ！」と小さな声で言うが、他児は気づかず投げ続ける。しだいに男児にフープが当たる頻度が多くなり、「痛いからやめて！」と男児が大きな声でさけぶ。はっと、われに返った様子の他児が、男児のもとにかけ寄り「ごめんね」と謝る。「いいよ」と男児が答えると、子どもたちはどうしたらよいかを相談し始める。相談を終えると、的となるフープをひとりがもち、そこへ向かって他児がフープをゆっくり転がす、という新たなルールで再び遊び始める。

（事例／写真：学大小金井）

事例 2-12 では、自分たちの遊びのルールによって、友達が傷ついたり嫌な思いをしていたりするということに気づいて、その遊びのルールを変更する姿が示されている。このようにルールをみんなで相談して変更したり、新たに考え出してつけ加えて遊んだりすることで、ルールをつくることの必要性やルールを守ることの大切さを実感していく。自分たちでルールやきまりを必要に応じて考えることができているのは、このような経験を繰り返し積み重ねているからであろう。友達が嫌な思いをしていることに気づき、その状況を理解すること、みんなが気持ちよく過ごすにはどうすればよいのかを一緒になって考えるといったことが、最初は保育者の介在のもとで行われる。保育者が意見の調整を行い、ルールやきまりを尊重することの重要性を説明することで、子どもたちに明確に意識化されていくのであろう。

「順番守らなきゃ、だめなんだよ！」

「次使うときのためにたたんでおこう」

　ルールやきまりを守ることが大切であることはいうまでもないが、ルールやきまりを尊重する際に自らを律することができるかということが重要なポイントであろう。つまり、ルールやきまりが自らの必要感に基づき、「守らなければいけないから」ではなく「なぜ必要か」を理解して尊重するということなのである。幼児期には、そうした自律性に向けた芽生えを培うことが求められ、そのためには、ルールやきまりの意味に繰り返し触れる経験が必要なのであろう。

------ ✦ ・ ✦ この 章 で 学 ん だ こ と ✦ ・ ✦ ------

● 子どもは、親など保護者との信頼関係を基盤に安定して過ごすことができ、人との関わりを広げていくことができる。

● 集団生活においても、保育者との信頼関係が基盤となる。また、保育者の関わりは他者との関わりのモデルとなり、受け入れられる—受け入れる関係を理解することにつながる。

● 友達と一緒に過ごすことの心地よさを味わうことから、仲間関係は始まる。一緒に遊ぶ経験、いざこざなどの葛藤経験を通して、他者の感情や意図の理解、自己主張・自己抑制の力を発達させていく。

# 第3章

## 子どもと保育者の関わり

―――・◆・――― この章で学ぶこと ―――・◆・―――

これまで大人との関わりが中心だった子どもたちは、

幼稚園（保育所）に入園してから卒園するまでの数年間にさまざまな人と出会う。

友達、保育者、保護者、地域の人などとの関わりを通して人と関わる力を形成していく。

人と関わる力は集団生活で自然と身につくものではなく、そこには保育者の援助が求められる。

この章では、人と関わる力を育む保育者の役割について述べていく。

# §1 子どもとの信頼関係を築く

## 1 保育者と出会う

　4月は子どもたちにとって新しい生活の始まりであり、園生活を共にする保育者や友達と出会う季節である。子どもたちは保護者に抱かれたり手を引かれたりしながら、「幼稚園（保育所）って何するんだろう」「どんな人がいるのかな」と期待に胸をふくらませて門をくぐる。その一方で、保護者と離れる不安や初めての場所や人へのとまどいから、保護者となかなか離れられず泣き出したり、何をしてよいのかわか

「おいしいね」

らずぼんやり過ごしてしまう子どもの姿も見られる。保育者は、そのような子どもたちの気持ちを受け止めながら、子どもに寄り添い、気持ちを切り替えられるように働きかけていく。同時に、子ども一人一人が落ち着いて遊ぶことのできる自分の居場所を見つけ、じっくりと遊びに取り組めるように環境を整えたり、一緒に遊ぶことで子どもと楽しさを共有したりしながら、園が楽しい場であることを伝えていく。また、乳児クラスや1、2歳児クラスでは、オムツ替えや沐浴、食事など生活場面も保育者が子どもと一対一で関わるよい機会となる。それは決して長い時間ではないが、保育者はそうした機会を逃さず、「気持ちよくなったね」「おいしいね」と声をかけるなどして、スキンシップをはかっていく。

　そのような関わりを通して、保育者は個々の子どもと信頼関係を形成していく。子どもにとって保育者は心の拠り所であるが、出会った当初は"知らない人"である。また、「先生」

と呼ばれる人との出会いも子どもにとっては初めての体験である。日々の園生活のなかで繰り返される関わりを通して、子どもは"知らない人"からしだいに"一緒に遊ぶと楽しい人""困ったときに助けてくれる人""悲しいときにはそばにいてくれる人""怒ったらとても怖い人"と保育者を理解していく。遊びや生活を通して保育者との関わりを深めていくなかで、保育者へ信頼を寄せ、心の拠り所とするようになるのである。

## 2 気持ちを受け止めてもらう

**事例**
**3-1** 「ぽっぽいたねぇ」

● 0歳児クラス 10月

　散歩の途中、0歳児クラスのD太が、「あ〜」と言いながら鳩を指さした。その声を聞いたほかの子どももD太の顔を不思議そうに見たり、指さす方を見たりしている。保育者は足を止め、D太の指さす方を見て「鳩さんいたねぇ。ぽっぽだねぇ」とD太に言うと「お〜」と手をたたくD太。保育者が「バイバイね〜」と鳩に手を振ると、D太もほかの子どもたちも手を振り、散歩を再開した。

(事例：筆者)

　生後9か月頃になると、目にとまったものを指さす姿が見られるようになる。そこに養育者や保育者など、身近な大人が注意を向けることで、子ども－もの（こと）－大人という三項関係が成立する（第2章参照）。保育者が「鳩さんいたねぇ」と応答することで、子どものなかに鳩を発見した自分が対象化される。指さし行動には、「あれ、とって」「ちょうだい」など自分の要求を伝えるための「要求の指さし」と、「あれ、みて」と自分が見たもの、気づいたことを他者に伝え共感を求める「共感の（叙述の）指差し」がある（伊藤，2004）[1]。D太の指さしは後者であり、保育者に共感を求めたのだろう。「お〜」と手をたたくD太の姿に「みて」という欲求が満たされた喜びがあらわれている。子どもと保育者が織りなす日々の生活では、散歩の途中で見つけた草花や虫、木の実、電車や車、食事のおいしさ、沐浴後の気持ちよさなど、様々なもの・ことを介しながら、こうした応答的なやりとりが繰り返されている。

「これなに？」

「ママといたいよー」

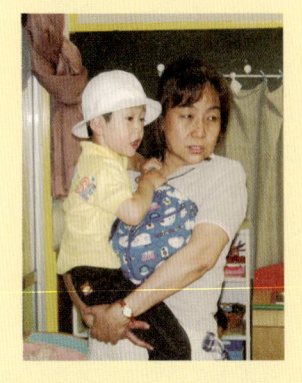

この日、3歳児はいつもよりも遅い10時半に登園した。通常よりも長い間家で過ごしたせいか、送りにきた保護者と離れるときに泣き出す子どもが多かった。

B夫は、靴を履き替えたあとも保育室に入ることができず、母親の手を離さずにいる。母親は「バイバイね」とB夫の手を離す。帰っていく母親を目で追いながら「ママー」と泣いて靴箱のそばに座り込んだB夫を保育者が抱き上げて、保育室に入った。保育者は庭に面した窓につれて行き、「ヒーちゃん（園で飼っている合鴨）もひとりだねぇ」、「案山子さんもひとりだねぇ」と窓の外の合鴨や案山子を指さしながらB夫に語りかけた。けれどもB夫はなかなか泣きやまない。すると、保育者が「あれ？　Bちゃん、大変だ。案山子さんの傘が落ちちゃってるよ。直しに行こうか？」と提案した。B夫は泣きやんで、じっと案山子を見つめた。そのB夫の様子を見て保育者は「じゃあ、靴を履き替えようかな」とB夫を抱きかかえたまま、靴箱へ向かった。その途中、牛乳の空き箱を使って製作をしているふたりの男児に気づき、じっと見つめるB夫。保育者もそのB夫の視線に気づき、「何つくってるの？」と男児たちに話しかけた。ひとりが「中央線！」と言って、つくりかけの中央線を保育者に見せた。すると、「中央線知ってる」と小さくつぶやくB夫。保育者が「中央線つくる？」とB夫にたずねると、「うん」とうなずいた。保育者がB夫を床に下ろすと、B夫はずっと背負っていたカバンをロッカーに片づけにいき、製作コーナーに戻ってくると、材料棚に置いてある牛乳の空き箱を選び始めた。その後は、先につくっていた男児ふたりと一緒につくった電車を床に並べて動かして遊んでいた。

（事例／写真：学大小金井）

　園生活に慣れてきたころでも、連休の翌日や事例のように登園時間が遅い日などは、登園時に保護者との別れを渋る子どもの姿が見られる。また、1～3歳児クラスにはB夫のように気持ちの切り替えがまだ自分の力でうまくできない子どももいる。このようなとき、保育者には子どものさみしい気持ちや不安な気持ちを受け止め、気持ちを切り替えて遊びに入れるような関わりが求められる。事例では、保育者がそんなB夫を抱きかかえ、「ひとりぼっちだね」と気持ちに寄り添うと同時に、「案山子の傘を直しに行こう」とB夫の気持ちが切り替わるきっかけになるような働きかけをしている。そして、途中、視線の先に彼の興味の対象があることに気づき、傘を直しに行くのをやめて、「中央線つくる？」とたずねている。このように子どもの様子を的確に捉えて応じていく敏感さや応答性もまた保育者には求められる。

# 3 保育者とのやりとりを楽しむ

事例
▼
**3-3** 「どーじょ」

● 1歳児クラス 8月

　A菜が小さな絵本を両手で持ち、キャキャキャッと楽しそうな声を上げながら保育者に向かって歩いてくる。保育者が「Aちゃん、ごきげんね」と言うと、「どーじょ」と持っていた絵本を保育者に差し出す。「どーもありがと」と両手で受け取る保育者。A菜は満面の笑みを浮かべ、絵本が置いてある場所まで戻ると、また別の絵本を両手に持ち、保育者のところへ持って行き、「どーじょ」と差し出す。保育者が「またくれるの？」と笑いながら受け取ると、また別の絵本を取りに行き、保育者に差し出す。保育者は「ありがと」と言い、両手で受け取り、最初に受け取った絵本をA菜に「どーじょ」と差し出す。A菜は「あ〜と（ありがとう）」と言いながら受け取り、絵本が置いてある場所まで運び、また別の絵本を持ってくる。

（事例／写真：筆者）

　自分の持っているものを相手に差し出し、受け取ってもらうという単純な行為の繰り返しだが、A菜にとってはそれがたまらなくうれしい。それは、保育者が「どーもありがと」と受容してくれるからである。しばらくA菜が渡して保育者が受けとるというやりとりを続けた後、保育者が今度は絵本を差し出すと、A菜は保育者のまねをして「あ〜と」と受け取り、絵本が置いてある場所に戻して、別の絵本を持ってきた。絵本を受け取ったり、手渡したりと自分と同じ行為をしながら応じてくれる保育者とのやりとりに心地よさを感じているのだろう。

　子どもの関心に寄り添う保育者の受容的で温かいまなざしと楽しい雰囲気が、子どもに園生活が楽しいものであることを伝え、受容され見守られているという実感が保育者への信頼へとつながる。

　3歳児クラスのＳ美は、好きな遊びの時間にひとりでぼんやり他児の遊びを眺めている姿がよく見られていた。この日も、ままごとをしている女児の様子を見つめていたので、保育者が「Ｓちゃん、（ままごとコーナーの入り口を指さし）コンコンってドア、ノックしてみようか」と声をかける。それを聞いたままごとをしている女児が「ここね、レストランなの」と保育者に言う。「レストランなんだ〜。そうか〜。Ｓちゃん、レストランなんだって、食べに行こうか」と誘う。首を振るＳ美。保育者は「じゃあ、レストランで使うお野菜、先生とつくろうか」と提案してみる。Ｓ美は保育者の顔をチラッと見たあと、製作テーブルへ行く。保育者が白い画用紙にクレヨンでニンジンの絵を描くと、Ｓ美もその横に座り、同じように画用紙にニンジンを描く。保育者は自分も絵を描きながらときどき「Ｓちゃんのニンジン、おいしそうだね〜」など声をかける。そう言われてＳ美は作業の手も視線もそのままに「ふふふ」とうれしそうに笑い、描いているニンジンに色を塗っていく。ふたりで画用紙にトマトやピーマン、キュウリなどを描いていく。しばらくして保育者が「いっぱいお野菜できたね〜。どうしようかな、はさみで切ろうかな。Ｓちゃんはどうする？」とたずねると、Ｓ美は「もっと描く！」と言い画用紙を取りに行く。「そうか、じゃあ、先生ももう１枚描こうかな！　Ｓちゃん、先生の分も画用紙ちょうだい」とＳ美から画用紙を受け取る。

（事例：筆者）

　自分ではなかなか目的をもてない子どもに対し、保育者は遊びを提案し、その子どもの興味を引き出す。事例からは、最初は保育者の提案にのっていたものの、その後は自分で次の行為を選択し、野菜づくりに夢中になり、自分の描いた野菜を生き生きと保育者に伝えるＳ美の姿がうかがえる。保育者は、子どもがやってみたいこと、やりたいこと等、興味や関心をもてるよう誘ったり提案するだけでなく、子どもの興味にじっくりつきあい、その活動の楽しさを共有している。そうすることで、子どもは自分の関心事を受け止めてもらったという安心感と自信を得ることができ、自らが選択した「野菜の絵を描く」という活動に主体的に取り組むことができるのである。

# §2 子どもの自己主張を支える

## 1 自分の気持ちを保育者や友達に伝えたいという気持ちを大切にする

　自己が育ち、自分の欲求や気持ちが明確になるにつれ、「こうしたい」「やってみたい」「やりたくない」と自己主張する姿が子どもに見られるようになる。こうした自己主張の姿は2歳頃から見られる。たとえば、それまでは養育者や保育者に履かせてもらっていた靴を自分で履こうとする姿が見られる。うまく足を入れられなかったり、かかとを踏んでしまったり、たいていうまくいかない。保育者は「ヨイショ、ヨイショ」と子どもの気持ちを代弁するかのように声をかけながら見守り、履けると「履けたね」と喜ぶ。自分でやりたい気持ちを受け止めつつ、それが満たされるようじっと待ったり、

「靴を履こうとする」

ときには手を貸し、子どもが「できた！」という達成感や充実感を味わえるよう援助する。

　またこの時期は、養育者や保育者の言うことは何にでもイヤイヤと否定するため、イヤイヤ期（第一次反抗期）ともいわれる。次は、Y志の「着替えたくない」という気持ちを受け止め、Y志の心が「着替えようかな」と向くように寄り添いながら促す保育者の事例である。

---

事例
▼
### 3-5 「着替えないもん」

● 1歳児クラス　9月

　散歩から帰ったあと、汗をかいたので着替えることになった子どもたち。それぞれ保育者に手伝ってもらいながら着替えていくが、Y志はロッカーの前で絵本を見ている。Y志の着替えを用意した保育者が「Yくん、おいで〜。着替えよう」と声をかけるが、顔も上げず絵本を見続ける。保育者は「お〜い、Yく〜ん」と少し大げさにもう一度呼んでみる。するとちらっと保育者に目を向けるY志。保育者はY志に歩み寄り、「Yくん、着替えてから読もうよ」と声をかける。Y志は絵本を見つめたまま首を横にふる。「いやなの？」と保育者。「や〜なの」とY志。「着替えようよ、サッパリするよ」と誘っても「や（いや）」というY志。「そうか〜いやか〜」と言いながら保育者は絵本をのぞき込み、「ほら、○○（絵本に登場するキャラクター）も『Yくん、着替えておいで』って言ってるよ」と促す。Y志は保育者の顔と絵本を交互に見て「うん」と着替え始める。

（事例：筆者）

---

初めは大人しかった子どもでも慣れてくると、徐々に自分の欲求を主張するようになる。それは、大人から見ると自己中心的であるようにも映る。しかし、自分の思いを相手に伝えたい、伝えようとすることから人との関わりが始まり、このころの自己主張は子どもが人との関わりを深めるうえで必要不可欠である。

そして、子どもたちは友達との関わりのなかでも、自己主張したり、されたりする体験を通して、いつでも自分の思いや欲求が通るわけではなく、ときには自分の思いを抑制しなければならない場合があることに気づいていく。そのように自己主張や自己抑制の経験を重ねることで、子どもは自分の気持ちを調整することを学んでいく。また、自分の思いを通したいという強い気持ちが、友達とのいざこざを招いてしまうこともある。子どもたちは、友達との気持ちのぶつかり合いを経て、自分と相手の気持ちの違いに気づくようになる。その違いに気づいて初めて相手の立場に立って考えることができるようになるのである。

## 2 子どもの気持ちを代弁する

**事例 ▼ 3-6 「それ、だめなんだよっ!!」**

● 3歳児クラス 2月

　保育室前のテラスで、B香がモップをもって掃除を始めた。それを見たE子がB香のモップを無言で引っ張る。「な〜に？」とB香が振り返ると、E子は「これ、貸して！」とモップの柄を握ったまま言う。「私、お掃除してるんだから、やめて」とE子の手を払いのけようとするB香。「だめなんだよ」とE子もひかない。「私がやるんだから！」とB香はモップをブンッと横に振り、E子の手を離す。E子は涙声になりながら「ダメなんだからぁ」と言う。テラスにいた保育者が「どうしたの？」と声をかける。すると、E子は泣き出し、B香は「B香がお掃除してたのに、E子ちゃんが取ろうとしたの！」と保育者に訴える。保育者は、「そっか〜、Bちゃんはお掃除してくれてたのか〜」とB香の言い分を受け止め、「Eちゃんもモップやりたかったの？」とE子にたずねる。E子は首を振り、「それ、先生のだから…」と言う。保育者は、「そうか、Eちゃんは、このモップは先生用だからダメだよって、Bちゃんに教えてあげたのか〜」とE子の背中をやさしくさすりながらB香に向かって、「Bちゃん、Eちゃんはね、このモップは先生のだから、ほかのを使ったほうがいいよって教えてあげたかったんだって。テラスのお掃除には、保育室にあるほうきを使ってくれるかな？」と問いかける。B香は「うん」とうなずくと、E子と一緒にほうきを取りに行った。

（事例／写真：学大小金井）

子どもは保育者の振る舞いをよく見ており、保育者がやっていることをまねしてみたくなる。B香は登園時に保育者がモップを使ってテラスを掃いている姿を見て、自分もやってみたいと思ったのだろう。E子はそんなB香を注意しようとしたが、うまく言葉に表すことができない。E子のように、言葉で思いを上手に伝えることができない場合、自分の思いが相手への行動としてあらわれてしまうこともある。子ども

の自己主張に対し、まず子どもの思いに耳を傾け、受け止めたうえで、いざこざの原因が双方の認識のズレである場合は、建設的な解決を導くような援助が保育者には求められる。事例では、保育者はそれぞれの子どもの思いを聞き出し、代わりに相手にその思いを伝えていた。このときの保育者は、子どもの思いを代弁するだけではなく、自分の思いを言葉で相手に伝えるモデルの役割を果たしているのである。

# 3 自己主張を促す

　「子ども会」が近づき、ホールを使ってグループごとに練習する日、K子は自分のグループの練習に参加せずに、保育室で別の遊びをしていた。練習を終えたY香とN代がK子がいないことを保育者に告げると、保育者は「Kちゃんを探して、練習しようって言ってみたら？」と提案した。ふたりはちょうど保育室から出てきたK子を見つけ、呼びとめた。
　Y香が「Kちゃんさぁ、どこにいたの？」とたずねると、K子は「え、部屋にいたよ？」と答える。そんなK子の様子にY香は「私たちダンスの練習してたんだけど、なんで来ないの？」語気を強めて言う。K子も「だって知らなかったもん！」と主張する。Y香は「昨日、約束したじゃん。練習しないと困るよ」と言う。そのふたりの言い合いをそばで聞いていたN代も何か言いたそうにK子の顔をじっと見つめている。保育者は、そんなN代の様子に気づき、「Nちゃんも言いたいことがあるんだったら、ちゃんと言ったほうがいいよ」と言う。すると、N代は保育者の顔を見

てから、K子のほうに向き直り、「Kちゃんわがままはダメなんだよ。小学生になれないんだから！」と言う。いつもやさしいN代の言葉にふたりは驚いた様子で、N代の顔を見る。自分の思いを伝えきったN代は口をきゅっと結んだままK子を見つめる。保育者が「Kちゃん、Nちゃんのお顔見てごらん。すごく怒ってるよね。なんで怒ってるかわかる？」とたずね

る。K子は小さくうなずき下を向く。保育者は、今度はY香とN代のほうを見ながら、「どうする？」とたずねる。するとY香は「さっきの練習で決めたこと教えてあげるから、今から練習しよ」と提案し、3人で練習することにした。

（事例／写真：学大小金井）

低年齢児のいざこざの原因はものや場所の取り合いであることが多いが、年齢が上がるとともにいざこざの原因は考えやイメージの不一致などが多くなる。自己主張の方法も、言語能力の発達とともに、自分の気持ちや考えを言葉で伝えるようになる。この事例では、保育者はK子に自分たちの気持ちを訴えているY香とN代を見守りながら、自分の気持ちをまっすぐ伝えるY香の横で何か言いたい様子のN代に気づき、「Nちゃんも言ったほうがいいよ」と背中を押している。N代のように大人しい子どもにも意見や考えがあることを理解し、そのような子どもたちが、自分の意見を述べることができる状況を設けることも必要である。

# 4 子どもの主張に応える

事例
▼
**3-8** 「けやきの庭で遊びたい!!」

5歳児クラス　6月

ポケモンごっこをしていた5歳児クラスのM実たち4名がテラスでもめている。遊びのイメージが異なるため、遊びが進まないのである。担任の保育者が介入し、「どこで」「どんな」ことをして遊びたいのかをM実たちの遊びのイメージをたずねる。

「けやきの庭[注]!!」とD男。保育者は、「けやきの庭は、よっぽどそこで遊びたいっていう気持ちが先生に伝わらないと、遊べないよ」と答える。子どもたちは口々に「ハルカ（ポケモンの登場人物）がねっ、戦いがねっ……」と、けやきの庭で遊びたい理由を述べる。

保育者は、「ちょっと待って、いっぺんに言わないで、ひとつずつね。まず、ポケモンごっこをするには何が必要なの？」と問い直す。すると、M実が「○○と××のバトル

場」、E太が「△△のバトル場とか」と答える。D男「それで、けやきの庭でやりたいの」とつづける。保育者は「何のバトル場にするか相談して、どうしてけやきの庭でやりたいのか教えて」と言い、材料を出してもらいたいと言いに来た他児と一緒に保育室へ戻る。

　残された4人は「どうする？」と相談するが、早くバトルをしたいD男とE太がすぐに立ち上がり、ポケモンのキャラクターになってテラスを走りまわってしまい、相談にならない。保育者が戻ってきて「で、どうなった？」と4人にたずねると、D男は「ようしっ！行くぞっ！」と行って、靴箱を指さし、靴を履き替えに行こうとする。E太もつられる。保育者は、「けやきの庭はだめだって言ったでしょ。理由がないと」とD男とE太を止める。E太は「だって、けやきの庭の白い線を使ってバトル場にしたいんだもん」と園庭に出たい理由を説明する。保育者は「そうか、だからけやきの庭に行きたかったんだね。でも、それは白い線があればいいの？（4人がうなずくのを見て）じゃあ、中央テラスに白いクラフトテープで線引けばいいんじゃない？」と提案する。4人は、「そうか！」と顔を見合わせるとクラフトテープを取りに保育室に走っていく。

（事例／写真：学大小金井）

注）けやきの庭……園内でもっとも広い園庭で5歳児がおもに使っているが、好きな遊びの時間にそこで遊ぶには保育者の許可が必要。

　子どもの要求に対して保育者は初めからその要求を拒否するのではなく、子どもたちが自分の意見を述べる機会を与えている。「けやきの庭で遊びたい」という当初の要求はかなわなかったが、理由や状況によっては子どもの要求に応じてきまりを変更し、自分たちの意見を明確に主張すれば聞き入れてもらえることがあると子どもが経験できるようにすることも、

自己主張を支えるうえで大切である。

　先述したように、自己主張することは、人と関わるうえでは欠かせないことである。保育者は、子どもの主張に真摯に向き合い、子どもの特性や状況を適切に理解したうえで、代弁したり、モデルを示したり、子どもたちの意見を整理したりとさまざまな役割を担っている。

# §3 子ども同士の関係をつなぐ

　園生活における子どもの人間関係は、保育者との関係のみにとどまらない。友達との関係もまた子どもの心の育ちには重要である。自分の意図や思いを理解して適切な対応をしてくれる大人とは異なり、子ども同士では相手がすぐに自分の気持ちをわかってくれるわけではなく、そこではすれ違いや葛藤体験が生じやすくなる。子どもはそのような葛藤体験を通して、自分とは異なる他者の気持ちに気づいたり、自分の気持ちを調整したり、他者の気持ちに共感したりする力を身につけていく。

## 1　一人一人が大切なことを伝える

事例
▼
**3-9**　「Uくんがそんなことされたら、先生、悲しいよ」　● 3歳児クラス 11月

　砂場で探検隊ごっこをしていたU男とF男。それぞれシャベルで砂場を掘り、宝物を探していたが、掘っている場所が近かったため、お互いの肘がぶつかってしまう。するとU男が「もう！どいてよ！」とシャベルでF男に砂をかける。砂が顔にかかったF男は泣き出す。保育者がふたりの間に入り、F男の顔についた砂を払いながら、U男のほうを見て「もし、Uくんがお友達に砂をかけられて、Uくんの目に砂が入ったら困るし、先生、悲しいよ。それはFくんでも同じ。今、先生、悲しいよ」と言う。U男は保育者とF男をじっと見つめる。保育者に砂を払ってもらい、落ち着いたF男が再びシャベルをもち、掘り始めると、U男も発掘を再開するが、今度は、「そっちは何か見つかったか？」「いや、もう少しだ！」など、探検隊になりきって声をかけ合いながら宝物を探していた。

（事例／写真：学大小金井）

この事例の保育者は、友達に砂をかけてしまったU男に対して、「そういうことしたらダメだよ、あやまりなさい」と注意するのではなく、「もしUくんが……」とU男に置き換えて説明している。U男は自分が砂をかけられた場合を想像すると同時に、自分が保育者にとって大切な存在であることも認識できるだろう。そして、自分が砂をかけてしまったF男の気持ちだけでなく、自分と同様、F男も保育者にとって大切な存在なのだということもわかるのである。一人一人が大切な存在であることを伝えていくことは、子ども同士の関係をつなぐうえで大切な保育者の役割である。

## 2　ほかの子とつながるきっかけをつくる

　入園して間もないころ、互いの名前もわからない子どもたちは、どのように友達関係を築き、深めていくのだろう。同じクラスになったからといってすぐに友達になれるわけではなく、そこには保育者の働きかけや援助が求められる。一斉活動を通してみんなで活動することの楽しさを共有するだけでなく、好きな遊びの時間でも、たとえば、園生活に慣れるまでは一人一人がじっくり活動に関わり、活動の楽しさを経験できるように十分な数を置いていた用具を減らして、子ども同士がものの貸し借りをしなければならない環境を構成することもある。また、「先生、Aちゃんがもってる箱どこにあるの？」と、たずねる子どもに「Aちゃんに"どこにあったの？"って聞いてみたら？」と、あえて他児との交流を促すこともある。

　また、互いにコミュニケーションがうまくとれない場合は、保育者が間に入って互いの気持ちを代弁し、子ども同士をつなげるパイプ役を果たすこともある。

---

**事例 ▼ 3-10**　「救急車のお兄さんにみてもらおう」　　　● 3歳児クラス　5月

　E夫たち3人は、机とイスでベッドをつくり、病院ごっこをしていた。E夫はブロックを積み上げて救急車をつくり、救急隊員になっている。E夫たちの病院の反対側にあるままごとコーナーでは、赤ちゃんになったF子が同じように布団で寝ている。F子は起き上がると、「バブバブ」と言いながら床をはって赤ちゃんになりきる。この赤ちゃんごっこにG太も加わり、ふたりで「バブバブ」と言いながら、室内をはいまわる。赤ちゃんごっこのふたりと病院ごっこをしている3人は互いに気にしているようで、ときどき、一方のグループのほうを見て様子をうかがっている。ふたつのグループの間で、保育者は双方の

要求に応えていく。やがて、赤ちゃんごっこをしていたF子が「お腹が痛いバブ」と言い始め、G太もそれをまねし始める。ふたりは「お腹が痛いバブ」と言いながら、室内をはったり、保育者の足にしがみついたりしていた。保育者は「それは大変だね〜」と、救急車に乗っているE夫を指さして「あそこに救急車のお兄さんがいるから、みてもらおう」と言い、E夫にも「おーい、ここにお腹が痛いバブ

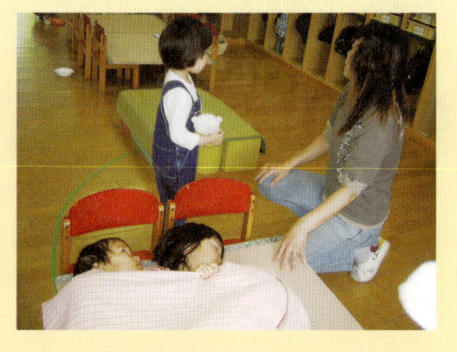

ちゃんたちがいるんだけど、みてくれませんか？」と声をかける。E夫はF子・G太の元へ来る。赤ちゃんになりきっていたF子とG太は、近づいたE夫を見たとたん、顔を見合わせて「え〜〜〜」と照れた様子を見せる。E夫も保育者に言われるままに近づいたはいいが、どうしてよいかわからない様子でふたりと保育者を交互に見ている。そこで、保育者が「救急隊のお兄さん、"どうしましたか？"って聞いてあげて」とE夫に言う。E夫が「どうしましたか？」とふたりにたずねると、「お腹が痛いです」とF子。「じゃあ救急車に乗ってすぐに病院に来ますか？」とE夫。ふたりはE夫についていき救急車で病院に行く。F子たちは病院にしばらくいたあと、赤ちゃんになって自分たちの家に帰って行ったが、その後も救急隊がF子たちの家を見に行ったり、F子たちが「散歩」と病院まで来たり、ふたつのグループでやりとりする姿が見られた。

（事例／写真：学大小金井）

　同じ空間でふたつの遊びが行われているとき、それぞれ別々に進行しているように見えても、互いに意識し合っていることがある。このときも、赤ちゃんごっこをしているF子たちが布団を出しているのを見て、病院ごっこをしているE夫たちもベッドづくりを始めるなど、互いに刺激し合って遊んでいた。そのような様子を見て、保育者は子どもたちに関わりながら、徐々に2組の距離を縮め、子どもたちの遊びを

つなげるきっかけづくりをしている。交流をもたせることで、それぞれのごっこ遊びのイメージがさらにふくらみ、楽しいものになったのである。

## 事例 ▼ 3-11 「お届けマン参上！」

　ロッカーの近くに落ちているウルトラマンのキーホルダーを拾ったT介。キーホルダーを見つめてしばらく考えると、目の前のロッカーにかかっているM也のリュックを触って確かめる。T介は保育室の入り口にいた保育者にキーホルダーを見せ、「これ、落ちてた」と言う。「誰のウルトラマンだろう」と保育者が首をかしげると、T介は「Mくんの」と伝える。「そうか、Mくんのか。Mくん、今、お庭で遊んでいるね。Tちゃん、お届けマンになってMくんに届けてあげようか」と保育者。T介は少し考えて、「ぼくのマントどこだっけ？」とままごとコーナーにしまってあるエプロンを取りに行く。エプロンを背中にかけてマントに見立て、保育者のいる保育室入り口まで行くと、ちょうどM也が砂場で見つけた石を保育者に見せにきていた。何も言わずにキーホルダーをM也に差し出すT介。M也は一瞬驚き、自分のキーホルダーだとわかると「これ、ぼくのだよっ!!」とT介の手からキーホルダーをもぎ取る。保育者はキーホルダーごとM也の手を握り、「これね、落ちてたの。それをTちゃんが拾って、お届けマンになって、届けてくれたの」と伝える。M也はきまり悪そうに保育者を見つめる。保育者は「どうする？ これ、Mくん自分でしまいにいく？ それとも、お届けマンのTちゃんにお願いして、リュックにしまってもらう？」とたずねる。M也は、T介の顔を見て「……しまってもらう」と言い、キーホルダーをT介に差し出す。

　保育者はT介に向かって「お願いします！」と言うと、M也もT介に向かって「お願いします！」。すると、T介はM也に向かって「了解しました!!」と敬礼のポーズをとる。

　T介は室内に戻り、M也のリュックのポケットにキーホルダーを入れてあげた。

（事例／写真：学大小金井）

　子どもが友達のものを拾ったとき、保育者が預かって、持ち主に渡すこともできるだろう。しかし、保育者はT介が自分で届けるよう促している。生活のなかの些細なことも子ども同士が関わる機会として捉えているのである。また、自分が拾って届けたことをうまく説明できないT介と、相手の意図がわからず、勝手に取ってきたと勘違いしてしまったM也の間に保育者が介入し、状況を説明している。保育者の説明に納得したM也はT介に大切なキーホルダーを任せている。任されたT介もどこかうれしそうであった。このようなことを通して子どもたちは友達を信頼したり、友達から信頼されたりすることの心地よさを経験し、それが子ども同士の関係をより深めるのである。

　「先生、あれぼくも作りたい」とA介が指さしたのは、クラスの友達がもっていたカイトだった。そのカイトは前日から製作コーナーに材料を置き、男児を中心に作られていたものだった。A介は休んでいたので作っていなかった。担任の保育者は「いいよ～」と材料を持ってくると、それを見ていたB太も「オレもやりたいな」と言いにくる。B太も昨日休んでしまったのだった。保育者は「B太くんも作る？　ちょうどよかった、これふたりで作るんだよ」と言って青いビニール袋をふたりに渡す。「まず、これでカイトの型をとります。これ、ズレないようにひとりが型紙を押さえて、もうひとりがペンで書くといいよ」と保育者。A介とB太は「どうしようか」と顔

を見合わせる。「ぼくが押さえるよ」とA介。「じゃ、オレ書く」とB太。保育者の見守るなか、慎重にペンで型紙の輪郭をなぞるB太とその様子をじっと見つめながら型紙を押さえる手にも力が入るA介。型がとれると、今度は、はさみで切り取っていくのだが、二重になっているので、切る方向を考えてひとりがビニールをピンと張っていなければいけない。B太は言われたとおりビニールの両端をもち、左右に張るが、A介がはさみを入れる方向とは逆である。保育者は「こうしたほうが切りやすいんじゃないかな」と手本を示す。「そうかそうか」とB太はビニールをもち替える。「もうちょっとこっち引っ張って」「あ、ズレてるよ」と互いに言いながら、慎重にビニールを切っていき、よう

やくカイトの帆が2枚できる。竹ひごと紐をそれぞれ貼りつけていく。「できた！」と先に言ったのはB太。A介は「待って！　もうちょっと！」と言う。A介のカイトができあがるのを待ち、できたてのカイトを持ってふたりで一緒に園庭に行く。　　　　（事例／写真：学大小金井）

　ふたりの息が合わなければ、カイトをきれいに作ることができないので、真剣に取り組むA介とB太の姿がほほえましい事例である。最初にビニール袋をふたつに分けて、ひとり1枚ずつビニールを与えて、それぞれでカイトを作ることもできただろう。しかし、保育者は

友達と協力しなければ完成できないように、あえてこのように教材を設定しているのである。この作業では、相手が線を引くとき自分がどの位置に立てばよいのか、相手がはさみでビニールを切るときに自分はどのようにビニールを押さえればよいのかを考えなければならない。A介とB太は、相手の動きを感じながら自分が動いたり、どうすれば上手くいくか相談したりしてやり遂げたからこそ、カイトが完成した喜びや達成感を共有し合い、一緒に飛ばしに出かけたのだろう。このような経験を通して、子どもたちは相手の立場を考えて自分の行動を調整することを学んでほしいという保育者の願いがうかがえる。

## 3　子どもたちと一緒に遊びを楽しむ

　大好きな保育者が自分たちと一緒に遊んでくれることはうれしいものである。保育者が加わることで遊びはいっそう楽しくなり、子どもたちはみんなで遊ぶことの楽しさを経験する。

### 事例 ▼ 3-13　「よ〜し！　先生もやろうかな!!」

● 3歳児クラス　5月

　巧技台からジャンプして、保育者の持つタンバリンをポンッとたたく遊びが、好きな遊びの時間に3歳児クラスで行われていたときのこと。その遊びに参加していたのは6〜7名だったが、保育室でほかの遊びをしている子どもも興味深そうに友達がジャンプする様子を見たり、自分の遊びの途中で列に加わって飛んだりしていた。

　子どもたちは自分がジャンプする番になると、保育者に「もうちょっと上！」「もっと遠くでも届くよ」と位置を指定してからタンバリン目がけて巧技台から飛び降りる。子どもがジャンプしてポンッとタンバリンをたたくたびに、保育者は「おお〜、すごく高く飛べたねぇ！」「おしいっ！　もうちょっとで届くよ！」など声をかける。保育者の声かけに対して、タンバリンをたたくことができた子どもは得意気だし、失敗した子どもは照れたような表情で応える。しばらくして、保育者が「よ〜し、じゃあ先生もやろうかな！」とタンバリンを実習生に渡して列に加わる。ほかの遊びをしていた子どもたちも「先生が飛ぶの〜？」と興味津々の様子。保育者の番になると、保育室にいる子どもたちの視線が保育者に向けられる。「よ〜し、がんばるぞ。せ〜のっ！」と飛び降りた保育者は惜しくもタンバリンに届かず、マットに着地した。すると、子どもたちから「あ〜」と残念そうな声。保育者も「惜しかった？」と順番を待っている子どもたちにたずねる。「うん」とうなずく子どもたち。「よ〜し、がんばるぞ！」と保育者はもう一度並び、今度はタンバリンの音を鳴らす。すると子どもたちから拍手が

起こり、保育者が「やったー!!」とばんざいをして大げさに喜ぶと、順番を待っていた子どももほかの遊びをしていた子どももみんなで笑う。

　巧技台から飛び降りる遊びはひとりずつ行う活動なので、最初は、巧技台に立った子どもと保育者とのやりとりが見られるだけだったが、保育者が「先生もやるっ！」と順番に加わると、子どもたちの視線が保育者に集まる。保育者が加わることで一体感が生まれ、活動はますます楽しいものになっていた。

（事例／写真：学大小金井）

---

事例
▼
## 3-14　スーパーマンごっこ

　天気の良い12月のある日、Ｔ哉たち４人は、スーパーマンのマントとベルトをつけたまま、保育室前のテラスに座って園庭をぼんやり眺めていた。Ｔ哉たちは、朝からスーパーマンのグッズ作りをしていて、ようやくマントやベルトが完成したものの、そこから何をして遊ぼうか迷っており、停滞していた。その様子を保育室のなかから見ていた保育者はCDプレーヤーをもってきて「音楽かけようか。この間の虫キングのときにかけたやつ」と音楽をかける。子どもたちもCDプレーヤーのまわりに集まり、スピーカーから音が聞こえるとワッと笑顔になる。保育者は「音楽に合わせて出発したら？　ほら、ピュ～～～～～って」と、スーパーマンが空を飛ぶように拳を前に突き出して、テラスをかける。それを見た４人のうち、白いマントをまとったＳ介が「よしっ！　行くぞっ！」と言って靴を履き替え園庭に飛び出す。「おっ!!　スーパーホワイトが出発したぞ!!」と保育者。続いてふたりが園庭に飛び出す。Ｔ哉だけがテラスに座り、園庭をかけまわる友達を見ている。保育者が「スーパーブルーはどう？　ピューって（再度、スーパーマンのようにテラスをかける）スーパーホワイトたちは出動して、外でパトロールしてるみたいだよ」とＴ哉に声をかける。それを見たＴ哉は笑顔になり、「よし！　オレも行くかっ!!」と元気よく立ち上がり靴を履き替え園庭に出る。やっとメンバーがそろった４人はスーパーマンになりきって「エイッ！」「とうッ！」と敵との戦いをくり広げていた。

（事例／写真：学大小金井）

4歳児クラスになると、互いに共有したイメージをもとに、おそろいの衣装や道具を自分たちでつくってごっこ遊びをするようになる。しかし、この事例のT哉たちのように、道具をつくることで燃えつきてしまい、せっかくかっこいい道具をつくったにも関わらず、なかなか遊びが始まらないこともある。この事例の保育者は、子どもと一緒にスーパーマンごっこをしたわけではないが、子どもたちが好きな音楽をかけ、自らスーパーマンになりきってみせることで、停滞していた子どもたちの遊びを盛り上げている。

　本節で見てきたように、保育者は、遊びや生活のなかで子ども同士をつなぐきっかけをつくり、また、保育者自身が遊びに加わることで、子どもたちが友達と遊んだり、共に活動したりすることの楽しさを経験できるよう援助していくのである。

# §4 自立へ向かって

## 1 子どもの意欲の芽生えを大切にする

人と関わり支え合って生活するために、自立心を育むことは大切である。第2節でも述べたように、子どもたちは保育者や友達、年上の友達がしていることを見て、遊びや生活のなかで「自分もやってみたい」という気持ちが芽生える。幼稚園や保育所等には子どもの意欲を刺激する人的・物的環境がいたるところに存在する。友達や保育者からの刺激を受けて芽生えた新しいことへ挑戦する意欲が原動力となり、子どもの生き生きとした活動を生み出す。

### 事例 3-15 「オレもやりたい!!」

4歳児クラス 3月

広告を細く丸めて作った剣を持って、保育室のまわりをグルグル走りまわっていたA也、J男、C男、D夫に保育者が声をかけ、何をして遊んでいるのかたずねる。4人は口々にヒーローごっこをしていると答える。保育者は「基地つくったら?」と提案する。4人は相談して剣置き場をつくることにし、剣を持ったまま園庭に飛び出す。ブロックを取りにいき、ひとつずつ運ぶ。「まだ足りないね」「もうちょっと使おう」などと言いながら、ブロックを運び出す。4人は運んできたブロックを組み立てていき、少し組んでは、ちょっと離れて「うん、いいね」、「できてきたぞ」と満足そうに互いの顔と剣置き場を交互に見ながら言う。やがて保育者も加わり、剣置き場のほかに基地がつくられる。

4人は剣置き場と基地を使ってヒーローごっこを始めたが、それを見ていたE介が「オレもやる!」と言い始める。クラスで一番月齢の低いE介は、まわりの子どもの遊びについていけないことが多かったが、保育者と一緒にビールケースやブロックを取りにいき、A也たちの基地の近くにふたり乗りの乗り物をつくる。ふたりで乗り物に乗り、探検に出発する。E介はハンドルを握り、運転する。保育者が「あ、あれは何だ! 何か見えるぞ!」と前方を指さすと、E介は「よし! 降りてみよう!」と広告で作ったピストルを手に持って乗り物から降りると、ピストルを構え「ババババッ!」と撃ちながら園庭を走る。保育者も指をピストルの形にして、「ババババッ!」と撃つ。E介は「よし! 大丈夫だ!」と保育者に言い、乗り物に戻る。保育者「こっちも大丈夫だ!」と言って戻る。E介は「よし行くぞ!」と発進する。新たな場所に着くと、再び悪を退治しにいくE介と保育者。これを何度か繰り返すうちに、片づけの時間になる。保育者が「もう片づけだ! Eちゃん!」と言うと、「よし! 片づけるぞ!」と言い、乗り物から降りて、ビールケースやブロックを片づけ始める。一緒に片づけながら保育者が「楽しかったねー」と言うと、保育者の顔を見て笑顔で「うん!」と答える。E介は最後まで自分の使ったブロックやビールケースを一生懸命運んでいた。

(事例:学大小金井)

この事例から、子どもの遊びが互いを刺激し合う様子がうかがえる。また、保育者は、子どもの「やりたい」気持ちを受け止めて、個々の子どもの育ちに応じて異なる援助をしている。漠然としたイメージをもちながらも遊びが盛り上がらないA也たちに対しては、基地をつくることを提案しているが、ほかの子どもとペースが合わないE介に対しては、A也たちとは別に保育者が一緒に遊びを楽しむことで、E介の「やりたい」という気持ちをさらに満たしているのである。

# 2　一人一人のよさを認める

　自分ができるようになったこと、一生懸命取り組んでいる姿を他者に認められる経験や、当番活動など自分の行為が人に喜ばれる経験は、子どもの達成感や有能感を高め、次の行動への源となる。「やりなさい」と押しつけられたものができるようになるのではなく、子ども自身が「やりたい」と思うことができることに意味がある。そのため保育者には、子どもの意欲が喚起されるような状況や場を設定すること、そして、子どもの「やってみたい」気持ちに共感して保育者自身が共に楽しみ、「やったね！　できたね！」と共に喜ぶことが求められる。

---

事例
▼
**3-16**　「空手習ってるからね !!」

4歳児クラス　9月

　好きな遊びの時間、テラスで6〜7名の子どもたちがかけっこをしている。そのなかにF太の姿も見える。F太は運動が苦手で好きな遊びの時間にからだを動かすことはとてもめずらしかった。この日は、ふだんから仲がよく一緒に遊ぶことが多いR哉に誘われて、最初は「え〜、やりたくな〜い」と言っていたが、「オレやりたい！」というR哉につられて、ついにかけっこに仲間入りした。

　テラス中央のスタート地点に子どもたちが横一列に並び、「よーいドン !!」という保育者の合図で一斉にかけ出す子どもたち。ほぼ同時にみんなゴールインする。それに少し遅れてF太がゴールインする。全力で走ったために肩で息をしながらスタート地点に戻ろうとするF太に、保育者は「F太くん、ずいぶん速くなったね！」と驚いた顔を見せる。F太は保育者のほうを見て、得意そうに「うん！　空手習ってるからね !!」と笑顔で答えて、走ってゴール地点に戻る。

　保育者に速く走れるようになったと自分の成長を認められたことがうれしかったのだろう。いつものF太なら、一度走ってすぐにゴールの縄跳びの縄を持っている友達と役割を交代しているところだが、この日は、好きな遊びの時間が終わるまでかけっこをしていた。

（事例：学大小金井）

自我が芽生え、周囲との関わりが深まったり、活動が広がると、他児と比べて自分ができること・できないことを認識するようになる。できないことや苦手なことでも挑戦する子どももいれば、F太のように得意なこと、好きなことには積極的に挑戦するが、苦手なことにはなかなか挑戦しようとしない子どももいる。そうした子どもに対し、保育者は好きなことにじっくり関わってもらいたいと願う反面、園生活のなかでさまざまな活動を経験してほしいとも思う。また、苦手なことに挑戦し、それを乗り越える経験をしてもらいたい。そうすることで、子どもは達成感や有能感を味わい、それが次の課題へ取り組む意欲につながるからである。そのため、保育者は、少しがんばればその子どもが自分の力で達成できるように目標を設定したり、あるいは

子どもが苦手としていることに共に挑戦したりするなど、課題を乗り越える経験ができるよう援助する。また、事例の保育者のように、子どもが友達につられて苦手なかけっこに参加することを、苦手なことに挑戦するよい機会として捉え、子どものがんばりを「速くなったね！」と共に喜ぶ。保育者が一人一人の姿を肯定的に受け止め、よさとして認めることで、子ども自身も自分の成長やよさに気づき、課題に挑戦する動機づけが高まるのである。

# 3　自立と依存

　さて、子どもの自立心の育ちについて考えるとき、同時に考えなければならないのが「依存」である。子どもは保育者に依存している状態から徐々に自立へ向かうのだが、それは一方向的ではない。

　たとえば、園生活にも慣れ、当番活動もしっかりこなす5歳児でも、生活のなかでうまくいかないことに直面したときや、自分では処理できない感情を経験したときには、保育者の援助を求めたり、そっと保育者の傍らに寄り添って乱れた気持ちを落ち着かせようとすることがある。また、何かに挑戦するときも保育者の温かいまなざしや励まし、あるいはそれまでの関係性のなかで培われた「失敗しても大丈夫だよ」という暗黙の了解が子どもの支えになっている。こう考えると、どの子どもも「依存から自立へ」というよりも、「依存しつつ自立へ」向かっているのである。

　年に一度、保護者を招待して日頃の子どもの様子を発表する子ども会の日。忍者役で舞台に立ったN也は出番のあと、B哉とケンカになり、泣き出した。

　子どもの発表が終わり、保育室へ戻ったあとも、N也は保育室の外のテラスで泣きさけぶ。通りがかった隣のクラスの保育者が話しかけると余計大きな声で泣き、けったりたたいたりする。

　しかし、5歳児、4〜5名が、「ウ〜ウ〜」とサイレンを鳴らしながら消防車を引っ張って通りかかると、泣きやみ、そちらを見つめる。が、5歳児がいなくなると、再び泣き始める。ほかの子どもたちが遊戯室に戻ったあとも、N也は保育室前のテラスで泣き続ける。担任保育者が来て、抱きかかえて遊戯室へ連れていったが、声があまりにも大きいので、保育者によって再度、保育室に連れて行かれる。しばらく観察者がN也についていたが、一向に泣きやまない。保育者が来て、観察者に「大人がそばにいると泣きやむタイミングがつかめないから」と言う。観察者はN也を保育室にひとり残し、離れたところで待つことにする。

　ひとりで保育室で「ウォーウォー」と声を上げて泣き続けていたが、誰も相手にしてくれないことがわかると、泣きやみ、保育室の入り口に近づいてテラスへ出る。保育者や観察者がテラスを通ると、保育室へ戻ってしまう。30分ほど保育室とテラスを行ったりきたりしながら、徐々に会場へ近づくN也。会場の入り口に立ってなかをのぞいているN也に保育者が気づき、「おいで、おいで」と手招きする。N也は入り口の影に隠れるが、保育者の注意がそれているのを確認してなかに入り、自分の席につく。保育者から「おかえり」とおやつを渡されると、友達と一緒におやつを食べ始める。その日、それ以降、N也の機嫌が悪くなることはなかった。

（事例／写真：学大小金井）

　5歳児クラスが2ティームに分かれて全員が参加するリレーは、運動会の最後の種目である。子どもたちはバトンを受け取ると、トラックを1周して次の走者にバトンを渡していく。2ティームとも接戦で観客の応援にも熱が入る。

　相手ティームよりもリードしたままバトンを渡され、J也が走り始める。J也はあまり走るのが得意ではないが、夏休み明けに外遊びの機会を増やしたところ、園庭のアスレチックで遊んだり、友達とかけっこをしたりして遊ぶ姿が見られた。保育者もそんなJ也に対し、「速くなったね」と励ましながら見守っていた。同じティームの子どもたちからの「J也くん、がんばれー」という声援を受けて、一生懸命トラックを走るJ也。ところが、最後のコーナーで転んで倒れてしまい、その間に相手ティームに抜かれてしまう。保育者がトラック内からJ也に声をかけて励ます。J也は立ち上がり、バトンをにぎり締めると最後まで走りきる。ゴールしたあと、保育者のもとへかけ寄り、保育者に抱きついて泣く。バトンを次につなぐことができた安堵感で、がまんしていたくやしさや痛みが一度に出たのだろう。保育者は「がんばったね」と言いながら、J也の背中をポンポンとたたく。保育者のもとで落ち着きを取り戻したJ也は涙をふきながら自分のティームの列に並ぶ。友達に「大丈夫？」と声をかけられると「うん。転んじゃった」と答え、一緒に自分のティームを応援する。

（事例：学大小金井）

　このふたつの事例では、共に保育者の援助を受けながら情動をコントロールする子どもの姿が示されている。事例3-17のN也が、興味がそれるとピタッと泣きやむにも関わらず、保育者や大人が通ると激しく泣いていたのは、甘えたい気持ちのあらわれである。保育者はそんなN也の気持ちを知りながらあえて距離を置いている。自分で泣きやむことができるにも関わらず、保育者や大人がいるとそのタイミングがつかめないと判断したからである。ひとりになることで落ち着きを取り戻し、子ども会へ戻ったN也を保育者は「おかえり」と温かく受け止めた。距離を置いて子どもがじっくり自分と向き合えるように待つことも援助のひとつであると実感させられる事例である。また、転倒しても保育者の声援を励みに自分で立ち上がり、痛みを乗り越えて走りきった事例3-18のJ也も、その後、保育者のもとで気持ちを落ち着けていた。

　このように、自分の気持ちを他者に受け止めてもらい、他者の手を借りて情動をコントロールする経験を経て、子どもは状況に応じて情動をコントロールすることを身につけていく。最初に述べたように、子どもはある年齢になったら自然に自立するというものではない。「自分でやりたい」という気持ちと「もっと先生に甘えたい」という気持ちの間で揺れながら、徐々に自立へと向かうのである。保育者は子どもの気持ちを受け止めたり共感したりしながら、その気持ちを乗り越えられるよう「励ます」「待つ」などさまざまな援助を行っているのである。

# 4 人の役に立つ喜びを経験する

---

**事例**
**3-19** 「先生……」「落ちてた……」

● 3歳児クラス 5月

　3歳児クラスの保育室で、誰かのタオルがタオルかけから落ちていることに気づいたA子がそれを拾い、保育者に「先生……」と差し出す。保育者はA子の顔とタオルを交互に見て、「ん？　どうしたの？」とたずねる。「落ちてた……」とA子。「落ちてたのを拾って届けてくれたの？」と保育者。A子がうなずくと、保育者は「そうか〜、ありがとう。誰のタオルだろうね、先生と一緒に戻しに行こうか」とA子と手をつなぎ、タオルを戻しに行った。タオルをかけながら「これでいいね、Aちゃん教えてくれてありがとね」と再度お礼を言うと、A子は照れたように笑っていた。

(事例：筆者)

---

**事例**
**3-20** 「やってあげるってば!!」「いいのっ!」

● 3歳児クラス 11月

　片づけの時間。C花がお店ごっこに使っていたゴザを丸めて片づけていると、D代がその横にしゃがみ、一緒に丸めようとする。D代はC花がいつまでも丸められない様子を見ていたので、手伝ってあげようとしたのである。しかしC花は自分だけで丸めたかったらしく「いいのっ!」とD代の手を払う。「やってあげるってば!!」とD代も引かない。「いいのっ!　自分でやるから!」とC花はゴザを90度回転させてD代から遠ざける。

(事例：筆者)

---

**事例**
**3-21** 「ありがとう」「どういたしまして……」

● 5歳児クラス 12月

　5歳児クラスの保育室で、E也がマットを片づけている。けれども両手いっぱいに抱えたマットを一度に箱に入れようとするため、なかなか入らない。その近くで自分が遊んだ製作コーナーを片づけていたF夫がその様子に気づいて、E也のほうへ来て「ちょっと待って、オレ押さえとくから」と先に入っていたマットをグイッと端に寄せる。「いいよ、入れて」とF夫。E也はF夫の手を挟まないようにゆっくりマットを箱に入れる。無事にマットを箱に入れることができたE也はF夫に「ありがと」と言う。F夫は照れたように笑い、途中になっていた製作コーナーの片づけに戻った。

(事例／写真：学大小金井)

保育所や幼稚園は集団の生活である。生活が自立するということは、すべて自分のことを自分でする力だけでなく、一緒に暮らす他者にも目を向け、他者のために自分ができることを見つける力も必要である。事例3-19のA子は床に落ちているタオルに気づいたものの、どうしていいかわからず、保育者に差し出した。入園から1か月経ち、自分のものは徐々に管理できるようになっても、誰のものかわからないものの扱いは子どもにとって難しいものである。それでも「どうにかしなくては」と思い行動にうつしたA子の姿を保育者は認め、「ありがとう」と伝えている。このように、保育者は些細なことでも子どもがしてくれたことに対して「ありがとう」と感謝の気持ちを表す。「ありがとう」と言われた子どもは人の役に立つ喜びを経験するとともに、次に自分が人に何かをしてもらったときに「ありがとう」と伝えるようになるだろう。保育者は感謝の気持ちをはっきり伝えることで、子どもの自己効力感を高めると同時に、モデルを示している。「"ありがとう"って言おうね」と促すだけではなく、日々の生活のなかで保育者が見本を示していくことも保育者の役割である。

また、幼児期の子どもは他者の視点を十分とれないため、しばしば「手伝いたい」「やってあげたい」という気持ちが先行してしまい、事例3-20のD代のように相手に拒否されてしまうことがある。「自分でやりたい」という気持ちが強いC花はD代の気持ちを推し量ることが難しい。他児との関わりのなかで経験する葛藤やつまずきを通して、自分とは異なる他者の気持ちに徐々に気づくようになる。そして、発達とともに他者の視点がとれるようになると、事例3-21のF夫のように、相手が求めていることを理解し、適切な行動をとることができる。一方、E也もF夫の手を挟まないようにと相手を思いやっている。相手の気持ちを考えたり、状況を判断して行動することもまた自立への第一歩である。子どもたちのそうした姿を認め、子ども同士の関わりを見守っていきたい。

## 5 自分で考えて自分で行動する

次の事例3-22は子どもたちが考えて問題を解決する事例である。

事例
▼
3-22 「明日の朝早く来よう！」

● 5歳児クラス 4月

好きな遊びの時間、K太は仲のよいN男や同じクラスの仲間と一緒にビルを組み立てていた。彼らは、一度、ビルを完成させてなかに入って遊んでいたが、途中で建て直したこともあり、ようやく遊びが始まるところだった。

しかし、遊びが始まって間もなく片づけの時間になってしまい、保育者が「片づけの時間だよ」と声をかけにくる。子どもたちは残念そうにしながらも、ビルから降りて、片づけ始めたが、K太だけはビルから降りようとせず、「まだ遊びたいようっ！」「全然遊んでないんだから～！」と泣き出した。N男が片づけの手を止めて「じゃあさ、あとちょっと

遊ぶ？」とK太に提案する。保育者は「でも、もうお片づけの時間で、この後みんなで集まるよ？」とK太とN男に言う。K太は泣きながら「遊んでないんだもん！」と言う。保育者は「そうかー。どうすればいいかなあ？」とその場にいた子どもたちにたずねる。「しょうがないよ、片づけの時間なんだから」「もう少し遊べば？」などそれぞれ考えを口にする。保育者は一つ一つの意見にうなずきなら、「どう思う？」とたずねる。するとN男がK太の肩にポンと手を置き、「今日はやめて、明日もこのつづきやろうよ」と言う。

　N男の提案を聞いた保育者は「そうする？　明日もこのつづきやろうって」とK太の顔をのぞき込む。K太は少し考えてうなずく。すると保育者は「じゃあ、今日はこれをきれーいに片づけて、明日幼稚園に来たらすぐに、朝一番につくれるようにしよう！」とその場にいる全員の子どもに言う。するとN男が「じゃあ、オレ6時に起きる！」と元気に言う。K太も顔を上げて、N男と保育者の顔を見て「6時に起きて7時に出てくる！」と言う。子どもたちは明日の朝、登園してすぐに遊べるようにきれいに片づけた。

（事例：学大小金井）

ビルを組み立てることも楽しんでいたが、完成後のビルを使ったごっこ遊びの楽しさも見通していたK太たちである。その楽しさを共有していたからこそ、K太の気持ちに共感し、どうしたらいいのか考えをめぐらせることができたのだろう。K太も仲間であるN男からの提案だから、それを受け入れ、「もっと遊びたい」気持ちに折り合いをつけることができたのではないだろうか。ここでは保育者は「どうすればいいかなあ？」とその場にいる全員に提案を促し、子どもたちが自分の考えを言ったり、友達の意見を聞いたりする機会を与えている。「片づけの時間だからもうおしまい」と保育者が説き伏せて片づけさせることもできるが、子どもたちが自ら考えて出した結論だからこそ、納得して片づけられたのである。自分で考えて行動することは、自分が生活の主体者であることを実感するうえで大切なことである。子どもと共に考え、子どもの意見を尊重することも保育者の重要な役割である。

# §5 心の安全基地として子ども同士の人間関係を支える

## 1 子どもの人間関係の広がりを「見守る」

　子どもを取り巻く人間関係は、個と個、個と集団、集団同士へと複雑化する。クラスあるいは学年のなかで気が合う友達ができ、遊びやいざこざを通して、楽しさ、うれしさ、くやしさ、達成感や充実感などさまざまな感情を共有しながら友達との絆（きずな）を深めていく。友達との関係が充実すると、「今日はＡちゃんとケーキ屋さんをしよう」とめあてをもって登園し、積み木や空き箱を使ってお店や商品をつくったり、お客さんを呼び込んだりする。そこに保育者がいなくても自分たちで遊びを構成し、発展させていくようになる。

　子どもたちのこのような生き生きとした姿は、保育者との間に築かれた信頼関係が基盤となっている。子どもたちはこれまでの経験を通して、保育者は自分のそばにつねにいなくても困ったときには助けてくれるし、自分の気持ちを理解してくれる存在であることを十分知っている。そのため、情緒的に安定した園生活を送ることができるのである。一方、保育者も子どもの気持ちを尊重しながら、心の安全基地として子どもたちの活動を温かく見守っている。「見守る」というのは、ただ子どもの遊ぶ様子に目を向けるということではなく、集団のなかで個々の子どもが何を経験しているのか、その経験がその子に何をもたらしているのかなどを子どもの姿から読み取ることである。そして、読み取った子どもの姿をもとに、必要に応じて適切な援助をしていくことが保育者には求められる。したがって、いざこざが生じても、すぐに介入して双方の気持ちを代弁したり、解決策を提案したりせず、子どもたちが自分の力で問題解決できるよう少し離れたところから見守る姿勢も必要なのである。

　§5では、5歳児の事例を中心に、心の安全基地として子どもたちに温かいまなざしを向け、子どもたちの豊かな人間関係を支える保育者の姿を見ていくことにする。

## 2 子どもからのサインに応える

「くやしい気持ち、わかって」

● 5歳児クラス 12月

　ドッジボールを初めてクラス全員で行ったあと、保育室に戻って昼食の用意をしていたときのこと。Ｊ美が保育室の入り口に座り込み、部屋に入ろうとしない。右手で右足を擦っている。Ｊ美の様子に気づいた実習生が「Ｊ美ちゃん、足、痛いの？」と声をかける。するとＪ美は黙ったままうなずき、足を擦る。「ボールがあたったのかなぁ」と実習生がＪ美の擦っている足を見ても、とくに痣ができているなど外傷は見られなかったが、念のため「保健室でみてもらおうか」と言うと、Ｊ美は首を横に振る。「大丈夫？」ともう一度言うと、「うん」とうなずくので、しばらく様子を見ていると、一向に室内に入ろうとしない。困った実習生がそのことを担任の保育者に伝えると、保育者は「本当に痛いのかな〜。ティームが勝ってたら痛くなかったのかもね〜」と言いながら、Ｊ美の様子を見にいく。

　保育者が「Ｊ美ちゃん、足痛いの？　ちょっと先生に見せてごらん」と、Ｊ美を室内に導きながらたずねる。「先生と一緒に跳んでみよう」と保育者はＪ美の両手をとり、一緒にその場でジャンプする。２〜３回跳ぶと、Ｊ美はまた床に座り込んでしまう。保育者が「痛い？　お弁当の準備できる？」とたずねると、Ｊ美はうなずき、足首を擦りながら立ち上がり、昼食の準備を始める。足を引きずりながら、途中でチラッチラッと保育者を見る。

　昼食を食べる前に、保育者が今日のドッジボールの話をしている間もＪ美はいつもの元気がなく、黙って話を聞いている。保育者はクラス全員に話しながらもＪ美の様子に気づいた。昼食が始まると、Ｊ美のそばに寄り添い、「一緒に保健室行こうか」と声をかけ、うなずいたＪ美と手をつないで保健室に向かう。Ｊ美をベッドに座らせ、足にシップを貼りながら、「今日のドッジボール惜しかったね」「でも、Ｊ美ちゃん、投げるのも取るのも上手だったね」とドッジボールの話をする。保育者と話をしているうちに、Ｊ美にも笑顔が戻り、「今度は優勝しようね」という保育者に「うん」とうなずいて、保健室から出てくる。

（事例／写真：学大小金井）

　保育者の言うように、Ｊ美の足の痛みはドッジボールに負けたくやしさのあらわれだったようである。そして、実習生ではなく保育者に連れられて保健室に向かったＪ美の姿から、実習生にではなく、担任保育者にその気持ちを受け止めてもらいたいという気持ちがうかがえる。５歳児クラスの後半になっても負けたくやしさや悲しさなど自分だけでは立て直せない感情に直面したとき、子どもは保育者にサインを送ることがある。そしてその気持ちを受け止めてもらいたいのは、自分が信頼している保育者なのである。保育者は子どもからのサインを敏感に感じ取り対応していく。事例3-23の保育者の関わりが示すように、保育者の援助の背景には子どもの特性や状況への理解があることも忘れてはならない。

# 3 いざこざを見守る

　次の事例では、遊びのなかで生じたいざこざを機に日頃から思っていたことを相手に伝えようとする子どもに対して、またその場にいる子どもたち全員で問題解決に向けて話し合えるよう援助する保育者の姿を見てみよう。

　遊戯室でダイバーごっこをしていたP太とR也が、大型積み木で船をつくる途中で、ふたりとも泣きながら言い合っている。そのまわりを一緒にダイバーごっこをしている男児5人が囲んでいる。いざこざの発端はR也が自分の船室に使っていた積み木をP太が勝手に移動させたことで、R也がそれを怒り、P太をたたいてしまったのである。しかし、R也はしだいにP太に対する日頃の思いを泣きながら伝え始めたのだった。

　R也が「いつもいばってるんだからぁ！」と言うと、P太は「いつもじゃないじゃん！」と言い返し、「でも、今日はいばってたじゃん！」、「いばってないよ！」、「いばったよ！」というやりとりが繰り返される。ふたりのやりとりを見ていた仲間たちも徐々に輪から離れていく。そのとき、それまで輪の外から見守っていた保育者が「この船は、沈没しちゃうかもしれないな〜」と言いながら輪に入ってきて、P太とR也の間に座る。そ

して、「P太くんは何で怒ってるの？」、「R也くんは何で怒ってるの？」と双方の言い分を聞く。R也は泣きじゃくりながら、「だって、P太くんがいばるの、ずっとイヤだったんだもん！」とP太に思いをぶつける。P太も「そんなの知らなかった!!　言えばいいじゃん!!」と言い返す。保育者は、よそを向いている他児に「ねぇねぇ、仲間の話、聞いてあげよう」と声をかけながらも、「どういうふうに思ってるかわかった？」とふたりにたずねる。すると、ふたりはうなずく。

　ふたりが落ち着いてくると、保育者は、「じゃあさ、これからどうしたらいいかなぁ？　どういうふうに遊んだらいいかなぁ？」とP太とR也だけではなく、一緒にダイバーごっこをしていた他児も含めた全員に問いかける。それぞれが、どうすれば全員が楽しく遊べるかを提案するなか、P太は「やさしい船長になる」と、いばった船長からやさしい船長になることを約束した。

（事例／写真：学大小金井）

集団のなかで、リーダーシップを発揮し、自分のイメージを膨らませて進めていく子もいれば、イメージはあるものの、それをなかなか言い出せない子や、友達のイメージのおもしろさにひかれて遊ぶ子など集団のなかでの持ち味は一人一人異なる。事例のP太は活発で自己主張が強く、友達との遊びのなかでも自分の思いどおりに進めてしまうことが多く、一方のR也はおっとりした性格で友達に意見を言ったりけんかをしたりすることがほとんどない子どもだった。そんなR也がいざこざを機に日頃の思いをP太に伝え始める。おそらく保育者は、その場にいる一人一人がP太とR也の間で生じたいざこざを自分たちの問題として捉え、解決してほしいという願いからしばらく様子を見守っていたと思われる。そして保育者に見守られている安心感がR也を後押ししているのである。自分たちの力だけで解決することはできなかったが、保育者の介入により、ひとつの問題をみんなで考えることで、仲間としての一体感が生まれ、絆がより深まったのではないだろうか。

　子どもたちは遊びや生活を共にするなかで、互いへの理解を深めていく。相手の気持ちに気づき尊重するようになる過程には、互いの気持ちがぶつかり合う体験も必要である。保育者は子ども一人一人の持ち味や子ども同士の関係性を捉えたうえで、それぞれが自分の気持ちを伝え合い、解決していかれるよう見守ることが求められる。保育者は子どもにとって心の安全基地として、子どもの人間関係を支えている。子どもたちは、保育者とのそのような信頼関係に支えられて、友達との関係を深め、生き生きと自己発揮しているのである。

――――― ✦ この章で学んだこと ✦ ―――――

●この章では、保育所や幼稚園での遊びや生活のなかで子どもが人との関わりを広め、深めていくため保育者の多様な役割について学んだ。保育者自身が子どもにどのように関わるかだけでなく、子どもたちの人との関わりが豊かになるよう、どのような環境や活動が必要かも考えることが大切である。

●第1節と第5節では、保育者が子どもと信頼関係を築くことの重要性について述べた。保育者との安定した関係性は乳児期や入園直後にとどまらず、その後の園生活を支える基盤となる。子どもたちが自分の感情や考えなどを様々な形で表し、自己を存分に発揮するためには、それを受け止め、共感を示す保育者の存在は欠かせない。

●第2節、第3節、第4節では、子どもの自己主張や他児との関係づくり、集団生活のなかで自分の役割を見つけたり他児の思いに気づいて調整したりすることを支える保育者の関わりについて述べた。子ども一人一人の気持ちに寄り添い、子ども同士をつなげ、子ども同士のやりとりを見守るとはどういうことか。それぞれの事例をヒントに見つけてほしい。

・✦・・・✦・・・✦・・・✦・・・✦・・・✦・・・✦・・・✦・・・✦・

第 **4** 章

▼

# 遊びのなかの
# 人との関わり

———◆—◆—— この 章 で 学 ぶ こ と ——◆—◆———

子どもたちは、仲間とはどんなものなのか、まさに経験途上にいる。

一緒に遊んでいる仲間のなかでは、さまざまな相互交渉が展開する。

心地よい関係、不快な関係など、さまざまな関係のなかで、自分を出すことと

他人と協調してやっていくことの両方の側面を子どもたちは学んでいく。

この章では、遊びのなかで生じるそうしたさまざまな関係に、焦点を当てていくことにする。

# §1 遊びと子どもの育ち

## 1 遊びの役割

　私たちが乳幼児の子どもたちの活動で「遊び」とみなすものにどんなものがあるだろう。たとえば、新聞をくしゃくしゃにしたり、引き出しからいろいろなものを引っ張り出したり、外でたくさんのダンゴムシを集めたり、さまざまな箱を組み立ててロボットをつくったり、お姫様になったりヒーローになったりする活動もすべて「遊び」とみなしている。これらの活動の共通点は、いずれも子どもたちが主体的に行うという点である。誰かから強制されて行う活動ではなく、自らが選択し、開始し、展開しているという特徴をもつ。

　それこそ、子どもにとって遊びは必要ではないと思われていた時代もあった。たとえば、遊びは余ったエネルギーを昇華させるためにあると捉え、遊びそのものを肯定的に考えていなかった。しかし子どもの側にいる多くの保育者や研究者が、子どもが主体的に取り組む活動である遊びが、子どもにとって何かの役に立っているに違いないと考え、調べ、検討してきた。子どもが、生き生きとした姿を見せる遊びは、子どもが成長するために必要な何かを生み出していると考えたのだろう。そうした研究の積み重ねから、遊びを通じて子どもたちがさまざまな能力を発達させることが見いだされてきた。

　たとえば図4-1に示すように、ものを対象にした遊びは、12か月ころまではものの性質を調べるような「探索」的な行動、15か月を頂点としてふたと入れ物を結び合わせるなどの「関係づけ」遊びが出現し、18か月ころを頂点として「自分に向けた行為」（振り・行為）、20か月前後から、「相手に向けた行為」にかわる（中野, 1990）[1]。その他、乳児期後期から幼児期初期に見せる、さまざまな探索的な遊びは、子どもの手指の発達を促すとともに、ものの性質等、さまざまな法則を子どもたちに気づかせることがわかっている。いろいろなやりとり遊

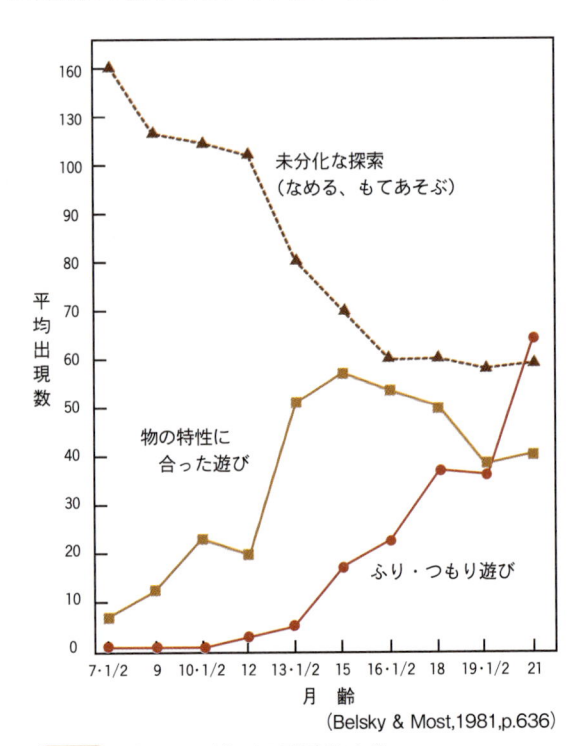

（Belsky & Most,1981,p.636）

**図 4-1**　ものでの遊びの発達的変化

びは、その後の言語発達にもつながっている。幼児期後期の仲間との遊びは、社会性の発達に大きな影響を与える。

　このように、遊びは子どもの身体面の発達、言語面の発達、社会性の発達など、いろいろな発達を促すために、必要不可欠であることがわかってきた。しかし、発達を促すために遊びがあると考えてしまうと、子どもの主体性を無視して遊びを押しつけてしまう可能性がある。遊びは子どもたちの感じる「楽しさ」から始まる。それを忘れてはならない。

## 2 遊びの楽しさ

　先に述べたように、遊びは主体的な活動であることに大きな特徴がある。もうひとつの特徴として考えられるのは、遊んでいる子どもたちの心が「楽しい」と感じている点だろう。乳幼児期の子どもたちは、その活動が自分にとって役に立つと思って取り組んでいるわけでは、もちろんない。それでも、あんなに集中して一生懸命に活動に取り組むのは、やはり「楽しい」からだろう。5歳児後期になると、その「楽しさ」を得るためにちょっと大変なことでもがんばってやり抜こうというする姿が見られるようになるが、「楽しさ」を知っているからこそ取り組むことができるのだろう。

　保育者は、遊んでいる子どもたちが感じている「楽しさ」を分析することで、子どもたちに豊かな経験を与えられる環境を構成できる。そのためには子どもたちが、取り組んでいる遊びのどこに楽しさを感じているのかを探っていく。たとえば、容器に紙をたくさんちぎってお風呂をつくる活動を楽しんでいる子どもたちは、手指を使う操作を楽しんでいるのかもしれないし、みんなで集まってたくさんで同じことをする活動を楽しんでいるのかもしれない。

い。手指を使う操作を楽しんでいるのなら、次に粘土ができる環境を用意しておくこともできるだろうし、みんなでの活動が楽しいのなら、鬼ごっこなどの遊びを投げかけてみてもよい。粘土に取り組むことで、形をつくることが経験できるだろうし、鬼ごっこはルールの必要性に気がつくきっかけになるかもしれない。

　このように「楽しさ」から活動を広げていくことで、子どもたちはむりなくさまざまな経験をすることができる。子どもが感じている「楽

しさ」を探るためには、子どもたちが取り組んでいる遊びの特徴をつかんでおく。「お風呂づくり」「色水屋さん」「小山づくり」「ヒーローごっこ」など、子どもたちが展開している遊びにはどんな特徴があるのかを、遊んでいるメンバーや使っている素材や道具、遊んでいる場所、交わしている会話、からだの動きなどから探っていく。そして、その特徴を手がかりにして、今、目の前で遊んでいる子どもたちが何を楽しんでいるのかを探っていく。毎日同じように見えるごっこ遊びでも、子どもたちの発達やその日の状況によって、子どもたちが感じている楽しさは違っているのかもしれない。保育者は遊びの特徴から子どもたちが感じている「楽しさ」を読み取り、活動をさらに発展させるための環境を整えていくことが大きな役割となる。

## 3 乳児保育や幼児教育・保育のなかの遊び

　遊びを通して子どもの発達を促すのは、幼児教育・保育の大きな役割である。しかし、「何かを学ばせるために遊ばせる」ことが強く出てしまうと、それはもう遊びではなく、体験学習になってしまう。

　確かに小学校以降の学習では、体験学習も重視されている。しかしそれは、ある程度明確な学ぶべき課題や目標が用意され、児童の側でもそれを自分の活動の目的として取り込み、体験したことをその目的と結びつけられる力が少なからず育っているからこそ可能になる学習形態である。

　幼児期において子どもは、自分が興味・関心をもった事柄や必要感をもった事柄に主体的に取り組むことで、そこから得た経験を自分のものにしていくのである。とくに、そこで得られた満足感は、自己肯定感となり、さらに新たな活動に取り組むための原動力となっていく。自己肯定感によって形成される自分に対する自信が、外に向かって働きかけていく力となってくれる。それが小学校以降の生涯にわたる学びの基礎ともなっていく。しかし、幼児期の子どもたちが、たとえ外から与えられた目的に応じて活動できたとしても、その活動が自分の興味や関心のないもの、必要感のないものであれば、肯定感を得ることは難しく、自分の力とすることはできないだろう。

　幼児期は「学びの芽生え」の時期であり、遊びのなかで楽しいことや好きなことに取り組み、いろいろなことに気づき、いろいろなことを身につけていく。一方、小学校以降は「自覚的な学び」の時期であり、先述したように、教科ごとの内容を自分の課題として受け止め学んでいく。

　保育者は、子どもの状況や時期に応じて、育んでいきたいねらいをもつ。子どもたちが主体的に取り組む遊びのなかで、そのねらいが実現できるように内容、すなわち環境を整えていくのが保育者の役割である。そのためにも先述したように、保育者自身が子どもの遊びをよく見つめ、何を楽しんでいるのか探ろうとする姿勢が重要となる。

#  §2 遊びの発達と人間関係

## 1 乳児期の子ども

乳児期の子どもの遊びは、探索行動としての活動が中心だが、その活動を通して、仲間の存在に気がついていく。たとえば、興味をもってつかもうとしたおもちゃの先に、ほかの子も手を伸ばしていたり、おもしろいものがあってそこまでハイハイしていると、同じようにハイハイしている子どもがいたりする。そうやって、触れたり、見つめ合ったりしながら、泣かれたり、たたかれたり、にこっとされたり等さまざまな経験をして、やがて、仲間を意識した行動に変わっていく。ほかの子がもっているものだから自分もほしくなって、手を伸ばす。ほかの子がやっている行動だから自分もまねをするようになっていく。

集団保育の場では、低年齢児から集団で生活をする。他児がいることで、他児とやりとりがあったり、模倣できたりと、子どもたちにとっては刺激となり、さまざまな発達的な側面を伸ばす要因となる。しかし、自分の使っているものでゆっくり遊べなかったり、いつもわさわさしていて落ち着かなかったりすると、仲間の存在が否定的な経験になってしまう可能性もある環境である。この時期は、仲間の存在を心地よいものと感じられるような体験を子どもたちに積み重ねてほしい。たとえば大きな太鼓をみんなで鳴らし、楽しいと感じる経験を共有したり、楽しく笑い、ふと横を見ると同じく楽しそうに笑っている仲間がいるという経験をすることである。

これから、長い間集団での生活をしていく子どもたちが、仲間といることに楽しさを感じ取れれば、集団生活はとても豊かな時間を提供してくれるだろう。そのためには保育者の適切な環境づくりと関わりが大切である。

　Mちゃんが保育者に抱かれて、一本橋こちょこちょの遊びをしている。Mちゃんは声を立ててうれしそうに笑っている。同じ保育室にいたTちゃんもSちゃんも、はいはいしながら、保育者とMちゃんの近くに寄ってきて、保育者の足の上に手をかけて、顔を見上げる。保育者は、「TちゃんもSちゃんも、やりたいんだね。おもしろいよね。Mちゃんが終わったらやろうね。ちょっと待っててね」と声をかける。

（事例：筆者）

　OちゃんとKちゃんが、給食を食べる準備で、テーブルの前のベビーチェアに腰掛けている。向かい合わせに座っている。Oちゃんがテーブルの上を手のひらでたたいて、音を出す。その様子をKちゃんがじーっと見ていて、自分も手でたたき出す。OちゃんがKちゃんの方を見て、一緒にたたき出し、ふたりで目を合わせて笑い合う。

（事例：筆者）

　事例4-1では、保育者とMちゃんが遊んでいる様子に興味をもち、TちゃんもSちゃんも保育者のそばに寄ってきた。保育者は、子どもたちの一緒にやりたいという気持ちをくみ取って、同じことを繰り返している。子どもたちがはいはいなど自分で移動できるようになると、興味のあることに自分で近づいてくる。まずは、保育者との遊びが楽しくて接近してくるが、次第に同じ空間にいる他児に興味や関心が向いてくる。

　事例4-2では、KちゃんがOちゃんのやっていることと同じことをして、それが楽しくて笑い合っていた。保育者が、ほかの子どものやっていることが見えるように、子どもたちを対面に座らせることで、他児を意識することができ、同じことをして楽しいという体験をしている。仲間を心地よく意識できるような環境を整えていくことで、子どもたちの人間関係は広がっていく。

## 2 幼児期の子ども

### （1）遊びのタイプ

　今から半世紀以上も前にパーテン（D. Parten）は、仲間との遊びを発達的に次のように分類した。

　一人遊び（2歳頃まで）：一人で遊んでいる。

　傍　観　（2歳半頃）：仲間が遊んでいる様子を見ている。

　並行遊び（3歳頃）：一緒にいて、同じようなことをしているが、相互交渉が見られない。

　連合遊び（4歳頃）：一緒に遊んでいるが、役割分担が明確にされていない。

　協同遊び（5歳頃）：一緒に遊んでいて、役割分担が明確で、イメージが共有されている。

　これらは、たしかに子どもに見られる仲間との遊びの発達段階を表している側面もあるが、もうひとつは子どもの遊びの好みを表している側面もある。5歳児で、ひとりで遊ぶことが好きな子どもや、遊びを仲間と展開する前にほかの子どもの遊びをじっくり見て楽しんでいる子どももいる。5歳児になってひとり遊びや傍観をしている子どもが発達的に問題を抱えているわけではない。次の事例では、傍観的な遊びが多かった子どもを取り上げている。

---

事例
▼
## 4-3　情報を蓄える

● 4歳児クラス　5月

　4歳児で入園してきた子どもたちも、5月になるとしだいに落ち着いて遊びに取り組めるようになってきた。

　A夫は、製作コーナーにいることが多く、ひとりで絵を描いたり武器のようなものを作ったりしていた。しかし、製作に集中しているというよりは、そこを自分の居場所にして、まわりの子どもたちを見ていることが多かった。とくに、男の子のなかで中心的なB也が遊んでいる様子をよく見ていた。

　あるとき、B也たちがブロックで武器のようなものを作っていた。B也が、武器をつくるのに何か足りないというようなことを言っていると、A夫は製作コーナーから移動してブロックの箱からそれを取り出しB也に渡していた。

　2学期になると、A夫は製作コーナーにいることはあまりなくなり、B也たちと同等な関係で、遊ぶようになっていた。

（事例：筆者／写真：お茶大）

この事例では、A夫は製作コーナーで、ひとり遊び、あるいは傍観をしていた。A夫にとってはそうした活動が、入園当初の不安な時期に落ち着くためには必要だった。また、誰がどんなことが好きか、どんな活動をするのかという情報を集めることができ、それが彼の次の行動につながり、2学期になってB也と関係をつくることを可能にしたのかもしれない。遊びのタイプによって、子どもたちが経験していることが異なってくることは確かだろう。仲間と相互交渉を展開するようなタイプの遊びを好む子どもは、それだけ他人と調整する場面や共感する場面を経験している。ひとりで遊ぶことを好む子どもは、じっくりものや活動に取り組むなかで試行錯誤を繰り返す場面を経験している。保育者は、目の前の子どもにとってどのような経験が必要なのかを考えて、さまざまなタイプの遊びに取り組むことができる環境を整えることが求められる。

### （2）遊びの種類

取り組む遊びは子どもの発達によって変わってくる。その遊びの種類によって、子どもたちが経験する仲間とのやりとりも異なってくる。

図4-2は、遊びの発達的変化を示している。遊びが消長していく様子がわかる。たとえば「もの」の遊びが1歳頃ピークを迎えるが、それを境に遊びは衰退し、次の「イメージ」の遊びが出現してくる。

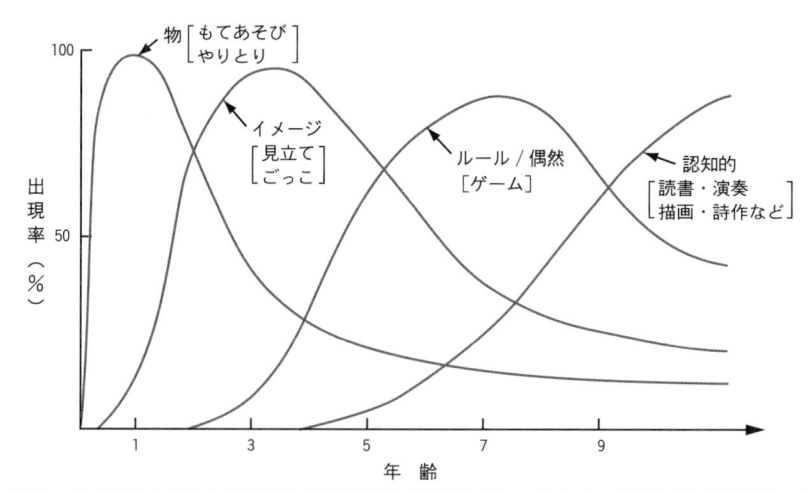

（中野茂「遊びの発達心理学研究はどの様な可能性と問題点を持っているか―理論的考察」藤女子大学短期大学研究紀要 23、pp.43-65 を筆者一部改変）
　この図は遊び対象の発達的変化の道筋を模式的に「波」のうねりによって表したものである。個々の波は、各々の対象について、それをマスターし、自在に対象を同化できた時点（最適水準）で最頻の遊びの出現率（頂点）となり、そこを境にしてしだいに「自動化」していくことで遊びは衰退していくことを表している。また、波と波との重なりの部分は、ある時点での遊びは、次の時点での遊び対象の探索過程を同時に含んでいることを示唆している。なお、[　]は遊びの型を表す。

**図4-2** 遊びの発達的変化の「波」

乳幼児期に最初に出てくる遊びは「もの」を持って遊んだり、やりとりしたりする活動である。この遊びは、おもにひとりの活動であったり、大人との間で生じたりする。大人とボールのやりとりや、玩具をひとりでいじったりする。次に出てくるのは、「イメージ」が中心となる遊びである。ものを何かに見立てたり、ごっこ遊びを展開する。初期は、仲間と一緒の格好をして、それで会話をすることが楽しい。なりきり遊びが大好きで、動物の格好や、アニメのヒロインの格好をするだけで楽しくて、その格好とは関係なくご飯の支度をするふりをしたりしている。しだいに、遊びのイメージがしっかりしたものになってきて、5歳になるとストーリーの整ったごっこ遊びを仲間と展開するようになる。仲間とのやりとりも、イメージに即したものが求められるようになってくる。また、ごっこ遊びという虚構の世界にいながら、現実の世界に戻って仲間とイメージの調整を話し合ったりする。「ルール」のある遊びは、5歳児後半になってくるとしっかり取り組めるようになってくる。ドッジボールやサッカーを通じて、仲間とルールをつくったり、勝負をめぐって話し合いをする経験をしたりする。

### （3）遊びと仲間

　仲間と遊びに取り組むことで子どもの活動に与える影響には、次のことが考えられる。
- 資源としての仲間：どうしたらうまくいくのか、よくなるのかと考えるとき、仲間がモデルになったり、よいアイディアを提供してくれたりする。それが、より深い探究活動へ導いてくれる。
- 自己抑制を促す仲間：仲間と一緒の遊びを続けていくために、自分自身の感情をコントロールする必要性に気がついたり、相手に伝わるような話し方を工夫したりする。
- 情緒的な支援としての仲間：仲間と一緒に取り組む楽しさから活動を持続できたり、失敗することの怖れを低減することができる。
- 圧力を与える仲間：活動を持続することを強要されたり、役割を押しつけられたりすることがある。

　上記のように、仲間は遊びを展開していくうえでさまざまな役割を果たす。ときには支援してくれたり受容してくれたりするし、ときには否定されたり強要されたりする。幼児期の子どもたちは、「仲間」とは自分にとってどんな存在なのかを経験している途上にあるといえる。仲間の圧力、仲間の支援をいろいろな形で経験し、仲間についてのイメージを形成している時代といえるだろう。

　§3からは、そのような遊びのなかで展開する人との関わりについて、事例から見ていこう。

# §3 遊びのなかの 友達との関わり

仲間とは、子どもたちにとってどんな存在なのか、事例を通して見ていこう。§3では、とくに子どもたちにとって仲間が圧力として感じられるような場面を中心に取り上げる。

## 1 一緒に遊びたいのに

仲間と一緒に遊ぶなかで、主従の関係ができるときがある。それが、遊びの役割や種類によって、一時的で流動的なものであれば、楽しさを維持しつつ、その関係のなかで遊びを展開できる。しかし、主従の関係が固定的なもので、異議申し立てができない状況にあると、子どもたちにとって遊びの楽しさは消滅してしまう。ここでは、自分自身の行動を仲間がコントロールしてくるような場面を取り上げる。

子どもたちの遊びのなかでは、自分の指示どおりに動くことを命令する場面が見られる。言うことを聞かないと、ときには「仲間じゃないからやめて」と遊びから抜けるように言われたり、「お弁当を一緒に食べてあげない」「お家に来ちゃだめ」などと言われたりする。次の事例は、そのような場面である。

---

**事例 ▼ 4-4 「オレの言うことを聞くんだ！」**　　● 4歳児クラス　6月

保育室の中央には、積み木が橋のように並べてある。その上を渡っている子どもたちがいる。

Y哉が後ろから渡ってくるD太とC夫に、「オレの言うことを聞くんだ！」と言っている。ふたりは、「はいはい」とおちゃらけて返事をする。その後も、Y哉が「○○しろ」「○○もってこい」と言うと、言うことを聞いて動いていたが、だんだん嫌そうな顔になってくる。それでもY哉がしつこく命令するのでD太が怒り、積み木を放り投げる。

(事例／写真：学大小金井)

---

事例4-4では、Ｄ太とＣ夫は指示どおりに動くことの不自由さを感じ、Ｙ哉は命令されることが嫌な子がいるということを経験した。互いに、仲間とは自分の思うようにはならない存在なのだ、自分を楽しい思いにさせてくれるだけの存在ではないのだということを感じ取っただろう。このあと、互いに蹴り合いを始め、保育者が介入する結果となった。

　次の事例では、Ｄ実が相手に有無もいわさず、指示どおりに動くことを要求している場面である。

　Ｄ実は、ほかの子どもとイメージを共有するのではなく、自分のイメージどおりの焼きそば屋をつくるために、他児を指示しているという様子だった。ほかの子どもたちは気圧（けお）されている様子で、Ｄ実に意見を言うのにも緊張していた。そんな様子を見ていた保育者が、「お店、ふたつでもいいんじゃない」と提案することで、ほかの子どもたちはケーキ屋をつくり出す。そして、ひとりで焼きそば屋をつくっているＤ実に、自信をもってままごとの道具を借りに来ていた。

　このＤ実や事例4-4のＹ哉のまわりにいる子どもたちは、彼らと遊ぶ楽しさを経験しているからこそ、一緒に遊んでいるのだろう。しかし、このときの遊びでは、自分に対して命令や指示を出す仲間の存在、そしてそうされることで感じる理不尽さや否定的な感情を経験していたのだろう。楽しさを維持しながら遊ぶために、こうした仲間からのコントロールにどのような対応をしたらよいのか、これから学んでいくことになる。

　Ｙ哉とＤ実は、仲間と一緒に遊ぶためには、自分のイメージを押しつけるだけではうま

くいかないことに気づくだろう。自分の思いを伝えながら、一緒に遊ぶためにはどうしたらよいかを保育者の支援を受けながら学んでいくことになる。

# 2 一緒に遊びたくないの？

他者を意識するようになり、集団で遊ぶ機会が増えてくると、仲間外れをしようとする行動をとることがある。仲間外れをすることで、その子どもたちとの結束をより強めようとしているように見えるときもある。ここでは、仲間外れをすること、されることを通して、子どもたちはどんな経験をしているのかを事例を通して検討してみる。

## （1）条件をつける

子どもたちのなかでは、「○○、もっている人は仲間ね」「△△、着ている人だけ入れてあげる」などと、自分で条件を出して、その条件に合う人だけを仲間に入れたり、一緒に遊ぶことを認めたりする姿が見られる。そのような条件は恣意的に過ぎないのだが、その条件で他人の行動に制限を加える。次の事例では、そのような場面を表している。

事例
▼
**4-6** 「バッグをもってこない人は入れないよ」

● 3歳児クラス　6月

G実、B代、C香が家をつくって遊んでいたところにD子がやってきて、「G実ちゃんと、B代ちゃんとP夫くんは、入れてほしくないもんね」と言う。みんなは、何を急に言われたのかわからないでD子の様子を見ている。さらにD子が「バッグをもってこない人は入れないよ」と言うと、G実は「いいよ」と言う。さらにD子が「D子がいいとこ見せてあげんだから、かわいいスカートもってきてあげるから」と言って、ままごとコーナーのスカートをもってくる。D子が「これほしい人？」「みんながほしいんだったらあげられないよ、スカートもってない人は来ちゃだめ」と言う。G実以外の子どもが、D子から急いでスカートを受け取り、D子の家のほうに行く。

（事例／写真：学大小金井）

事例4-6では、もうひとつの家をつくって遊んでいたD子がほかの子どもたちが集まっているところにやってきて、自分が提示する条件に合っているものだけは自分と遊べるという意味のことをさかんに話している。バッグもスカートも幼稚園のものでみんなのものなのだが、D子がその所有権を決める権限をもっているかのように話している。

　D子は、自分の家にもほかの子どもたちに来てほしかったのかもしれない。それを「私の家にも来てちょうだい」と依頼する表現ではなく、「○○しない人は、△△しちゃだめ」と、自分が条件を設定する表現を使っている。その条件は非常に恣意的だが、まわりの子どもたちはまだそれに気づかない。年長になるに従い、恣意性に気づき抗議するようになってくるだろう。

　仲間との遊びでは、リーダーになることもあるし、周辺的に関わることもある。いろいろな立場を経験することで、仲間に対する関係のあり方にも柔軟性が出てくる。D子は、やがてこうした条件の設定の仕方では、仲間と一緒に遊ぶことは難しいことを経験していくだろう。周囲の子どもは、仲間から選ばれるということを経験するとともに、その理不尽さを何となく感じていくだろう。


## （2）言葉で責める

　ときどき子どもたちの間では、目の前で相手のあげ足をとったり、はやし立てたりすることがある。たとえば次のような場面である。

　4人の男の子たちが、製作机でゲームキャラクターのカードをつくっている。白いテープを透かしてJ哉が「R太星人が白く見える」とR太の名前をつけてはやし立てる。しつこくJ哉が言うので、R太が怒りつかみ合いになり、保育者を呼びにいく。J哉は、保育者に「R太がN介と遊ぶからいけないんだ」と、訴える。前日に遊ぶ約束をしたのに、R太がN介と、自分たちとは違う遊びをしていたことを責め立てる。J哉はR太が悪い、もう一緒に遊ばないと怒る。保育者は、一緒に遊びたかったJ哉の気持ちを確認するが、「R太星人」と呼ばれて嫌だったR太の気持ちも確認する。

（事例／写真：学大小金井）

この事例のように、子どもたちの間では、わざわざ相手が怒るようなことを言って関係を悪くするような場面が見られる。傍らから見れば、相手が怒っているのだからそれ以上言う必要がないだろうと思うが、それでもJ哉のようにしつこく言うことがある。J哉にしてみれば、前日に遊ぶ約束をしていたのにほかの子どもと遊んでしまっていたR太に対する腹立たしい感情をどのように表現してよいのかわからなかったのかもしれない。R太は、なおのこと、そんなにしつこく言われる理由がわからなかったのだろう。このような状況のときは、保育者の介入が必要になってくる。各々の気持ちに気づかせるとともに、そんなときにはどうしたらよいのかを考えさせる。

　集団生活のなかでは、仲間に対して否定的な感情をもつことがある。その原因がどこにあるのかを、子どもが明確に理解し表現することは難しい。自分で処理できない否定的な感情を相手にそのままぶつけてしまえば、自分にとってもぶつけられたほうにとっても集団生活は居心地のよいものではなくなる。

　仲間に対して否定的な感情をもったときに、どのようにふるまえば仲間関係にとってよいのかを、子どもたちは保育者の支援を受けながら学んでいくのだ。


### （3）仲間入りの拒絶

　子どもたちがすでに遊んでいる仲間のところに仲間入りを求めるとき、いつも仲間に入れてもらえるとは限らない。次の事例のように、かたくなに拒否されることがある。

事例
▼
**4-8**　「忍者は入れないんです」

4歳児クラス　5月

　K香たちが、ままごとコーナーでままごとをしている。そこへ忍者の格好をしたF介が「入れて」と言ってくると、K香が「忍者は入れないんです」という。F介「ほら、メガネつくったよ」と、自分で作ったメガネを持って見せるが、女の子たちは、「忍者は入れない」とさかんに言う。F介は、つくったメガネを捨てて、ロッカーに行き、カバンを背負う。「お家に帰る」「楽しくなくなったから、お家に帰る」と言う。それを聞いた保育者が、女の子たちのところに連れて行き、「忍者じゃなくて、F介くんならいい？」と聞くが、K香は「忍者は入れません」と繰り返す。F介は、自分でつくったメガネをまた投げるが、どうしても入りたいらしく、再び、ままごとコーナーに行き、「F介も入りたい」と言う。しかし、K香が「忍者は入れない」を繰り返す。保育者は、F介とままごとコーナーの近くに積み木で家をつくり始める。

（事例：筆者／写真：学大小金井）

事例4-8では、仲間に入りたがるF介を「忍者はだめ」とK香は拒否し続けた。F介は、楽しくない気持ちになったようで、「お家に帰る」とまで言い出していた。仲間から拒絶されることは、子どもにとってとても悲しいことだ。しかし、F介がこのようにかたくなに拒絶されたのは、それまでに仲間に入っては勝手にふるまってきた結果とも考えられる。仲間から拒絶されることは悲しい経験だが、その経験をより楽しい仲間との関わりに生かせるものにしていくことが大切だ。

集団で遊ぶようになると、他者を排除することで、自分たちの結束を強めようとする態度をとる場合がある。自分の意思で他者を排除できたり、仲間に加えることができたりすることは、子どもたちにとって効力感として経験されるのかもしれない。しかし、排除された子どもの気持ちに気づいたり、自分の感情で周囲を振り回すことが非難されるべきことだと気づかなくてはならない。排除される経験をした子どもたちは、その理不尽さに異議申し立てできること、そのためにはどうしたらよいかに気づくことが必要になる。保育者は、子どもがそうしたことに気づけるように支援していくことが求められる。

# 3 モデルとなる他者

子どもたちが、仲間からのさまざまな圧力に対して自分の身の処し方を考えて実行することはなかなか難しい。しかし、集団生活のなかでたくさんの仲間がいるとき、その仲間のふるまい方をモデルにして、自分のなかに取り込んでいくことが可能になる。

次の事例のB花はお母さん役や先生役になることが圧倒的に多く、したがって一緒に遊ぶことの多かったH代はつねに指示される側で、主従の関係が固定化してしまった事例である。

事例
▼
**4-9　自分を出して楽しく遊ぶ**　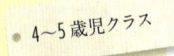 4〜5歳児クラス

H代は、入園当初からB花と一緒に遊ぶことが多く、お母さんごっこや学校ごっこによく取り組んでいた。しかし、表情は楽しそうではなく、遊びの様子を見ていると、いつもB花がお母さんや先生になり、H代はB花の指示に従いながら動いている様子だった。

同じクラスのS実もB花と一緒に遊ぶことがあった。S実は、猫役になることが多かった。猫と言っても、ペットとしてかわ

　主従の関係が固定化してしまっていたころのH代は、自分の好きなように動けない不自由さを感じていたのだろう。遊んでいても、表情は楽しそうではなかった。保育者の話では、H代は下に弟妹のいる長女で、よい子でいることを求められる立場であり、友達とは、仲良く一緒に遊ばなくてはいけないという思いに強くしばられていたようだった。しばしば、そうした思いの強い子どもは、自分が楽しくなくてもなかなか遊びから抜けられないでいることがある。H代も、最初はそのような状況だったのかもしれない。

　しかし、H代はS実の遊んでいる様子を見て、あんなふうに遊んでいいのだということを悟ったようだ。S実は自由奔放にふるまう猫を演じることで、B花の指示も命令も聞かず、自分の動きを楽しんでいた。その動きによって、展開している遊びが壊れるのではなく、まわりの子どもを楽しませている雰囲気があった。H代はしだいに、S実と同じようにふるまうようになり、表情が明るくなった。

　集団生活のなかでは、時には仲間は自分にとってストレスフルな存在になることもある。しかし、自分ひとりでいるよりも何倍も楽しいことを経験させてくれる存在でもある。保育者がいる安全で安心できる場所で、時には保育者の支援を受けながら、自分の言いたいこと、やりたいことを相手に伝わる形で表現する方法と同時に、他者の話に耳や心を傾ける方法も身につけていく。どちらか一方だけできたのでは、バランスが悪く、仲間との生活を十分に楽しむことは難しい。「和して同ぜず」ということわざが示すように、仲間と協調しながらも、自分の意見をきちんと表現できることはとても大切だ。園での仲間との生活のなかで、両方の力をバランスよく育んでいく。

# §4 遊びのなかで共有すること

子どもたちが一緒に遊んでいると、いろいろなものが共有されていく。共有されていくものは年齢が進むにつれて、より具体的で緻密になってくる。共有されていくものが増えるにしたがって、子どもたちの親密性も高まっていく。ここでは、遊びのなかで共有されていくもののなかで、「楽しさ」「場」「イメージ」に焦点を当てて見ていく。

## 1 楽しさの共有

子どもたちが一緒に遊ぶ一番のベースになっているのが、「楽しさ」の共有なのかもしれない。そして、集団で仲間と過ごすことを居心地よく安心したものとするのも、この「楽しさ」なのだろう。

次の事例では、なかなか友達と一緒に遊ぶことができなかったH也が、遊びの楽しさをベースにM太と結びついた場面である。

---

事例
**4-10** 遊びの楽しさから生まれる仲間

● 3歳児クラス 11月

まだあまり友達と関わることが少ないH也が、焼きそばを炒めているM太のそばに座り、黙って見ている。M太がまた炒め出すと、H也がブロックを差し出すが、「いらないよ」と言われる。H也はうろうろしてから、またM太のところに来て、つくっている様子を見る。M太が「おいしい焼きそばですよ」と歩いてまわる後ろをついていく。M太と何か話して、製作コーナーに戻りヤクルトのビンに筒をつなげる。M太は「焼きそば食べる人いませんか」と言っている。M太のところにそれをもってきて、焼きそばの上に振りかける。どうやら、こしょうか青のりの入ったビンのつもりらしい。

C哉が来て、「1個焼きそば」と言い、H也が皿の上にのせる。その上にビンをつなげた容器でしゃかしゃかと振りかける。M太が肉のようなものを入れ混ぜているのを見ている。M太と混ぜる。H也が「お肉が混ざっていますよ」と言う。M太が混ぜていると「まだ、ずっと？」とたずねる。ふたりで焼きそばに顔を近づけて、ふーふーする。

（事例：筆者／写真：学大小金井）

---

この事例のH也は、これまではひとりで遊んでいることが多かった。この日は、M太の焼きそばに興味をもったのか、ずっとそばについてまわっていた。後日、M太のことを捜してそばに座ることが多くなった。

ふたりで役割を分担したり、具体的にどのように遊びを進めていくかを話し合ったわけではない。M太が主になり焼きそばをつくり、H也は自分のつくった青のりかこしょうが入った

ビンのようなものを振りかけるという動作を繰り返し楽しんでいた。H也にとっては、それがとても楽しく、M太に親密性を感じられたのだろう。今度は「焼きそば」がなくても、M太のそばにいくようになっていった。ふたりは、この遊びの楽しさを通じて結びつき、その後も一緒に活動することが増えたと考えられるだろう。

次の事例は、前日の遊びの楽しさを覚えていて、それを再現するために仲間をよび寄せようとしている場面である。

事例
▼
**4-11**　「昨日おもしろかったもん」

● 4歳児クラス　6月

　K介がウルトラマンコスモスになっているのを見ていたR代がS也に、「K介くんも入れてあげよう、昨日おもしろかったもん」と言うと、S也が「ちょっと待って」ととまどったように言う。そばにいた保育者も「昨日おもしろかったもんね」と言う。R代と保育者はK介のショーを見ている。S也は、製作コーナーから紙とマジックを持ってきて、K介のショーを背にしながら、何かを書いている。S也が「K介は入ってはいけません」と書いていた。それをR代と自分の家の積み木に貼る。家のなかにひとりで入り、K介のほうを見ている。R代が「あの家、入っていいよ」とK介に声をかける。それを聞いたS也がびっくりした顔をする。ショーが終わったK介に、保育者は握手を求める。R代が「S也くん違う家行って、K介くん入れるから」と言うと、S也「ちょっと待って」と絵本と一緒にとなりにある家に移動する。

（事例：筆者）

　R代とK介は、前日に一緒にお家ごっこをして、とても盛り上がり楽しそうに遊んでいた。それを思い出したR代は、K介とまた一緒に遊ぶことを決めた。しかし、K介とS也はよくけんかをする仲で、S也にはK介の行動が気に入らないことが多かった。S也は字を読んで書けるので、K介を来させないような貼り紙をつくっていたが、R代はお構いなしだった。

逆に、Ｒ代はＳ也を追い出して、Ｋ介を入れようとしていた。

　Ｒ代のＳ也に対するやり方は、もう少し上手な方法があるとは思うが、Ｋ介と一緒に遊びたい気持ちがはっきりしている場面だった。Ｒ代がＫ介との楽しかった経験をほかの子どもとの間にも広げられるようになったら、たくさんの子どもと親しさを感じられるようになるだろう。

　一緒に遊んでいるなかでは、もちろん楽しい経験ばかりではない。先述したように仲間からのさまざまな圧力もある。それでも、楽しかったという経験があるからこそ、その楽しさを求めて、子どもたちは一緒に遊ぼうとするのだろう。一緒に遊ぶなかで、仲間に対するさまざまな対応方法を身につけることができる。子どもたちに、仲間と一緒に遊ぶ楽しさをたくさん経験させたい。そうすることで、仲間と関わろうとする気持ちを育むことができる。

## ２ 場 の 共 有

　とくに何か一緒にするのではなく、別々のことをしながらも場を共有している子どもたちの姿を見ることがある。一緒にいることで安心感を得られる仲間を見つけられたら、子どもたちにとって集団での生活は居心地のよいものになるだろう。

　また、次の事例のように同じごっこ遊びの場にいながら、積極的に遊びに関わろうとしない子どももいる。場を共有しながら遊びの雰囲気を楽しんでいる様子だった。

---

事例
▼
**4-12**　**場を共有しながら遊びを楽しむ**

● ４歳児クラス　５月

　ままごとコーナーにＴ花とＢ斗がいる。そこへＣ樹が遠慮深そうに靴を脱ぐと、Ｔ花が「どうぞ」と言う。Ｂ斗は、「今日は、Ｃ樹の分はないですから、コロッケはあるよ」と言う。Ｔ花とＢ斗は電話をする振りをしたりして忙しそうだが、Ｃ樹はまわりをうろうろしていて「考えてくる。それが仕事なんだ」とつぶやいている。ふたりが何も言わずに外に出てしまうと、Ｃ樹は廊下に出て、ふたりの様子をぼーっと見ている。そのうち、のびをしてから、上履きを脱ごうとする。そのとき、Ｔ花が戻ってきたのを見て、上履きをはき直す。Ｂ斗も戻ってきて、積み木をもってきて部屋を広げようとしている。Ｃ樹がそれを見て、自分も積み木をもってくるが、Ｂ斗には渡そうとしない。Ｔ花とＢ斗が靴下を脱いでいるのを見て、自分も靴下を脱ぐ。

（事例／写真：学大小金井）

C樹は前日にT花とB斗と一緒に、ままごとコーナーで遊んでいた。それが楽しかったのだろう。また、このコーナーにやってきた。ところが、T花たちの遊びに入り込んでイメージを共有していくわけでもなく、周辺をうろうろしている。しかし、T花たちのやることはよく見ていて、積み木を運ぶのを見ると、自分も積み木を運ぼうとしたり、T花たちが靴下を脱いでいるのを見ると、自分も脱ごうとしている。積極的に関わるわけではないのだが、一緒にいて場を共有するということで、今のところは満足している様子だった。

積極的に友達に関わっていくのが苦手な子どもの場合、場を共有することで、ほかの子どもの動きをよく見ていたり、それをまねしたりする様子が見られることがある。彼らは、それを自分のなかに取り込んでいくことで、徐々に仲間と遊ぶために必要なさまざまな事柄を学んでいるのかもしれない。

# 3 イメージの共有

遊びのなかで共有するイメージの多くは、実在するものではなく、仲間との間で了解されているものである。たとえば、「○○ちゃんをお母さんにしよう」「積み木をクッキーにしよう」「この場所はお誕生会を開いているということ」などのように、仲間との間で共有していく。実際にあるものではなく、そういうことにしようという見立てやつもりのイメージを共有していくためには、仲間のなかで話し合いが必要になってくる。同じようなことを考えていて、あうんの呼吸でイメージが共有されていく場合もあるが、多くの場合は、子どもたちの間で、「これをケーキにしていい？」「私は一番上のお姉さんでいい？」「ここは、○○ちゃんのお部屋ということ」などと、お互いに確認し合う。そうやって、イメージの共有が図られていく。次の事例は、仲間入りした後に、イメージの共有がなされている場面である。

事例
▼
**4-13** 遊びのイメージを共有する

● 5歳児クラス　6月

K夫がE香やU哉たちの遊びに入ってくる。E香たちは園庭の太鼓橋近くでポケモンごっこをしていた。

K夫「何やっているの？　入れて」と言うと、E香が「いいでしょう」と許可する。そのあと、E香が「今、ポケモンごっこをしていて、あそこがポケモンセンターで……」とあれこれ説明する。K夫は「U哉は何やっているの？」「B子ちゃんは、何やっているの？」と、遊んでいる子どもたち一人一人の役をたずねる。それを確かめて、みんなと同じ裸足になる。しばらくして、ほかの子どもたちに向かって「集まれ！と、言っているのね」と言って、ポケモン言葉で「○×◇△」とさけぶ。このあとも、ポケモンごっこが続く。

（事例：筆者／写真：学大小金井）

仲間入りしたK夫は、仲間入りした初めのころは、遊んでいる子どもたちの役を確認したりして、情報を収集し、遊びのイメージを共有しようとしていた。それができてから、ポケモン言葉を話したり、遊びに積極的に関わるようになった。仲間入りした直後にすでに遊んでいる子どもたちが共有している情報を自分も共有することで、遊びにスムーズにとけ込むことができていた。

　イメージの共有は、いつもスムーズに行われるわけではない。次の事例のように、イメージをめぐってトラブルが発生する場合もある。

　Y子が自分で積んだ積み木にすべり台をつけてもらい、階段のようにしてもらう。その階段をB実が上るとY子がB実の足の先に手を置いて、「階段じゃない」と止める。B実は、怒って、手にもっていた棒でY子のことをたたこうとするが、途中でやめて、手にもったふたつの棒でバッテンをつくり、「ばつ」と言う。Y子がそれでも通そうとしないので、ふたりで棒でたたき合いになる。

（事例／写真：学大小金井）

　この事例では、Y子は階段のつもりではなく、B実は階段のつもりで上り下りしようとしている。「階段じゃない」と言われても、B実は階段に見えるのか、なんとしてでも登ろうとして、たたき合いになっていた。

　仲間とイメージを共有していくためには、Y子は階段ではなく何にしているつもりなのかというような説明がもう少し必要だっただろう。

　遊びのなかでは、自分を出して遊ぶことと、仲間とともに遊ぶことのふたつの側面を統合していかなければならない。実際の遊びの場面では、対立・葛藤し合うこともある。自分はお母さんになりたいのに、それが一緒に遊んでいる仲間に受け入れられないこともあるだろう。その対立・葛藤に折り合いをつけて解決していこうとする態度に向かわせるのは、先述したように楽しく遊びたいという気持ちであり、楽しく遊んだ経験なのだろう。解決方法は、実際の遊びの場面で具体的な経験を重ね、保育者の支援を受けながら身につけていくのだろう。

# §5 遊びをつくる

## 1 アイディアを出す仲間

　仲間の存在は、遊びにさまざまな展開を引き起こすことができる。次の事例のように、仲間がいろいろなアイディアを遊びのなかで出してくれることで、遊びが生き生きとして、楽しさが増してくる。

---

**事例 ▼ 4-15　『"ピンポンパン"地震です』**　● 5歳児クラス　6月

　A樹、G也、J太が保育室でチャーハン屋さんごっこをして遊んでいる。P実たち女の子は、同じ保育室のままごとコーナーで遊んでいた。A樹がお店屋の準備をしていると、突然、G也が「"ピンポンパン"地震です、地震がきました」と大きな声を張り上げる。女の子たちが「きゃーっ」と言って、布団をかぶったりする。G也が「また、地震がきました。大きい地震です」と言うと、J太が「マイナス100万です」と言い、机を揺らしている。ビックリして見ていたA樹が「こちらチャーハンの地震はおさまっています」と、自分たちのお店は地震がないことを伝えている。J太は「千度より、もっと上がりました」、A樹が「一万です」と、大きな揺れであることを伝える。G也が「ピンポンパン、地震はもうおさまりました」と言うと、A樹は「おさまってません。チャーハン屋のほうは大丈夫です」と言う。それを聞いて、J太が「ベランダは大丈夫です。ベランダに集まります」と言うが、A樹が「ベランダはだめです。ベランダで集まれません。チャーハン屋さんだけはおさまっています」と重ねて、チャーハン屋は無事だから来るように言う。女の子たちは、逃げまどう。

（事例：筆者／写真：学大小金井）

---

　自分ひとりでは、なかなか思いつかなかったことが、仲間がいることで遊びにいろいろな展開を楽しむことができる。この事例でも、G也の突然の「地震」という思いつきに、J太が「マイナス100万です」と、具体的な大きな数字を出して、さらに現実味をもたせている。A樹もその展開を楽しみながら、でも自分たちのチャーハン屋さんからお客さんが逃げてほ

しくないので「チャーハン屋のほうは大丈夫です」と声を張り上げていた。

　仲間との遊びのおもしろさは、仲間の出すアイディアによって、思いもよらない展開が楽しめ、そこに自分のアイディアも足していくところにあるのかもしれない。もちろん、いろいろなアイディアが出てきすぎて、遊びが拡散していくということもある。そんなとき、A樹のように、新たな展開のなかで遊びが維持できるようなイメージを出してくる子どもがいる。

　仲間との関係が広がっていくにしたがって、いろいろなことが拡散していくこともある。仲間との遊びは、遊びが拡散していくなかで自分の遊びの楽しさを維持していくために必要なことと考え、工夫するよい機会も提供してくれるのだろう。

## 2　異年齢交流

　園などのさまざまな年齢の子どもたちがいるところでは、ときには異年齢の子どもたちが遊びに関わってくるときがある。3歳児が5歳児の遊びに入ろうとしても、発達の差があるために、一緒に遊ぶことが難しいこともあるが、5歳児が3歳児の立場になって遊びへの参加の仕方を考えてくれるときもある。また、5歳児が3歳児の遊びに参加して、ほっとするときもある。少し背伸びして5歳児同士の遊びに参加していた子どもは、3歳児の子どものなかで自分がリーダーとなって遊べることで自信を取り戻したり、安定感を得ることができる。

　次の事例は、4歳児の遊びに対し5歳児がアドバイスをしている場面である。

事例
▼
**4-16　アドバイスをする5歳児**

● 4歳児クラス　2月

　4歳児クラスの女の子たちが、「森のレストラン」を開こうと思い立つ。しかし、そうしたいという思いのほうが強くて、机とイスを並べただけで、5歳児クラスに宣伝に行ってしまう。5歳児たちがやってきて、ビックリした声で、「ぐちゃぐちゃだね」と言う。保育者が「どこを直したらよいと思う？　教えてあげてくれる？」と声をかけると、5歳児が、「机をちゃんと並べたほうがいいよ」とか、「テーブルに何か敷いたら」とか、いろいろとアドバイスしてくれる。それを、4歳児クラスの子どもたちは、神妙に聞いている。

（事例：筆者／写真：学大小金井）

4歳児の子どもたちにとっては、「森のレストラン」というネーミングで満足してしまって、レストランの場づくりまで考えが及ばなかったのかもしれない。しかし、5歳児クラスからアドバイスを受けることによって、お客さんに来てもらうためには、何が足りないかを考えることができたのだろう。

　この事例のように直接的なアドバイスを得ることによって、遊びをもう一段階発展することができる。5歳児クラスの子どもたちが遊んでいる様子を見るだけでも、あんなふうになりたい、あんなふうにするためにはこんなふうにすればよいのか、といろいろな刺激を得ることができる。異年齢がいる場で遊ぶということは、子どもたちの遊びにさまざまな発展の形を提供してくれる。

────── ✦ この章で学んだこと ✦ ──────

● 子どもたちは、仲間と一緒に遊ぶとき、自分を出して遊ぶことと仲間として遊ぶことのふたつの側面を統合していかなければならない。その過程のなかで、妥協したり、調整したり、主張したり、条件をつけたりと、さまざまな相互交渉を実践し、社会的能力を身につけていく。

● 仲間との関係は楽しいことばかりではなく、否定的な面も含めて、仲間とはこういうものだと子どもたちは経験していく。そして、自分にとって居心地のよい仲間との関係をつくるためにはどうしたらよいのかを考えていく。

● 仲間と一緒に遊ぶことは、いろいろとやっかいなことを生じさせたりするが、仲間と遊ぶ楽しさを経験している子どもたちは仲間と遊ぶことが大好きである。一緒に遊んでいて楽しい、という経験がベースにあるために、仲間関係のなかで生じるさまざまな困難を乗り越えようとすることができる。

# 第 5 章

# 生活を通して育つ
# 人との関わり

—— • — **この章で学ぶこと** — • ——

一般に生活とは、子どもが現に日々、繰り返す日常的な活動そのものである。

幼児教育・保育において今、そしてこれからますます重要になってくるのが、

園生活と家庭生活、地域社会での生活における連続性を踏まえた教育の充実である。

この章では、子どもが家庭、園、その他の場所や地域における生活を通して形成する人間関係や、

人との関わりを通して積み重ねる経験について、事例を通して考察する。

# §1 親（保護者）との出会いと関わり

## 1 家庭生活における人間関係の特徴と形成

　家庭は子どもの発達にとって出発点となる場である。通常、子どもが誕生直後から生活する場で、血縁関係にある者を中心とした少人数の密接な人間関係が形成されていく。そこで自分を育ててくれる特定の人（以後、養育者）との具体的な活動を通して愛情の絆や基本的信頼感が築かれていく。そして、養育者との間に信頼や愛着の関係が形成される。養育者を安全基地として子どもは徐々にそのほかの家族のメンバーとの関わりを広げていく。家庭は子どもが人との関わりを正にスタートさせる場であり、そこでその後に生涯続く人間関係の原型ともいうべき関係性が築かれていく。

## 2 愛着や基本的信頼の形成

　子どもは生まれつき、養育者から世話や関わりを引き出すような行動や、その世話が適切であったことを養育者に知らせる行動をする力がある。たとえば、赤ちゃんの「泣き」は養育者からの応答を引き出すもっとも有効な行動であり、「ほほえみ」は養育者のケアが有効であったことを伝えたり、養育者の関わりを維持するために有効な行動である。

　生後3か月ころからは、母親のような特定の養育者を注目するようになる。母親の声や顔の特徴をはっきりと識別し、母親の声かけで速やかに泣きやんだり、母親の顔を見て声を出しながらほほえんだりするようになる。一方、見慣れない他者に対してはこのような行動や反応は見られなくなる。

　乳児期後半から運動機能の発達により、ハイハイや伝い歩き、歩行を通して自由な移動ができるようになる。それにともない、養育者がそばから離れるとあとを追う、養育者に接近して抱っこを求める、抱っこから降ろされそうになると必死でしがみつく、姿が見えないと探すなど、養育者と離れることを嫌がったりする行動が顕著に見られてくる。同時に外の世界にも知的好奇心が高まり積極的な探索をしていくが、そのときも「安全基地」としての養育者を拠点としており、養育者が視野内にいることを確認し、時折、養育者のもとに戻りながら安心して遊ぶようになる。このころに、特定の人が「自分の求めに対してかならず応答してくれる」、「何かのときにはかならず助けてくれる」という愛着対象になる。一方、見知らぬ人に対して「人見知り」が見られ始める。

　このように特定の養育者を求め、関わろうとする愛着行動は、乳児が生きていくうえで必須の保護や世話を引き出し、乳児の不安や恐れ、疲れを軽減させ、心理的安定をもたらす。

「ママ、大好き」― 愛着関係の形成・安全基地

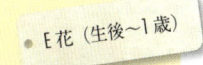
● E花（生後〜1歳）

　母親はE花が生まれてから、E花との関わりを楽しみ、その成長を日々実感しながら育ててきた。E花も不安や不快を感じたときに泣いたり、ぐずったりして母親にサインを送り、それに応答してもらうことや、日々の生活でいろいろな援助をしてもらうこと、そして、楽しい遊びを共有することなどを通して、母親に対する安定した愛着を形成してきたようだ。母親がいれば、自らいろいろなことをやってみたりして主体的に環境に関わっていき、一方でこれまでの経験からはどうしていいかわからない未知のものやことに出会ったときなどは、母親のところに戻り、抱いてもらうなどして不安を軽減し、再び環境に関わっていくようになった。E花にとって母親は環境を探索するための安全基地としての意味をもつように思われた。

お膝で絵本

　その後、生後7〜8か月のころ、どこまでもハイハイをしながら母親の姿を追う時期があった。ハイハイによって自ら移動でき、主体的に母親の姿を確認できるようになると、母親の後追いをする子どもも多い。母親はこういった時期、E花が自分をいつでも確認できるような位置を取り、む

絵本大好き

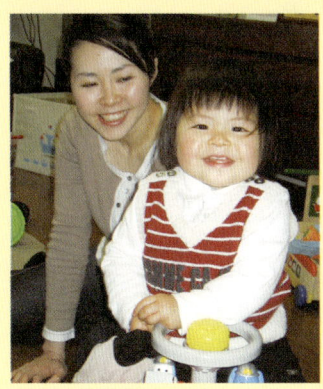
ママと一緒

やみにE花を不安に陥れることのないように配慮した。すると、激しい後追いも緩和され、E花との関わりがよりいっそう、楽しくなってきた。E花は母親に絵本を読んでもらったり、チャイルドカーで遊んだり、公園の砂場で遊ぶのが大好きだ。母親の膝に座り、母親と絵本について話をしたり、絵本に出てくる人や動物の動きをまねっこしてみたりしながら、「ママ、大好き」と思いながら、日々の遊びや生活のなかで楽しい経験を積み重ねている。家庭でのこのような関わりを通して、母親に対して愛情や信頼感の基礎を形成しているようだった。

（事例／写真：筆者）

　生後数年で母親との間に形成されるこういった愛情や信頼感の基礎は「愛着」と呼ばれるが、これが人生最初期の人間関係の原型になると考えられている。安心、安全、信頼などの愛着対象である母親のイメージが、その後、生活環境が広がったときに出会う人に対して適

用され、同様な関係性を構築すると考えられている。こういった意味で、乳児期の愛着形成は非常に重要である。特定の養育者との受容的・応答的な関わりのもとで、愛着と信頼が育まれ、「身近な人と気持ちが通じ合う」（保育所保育指針第2章1より）経験を重ねることによって、人と関わる力の基盤が養われる。

**事例 5-2 父親との関わり**  E花

　E花はパパが好きだ。E花の父親は、朝、E花が寝ているうちに出勤し、帰宅はE花が就寝後になることが多く、ふだん、E花と関わる時間があまりもてない。父親はE花に大変やさしく、E花と関われるときには、「たかい、たかい」をしてくれたり、絵本を読んでくれたり、指人形で遊んでくれたりする。E花にとって、父親との関わりは母親とは異なる楽しさ、異なる意味をもち、大切なものであった。母親はE花と父親の関わりをほほえましく見ていて、そういった関わりの時間をもっと長くもてないものかと思っていた。

　E花の父親は、夜、遅く帰宅しても、母親に「今日は、E花どうだった？」と子どもの様子をたずねたり、子育てに関する母親の話を聞いたり、子どもや母親への配慮を忘れなかった。母親は父親が日常忙しくて、家にはあまりいられなくても「ふたりで子育てをしている実感をもてている」と父親を高く評価していた。

　しかし、母親にはひとつ、悩みがあった。E花が最近、父親が夜遅く帰宅するまで起きて待っていたいとせがむようになったことである。E花は深夜11時過ぎまで起きていることがあり、その時間から父親とお風呂に入ったり、絵本を読んでもらい、寝るのが午前0時近くになることもあった。母親は、E花にとってこのような父親との関わりの時間は非常に貴重であり、たとえ夜遅くなっても、短い時間でも関わってほしいと思う一方で、幼児期には規則正しい生活習慣の形成が必要であり、早寝早起きさせたいとも思い、どうしていいかわからずに葛藤していた。

パパと絵本

　その後、母親は父親と話し合い、翌日、幼稚園が休みで起床時間が遅くてすむ曜日だけは父親を待ってもよいが、それ以外の日は父親に職場から電話を入れてもらい、「おやすみなさい」と言ってもらうようにした。すると、E花は安心して、母親と夜を過ごし、夜9時には寝るようになった。

（事例／写真：筆者）

　近年、家族はますます多様化している。それぞれの家族にはそれぞれの生活パターンがあり、家族の関わりがある。それらを理解し、園生活へ無理なく誘っていく必要がある。

# §2 家庭生活を通してのきょうだいや祖父母との関わり

　近年の少子化、核家族化の影響は子どもの生活にも大きな影響を及ぼしている。厚生労働省の人口動態統計によると女性が一生に生む子どもの数を示す合計特殊出生率は 2016 年では 1.44 で、将来、人口の維持水準である 2.07 を下回っている。また、同年の子どものいる家庭では、ふたりきょうだいの割合は 40％と、一人っ子の 47％より少なくなっている。双方で子どものいる家庭の約 9 割を占め、せいぜいひとりかふたりの子どもを育てる家庭が大半であるということである。合計特殊出生率が 1.57 ショックの平成元年以降、わずかながらに回復したとはいえ、少子化はさらに進んでおり、きょうだいとの関わりを経験する子どもが、年々減ってきているといえる。きょうだいや祖父母との関わりは、子どもにとってどのような意味があるのだろうか。

## 1　きょうだいとの関わり

　きょうだいは親と比較すると、年齢が近く、子どもにとってより身近なモデルとなるといわれている。子どもにとっての親は自分を保護し、育ててくれる存在であり、また、しつけを通して自分に価値やルールを示し、教える権威をもつ存在である。このような親と子どもとの関係は「縦の関係」といわれている。それに比べて園や学校で生活を共にする友達である同輩は「横の関係」であり、きょうだいの関係は多少の年齢差はあるが親よりも近い存在であり「ななめの関係」といわれている。年上のきょうだいは下の子にとって行動を模倣したくなるような身近なモデルであったり、あるときは互いの欲求が対立するライバルであったりする。また、年上の子は年下の子をケアしたり、共感したりする経験を通して思いやりの行動を経験していく。

事例5−3　Ｂ樹とＣ也

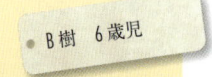

B樹　6歳児

　今年6歳になったB樹は、9歳の兄A斗と1歳8か月になる弟C也との3人きょうだいである。弟とは年齢の差が大きく、一緒に遊ぶというよりは「遊んでやる」といった感覚が強い。むしろ3歳年上の兄といつも遊びたいが、最近、弟がふたりの兄の遊びや生活領域に侵入してきて、一緒に遊びたがるようになった。しかし、年齢差から、兄ふたりのペースにのることはできず、結果的にふたりの兄の遊びの邪魔になることもあった。B樹にとって年の離れた弟との関わりは赤ちゃんをお世話するような感覚があるようであった。B樹は弟と話すときには弟にわかるような言葉でゆっくりと伝え、また、通常より高めの音声で繰り返し短い言葉を発するなど育児語の特徴を帯びていることがあった。母親はそんなB樹の姿をほほえましく見ていた。

　休日に家族で近くの公園に遊びにいったときのことである。「ぼく、C也をカートに乗せてやるよ」と自ら言い、「Cちゃん、ここに乗ってごらん。走るよ。危ないからね、ぼくにつかまってね」と声をかけながら、自分の後ろの席に弟を座らせるB樹の姿が見られた。いつもは、兄と競争したがるB樹であった。これまでは親が「Bちゃん。Cちゃんも乗りたそうだよ」「Cちゃん、乗せてもらったらうれしいだろうね」などと言葉かけをして、それに応える形でC也を乗せることもあったが、その日は自ら弟を自分のカートに乗せていた。自分にしがみつきながらも、刻々と変わるまわりの景色を見ている弟を乗せて、B樹はいつもよりゆっくりとカートを走らせていった。

（事例／写真：筆者）

事例
▼
**5-4** 「少しお休みするよ」

● A斗 9歳児

公園でカートに乗ったり、ボール投げをしたり、ブランコに乗ったりしたあとに、みんなでコンクリートの坂の上で休むことになった。9歳のA斗は「Cちゃん、少しお休みするよ」と声をかけながら、1歳8か月の弟C也を抱いて坂の上に座らせようとしたが、C也には"少し休む"という意味が伝わらないのか、もっと遊びたいのか、「だめ」と言い、もがいて立ち上がろうとした。A斗は「あぶないよ、Cちゃん」「座ってジュース飲むよ」と説得しようとしたが、C也はむずかり、泣き声を上げながら立ち上がろうとした。A斗は困った様子で母親を見ながら、「もう、Cちゃん、だめ。全然、わかんないんだから」と言い、「ママ、なんとかしてよ」と母親の援助を求めた。

母親は、「あらあら、Cちゃんはもっと遊びたいんだ」と言いながらC也を抱き上げ、抱いたまま水筒の水を飲ませ、すぐにC也が乗りたがっていたシーソーのほうへ連れて行った。

(事例／写真：筆者)

このように年の離れたきょうだいは、ときとしてどんな活動をどのようにするかについての欲求や期待、意図や見通しにズレが出てくることがある。そのようなとき、互いの気持ちを認め合いながら、ズレをどのように調整していくのかを学ぶことは大切である。年齢やそれにともなう発達の違い、それぞれの考え方や感じ方が違う者たちが共に遊び、暮らしていくうえで、このような調整は欠かせない。

事例5-3のB樹は、幼い弟の欲求や、兄がどのように関われば弟は喜ぶのかなどのやり方を、親が言葉で伝えることにより、学んだのかもしれない。

事例5-4では、A斗の求めに応じて母親が末っ子のC也に関わることで、弟への関わり方を学んでいくだろう。生活のなかで自然に示される行動モデル、すなわち幼い弟へのからだや言葉での関わり方のモデルを兄たちは少しずつ学んでいくのである。

## 2 祖父母との関わり

祖父母は子どもにとって親とは異なる意味をもつ。養育の責任をもつ親と比べると、孫である子どもを無条件に受け入れ、かわいがることができる。また、親世代に先行する時代を生きてきたことから、異なる知識や価値などを子どもに示すことができる。たとえば、親がよく知らない昔の遊びを知っていて孫に教えてくれたり、昔の体験や知恵を教えてくれたりする。しかし、一方で、親世代との価値観や考え方のズレや対立が生じ、子育てする親を悩

ませることもある。

　B樹の家族は親、祖父母、曾祖母の4世代家族だ。1歳8か月の弟から、90歳の曾祖母まで88歳の年齢差がある。90歳になる曾祖母は、このごろ、耳が遠くなり、大きな声で話さないと聞こえないし、杖をつきながらゆっくりとしか歩けない。B樹たちは母親、祖父母、曾祖母と暮らしながら、それぞれの特徴や「老いること」とはどういうことかをからだや心で理解していくようであった。子どもたちは親や祖父母に対してはわがままをいうこともあったが、曾祖母に対しては「オーマ、これおいしいよ、食べてごらん」ととてもゆっくり、はっきり言葉を伝えていたし、曾祖母の行動を見守り、手助けすることもあった。

曾祖母と折り紙

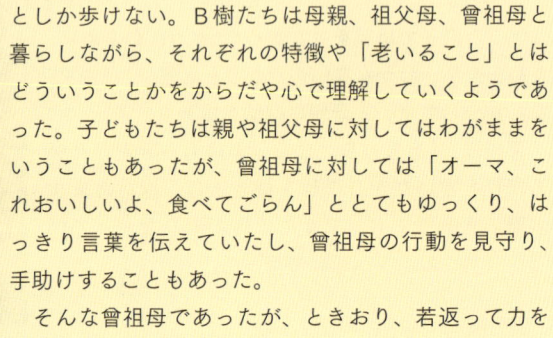

　そんな曾祖母であったが、ときおり、若返って力を発揮することがあった。それは、あやとりや折り紙を子どもたちに教えるときであった。いつもは耳が遠く、同じことを何度でも聞くし、物忘れも激しくなっていたが、折り紙などをしはじめると、からだで覚えているかのように、自然に手が動く曾祖母を子どもたちは「すごい」と尊敬のまなざしで見ていた。子どもたちは、曾祖母の折り方をしっかりと見ながらまねしていろいろな折り紙のやり方を覚えていった。

「おばあちゃんと折り紙、楽しいね」

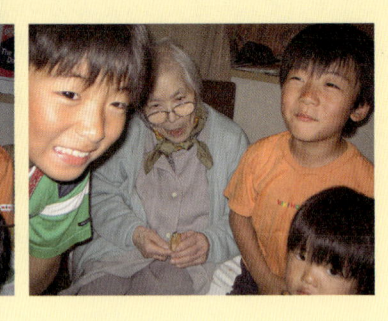

（事例／写真：筆者）

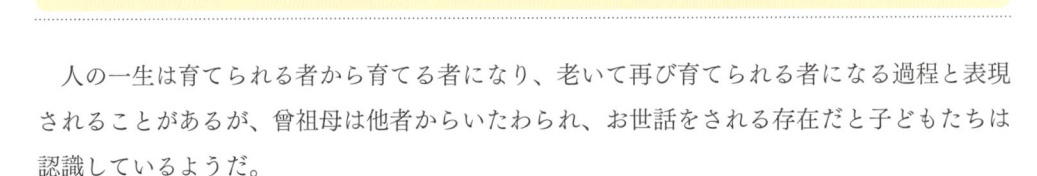

　人の一生は育てられる者から育てる者になり、老いて再び育てられる者になる過程と表現されることがあるが、曾祖母は他者からいたわられ、お世話をされる存在だと子どもたちは認識しているようだ。

　子どもたちは異なる世代の家族とのふれあいを通して、人間の発達的変化をからだと心で学び、それぞれの世代の多様な人との関わり方のひとつの原型を学んでいるのである。

# §3 家庭生活を通しての価値やルールの学び（家庭生活から園生活へ）

## 1 「生活」と「遊び」の捉え方

「食事」「排泄」「睡眠」「着衣」「清潔」などの基本的生活習慣の行動のほか、遊びや学習などを「生活」に含めて考えることもあるが、「生活」と「遊び」や「学び」を区別して考えることもある。区別する場合には、現実からの要請に応じつつ、現実に適応していくために必要性にかられて行う行動のみを生活とするのに対し、遊びはその場の状況や要請から解放され、ほかの目的のためではなく、そのこと自体が目的となる行動、そして、主体的で自由、振りや見立てが行われる行動とされる。このような生活の捉え方の違いは、子どもの発達によって「生活」と「遊び」の意味、あるいはそれらの関係が異なってくるからである。「生活」と「遊び」は子どもが幼いほど渾然一体としており、たとえば、ものを食べているうちに遊び食べになったり、ごっこ遊びをしているうちにその場で必要とされる掃除に変化したりする。幼児期に入ると、両者はある程度意識的に分けて認識されるようになる。朝の挨拶、着替え、飼育当番、片づけなど家庭以外の集団で生活するために必要な行為が日常的に繰り返される行動として要請されるようになる。一方で、その状況の必要性から解放され、自由で主体的に関わり、その行動以外の目的をもたず、虚構の世界をつくることができる遊びの経験を積むにつれて、両者の違いが認識されてくる。

ここでは、遊びと区別した意味での「生活」を取り上げ、そのなかで生まれるさまざまな技能、価値や意味、ルールなどの学びについて考えてみよう。

# 2 生活のなかでマナーやルールを知る

　子どもは生活の仕方を親から実際の生活を通して具体的に示され、社会で生きるための技能や、ルール・価値や意味を学習していく。この過程を社会化という。親は、しつけや子育てという関わりを通して、社会的価値やルール、やり方などを伝達していく社会化の担い手と考えられている。家庭は子どもにとって人との関わりがスタートする場であり、人に対する基本的信頼感や愛着を形成する場であることは先に述べた。子どもたちは自分の好きな人、愛する人から伝達される価値やルールをもっとも学びやすい。子どもたちは自分の欲求や意図を感受してくれ、応答してくれようとする親に対して愛着や信頼感を形成する。そして、その愛着や信頼の対象である人の意図や欲求といった内面に注意や関心を向けるようになり、自らそれを自分のなかへ取り込もうとする。これは、社会的価値やルールの「内化」の過程とよばれる。この過程は、子どもの主体性を生かしながら社会的価値やルールの伝達をしていく最良の方法である。

　知的な発達にともない、子どもは3歳ころからは、愛着の対象である親の行動や周囲の状況の観察を通して、親の目的や行動の計画、感情状態や動機といった目に見えないものに気づくようになる。そして、親の意図に合わせて自分の行動を柔軟に変えていけるようになる。この時期になると、親はしつけという関わりをよりいっそう意識しつつ、具体的な生活を通して、社会の価値やルール、やり方などを伝えていく。

　幼稚園教育要領の保育内容の領域「人間関係」の内容の取り扱いに、新たに規範意識の芽生えを培うことが含まれるようになった。幼稚園教育においては以前から人との関わりを深めながら、いろいろなきまりに気づいていく過程が大切にされてきた。今日の社会において、規範意識の低下の問題が指摘されるなかで、幼稚園教育においては、家庭と連携し、規範意識の芽生えが培われる過程を大切にしながら、長い見通しで培っていきたい。

　次に挙げる事例5-6のE花（1歳7か月）はとにかくよく遊ぶ。いろいろなものや人に興味や好奇心を示し、自ら近づき、自分のもつさまざまな行動パターンで関わっていく。母親や父親はそのようなE花の姿をほほえましく見守り、ときに同じ動きをまねてみたり、別のやり方を示したりなど楽しさやうれしさを共有しながら関わっている。その関わりのなかで意識するしないにせよ、ものの意味を伝えたり、やり方を教えたり、危険なことを知らせたり、そこからからだを遠ざけることにより、危険を回避するやり方をからだで伝えたりしている。すなわち、日常生活の具体的な関わりを通して、価値や意味、ルールなどが世代間で伝達されていくのである。では、具体的に見てみよう。

　おやつの時間になった。父親はE花に「さあ、エプロンつけようね」「洋服が汚れないようにね」と言いながら、食事のときにエプロンをE花につけてやった。食事の度ごとに洋服が汚れないようにエプロンをつけるというルールがからだや言葉で伝えられていく。しだいにE花は食事の時間になると自分から「エプロンつける」というようになった。

　また、食事をある程度したあとに、食べ物で遊ぶような「遊び食べ」の状態になったことがある。それを見た母親は、「Eちゃん、パンをぐちゃぐちゃしない。おなかいっぱいなの？　だったら、もうパンは、ないない！」と食べ物をもてあそんで

「さあ、エプロンつけようね」

いるE花にそれがいけないことであることを伝え、遊びの状況とは異なる毅然とした口調で、空腹が満たされたら食事を終えることを教えた。E花は、神妙な顔で「ないない」と言いながら、パンを食べた。また、「食事はきれいな手で食べる」という習慣を形成するために、食前食後にはかならずE花の手を拭いてやっていた。

「パン、ないない」

E花の手を拭く

（事例／写真：筆者）

　このように、日常、繰り返されるからだとからだ、表情と表情、言葉と言葉などによる関わりを通して、E花は生活のなかに埋め込まれたきまりに気づきその内容、必要性、生活習慣の意味、それを守るやり方、また、それを守ることの心地よさなどの経験を重ねていった。

　1歳7か月のE花はものや人に対して興味や好奇心をもち、自ら積極的に関わっていく。母親が携帯電話で話していると、その傍らで携帯電話のおもちゃを使い、同じようなしぐさで電話をかける振りをする。父親が読んでいる新聞を取って「ぶんぶん」と言いながら、開いた新聞の中へ顔をうずめ、父親が読むようなしぐさをすることもある。

「ぶんぶん（新聞）」

　ある日、E花の家に母親の友人がたずねてきた。母親はその友人に会うのは久しぶりなので、この日を楽しみに待っていた。
E花の母親と友人が昔話に夢中になっているとき、E花がその友人のカバンの中をのぞき、ものを取り出そうとしていた。それに気づいた母親は、すぐに駆けより、「Eちゃん、これはママのお友達のカバンなの」と言いながら、子どもの手に自分の手を添えながらやさしく制止した。しかし、E花は中身が見たいらしく、「だめ！」と言って母親の手を振り払った。この頃、自分の思いをいろいろな行動で表現する力がついてきている。とにかく、カバンの中身にこだわり、取り出したがった。母親は繰り返し、E花の手に自分の手を添えながら、毅然とした態度で、同時にやさしく、カバンからE花の手を引き離し、カバンをタンスの上に置いた。E花は「カバン、カバン」とタンスの上に向けて手を伸ばし、取ってくれといわんばかりに、カバンと母親の顔を交互に見ながら、じだんだを踏んで泣き出した。母親は、「あれは、ないないね、ママのお友達の大事なカバンなの」と再び伝えた。

　そして、欲しいものを取り上げられた理由を理解できずに泣いているE花を抱き上げ、クマのぬいぐるみを見せて気をそらそうとした。E花はクマのぬいぐるみがとても好きだったので、すぐに興味の対象をそれに移し、母親と一緒に遊び始め、機嫌を直したようだった。

「これはママのお友達のカバンなの」

「クマさん、大好き！」

（事例／写真：筆者）

携帯電話のおもちゃや新聞などにE花が触れたときは、親は見守っている。「さわっていいよ」と言葉では言わないかもしれないが、その見守りという行為のなかに肯定や承認の意味が埋め込まれている。E花が他者のものに無断で触れ、中身を出してしまおうとしたときには、すぐにその行為は制止され、なぜ、いけないのかが子どもの発達にふさわしい形で伝えられていた。

　家庭生活における親とのこのような関わりのなかで、人と人とが互いに気持ちよく生活していくためには、守るべきルールがあること、そして、そのルールをどのように守るのか、そして守った結果どうなるのかなどの体験を重ね、道徳性・規範意識の芽生えが培われていく。家庭を越えて園やその他地域での生活が始まるようになると、保育者や同年齢の仲間との関わりを通して、家庭生活を通して学んだ社会的価値やルールへの気づきが、規範意識の芽生え、そして道徳性の芽生えにつながっていく。

「ママ、貸して！」　　　　　　　　　　　　「はい、どうぞ！」」

# §4 園生活と人との関わり

## 1 生活の自立と人との関わり

　幼稚園や保育所は、子どもが家庭から離れ、保育者や大勢の友達と暮らす初めての集団生活の場である。少子化や核家族化、地域でのつながりがもちにくい社会のなかにあって、園生活は、自立心と、人と関わる力を育む貴重な体験の場である。子どもは、登園すると、あいさつを交わし、自分の身のまわりの始末を自分でする。遊びの片づけ、食事の準備や後始末、排泄や手洗いなども、生活に必要な行動である。こうした自立に必要な身のまわりの生活行動は、保育者との信頼関係に支えられ、毎日繰り返すことによって習慣として身についていく。園での生活行動は、子どもが遊びの楽しさを知っていく姿と関連して1日の園生活のリズムを生み出し、保護者や保育者への依存から自立へと向かう姿を捉えることができる。

　園の1日の生活は、家庭や地域の生活と関連しつつ、子どもの発達に応じて多様な形で展開される。子どもは園生活の流れのなかで、周囲の人々と関わりを広げながら自分で行動することや、友達と一緒に生活していることを学んでいく。

---

事例
**▼**
**5-8**　**母親から先生へ—自立を支える信頼と遊び**　　●3歳児クラス　6月

　入園して1か月あまり。母親と手をつなぎ登園するR介。保育者は、保育室の入り口のテラスで子どもたちを迎えている。R介は、テラスの前で、立ち止まり、母親と手をつないだまま、ほかの子どもを迎えている保育者を見る。

　保育者が「Rくん、おはよう」と声をかけ、R介の手をとる。R介は、一瞬、母親にからだを寄せるが、母親が「おはようございます」と会釈をすると、R介も一緒にあいさつをする。R介は保育者のそばで自分で靴を履き替え、保育室の入り口で母親のほうを振り返る。母親は、笑ってR介に手を振り、帰っていく。

　R介は、保育室に入ると、リュックを背負ったまま電車で遊び出す。しばらくして保育者がR介のところにやってきて、電車を動かしながら、「お荷物は次の駅でおろしまーす」と電車のアナウンスのように言う。R介は「これは貨物だよね。引越しのときの荷物。荷物運ぶ電車あるよね」と保育者に言う。「うん、貨物だよね。Rくんのお荷物運びまーす」と保育者。R介は小走りに自分のロッカーに行き、リュックと帽子をかけ、すぐ電車のところに戻って再び遊び始める。

（事例／写真：学大小金井）

登園直後のＲ介は、母親への依存の気持ちが強いが、保育者に声をかけられ、手を差し伸べられると、母親から保育者へと自然に関係を移している。母親も保育者を信頼して、Ｒ介を引き渡している。子どもと母親との関係が安定し、母親と保育者の信頼が築かれると、子どもは安心して、自ら生活に必要な行動をするようになる。

　Ｒ介はリュックや帽子を身につけたままで遊び出すが、これは自分の興味のあるものを見つけて、主体的に動き出すようになった姿である。したがって、保育者は、身のまわりの始末をさせることだけを焦らずに、子どもが楽しみながら生活を進めていけるように、遊びの流れのなかで巧みに生活行動を促している。生活と遊びはつながっている。子どもの興味を捉えた遊びのイメージを想起させる保育者の言葉かけによって、生活の仕方を知り、自分で行動するようになる。また、毎日繰り返すことによって、しだいに習慣としてその身体に刻まれていくようになる。保育者とのゆるやかな絆が、子どもの生活の自立を支える。自立を支えるには、保育者が、ていねいに繰り返し援助していくことが必要である。

リュックを背負ったまま遊ぶ

　砂場で遊んでいるＨ斗に、Ｙ介が「片づけだよ」と声をかける。「ちょっと、これやってから」とＨ斗はトンネルをくずし、さらに砂の山を足でトントンとくずし、「よしっ、OK！」と独り言のように言う。走って水道のところへ行き、他児と一緒に遊具を洗う。

　保育者が砂場にかけるシートをもってくると、Ｙ介とＲ香が一緒にもつ。3人で砂場にシートをだいたいかけると、保育者は「じゃ、あとお願いします、先生はワゴンを片づけてくる」と去る。Ｙ介とＲ香が砂場の角にシートの角を結びつける。「できた！」とＲ香。それから、「Ｙくん、できた？」とＹ介に声をかける。

　保育者がワゴンにシートをかけているとＨ斗が来て一緒にシートをもつ。Ｈ斗は保育者と一緒に、シートをジャンボクリップでワゴンに留める。

保育者を手伝う

一緒にシートを片づけて、終了

（事例／写真：学大小金井）

4歳児では、毎日繰り返すことによって、自分たちの使ったものは自分たちで片づけることが定着してきている。使った道具を洗ってワゴンに片づけるだけでなく、砂場やワゴンにシートをかけ、ワゴンを所定の位置に戻すまでが片づけることだと、子どもは保育者の行為を通して知っていく。片づけは、次の遊びの準備でもある。

　大きなシートはひとりでは扱えないことから、友達と一緒に行動することが必要になる。また、みんなの役に立つこと、少し難しく適度な困難がともなうことなどから、子どものやる気を誘い、役に立つ喜びや、やりとげた満足感をもつことができる。

　このように園生活のなかで、友達と力を合わせることが楽しくなってくると、シートや大型遊具を友達と一緒に片づけたり、たくさんの積み木の形を合わせながら数人で一緒に収納したりすることに喜びを見いだすようになる。子どもにとっては、片づけもまた遊びなのである。またさらに、片づけたあと、みんなで食事をする場を整えたりすることから、片づけは自分たちの生活にとって必要なことだということも理解するようになる。みんなで生活する場を自分たちで整え、気持ちよく暮らそうとする気持ちも生まれ、クラス集団としてのつながりが芽生える。

　片づけを通して、人とつながったり関わりが広がったりし、こうした関係が築かれることによって、子どもの片づけに取り組む姿も変容する。

事例
▼
5-10　花をもらって生ける

● 4歳児クラス 9月

園児の遊ぶ庭で花の世話をする保護者

私たちのお家

　園庭で、保護者が夏を楽しませてくれた花々の植え替え作業をしている。庭いっぱいに増えたセージを刈り込んでいると、色水をしていた子どもたちが、「青い花、ちょうだい」と取りに来る。

　保育者が、刈り取った花を摘んで花束をつくりはじめる。子どもたちも同じように摘んで、花束にしたり、ペットボトルに挿して飾ったり、ままごとに使ったりする。

　保護者のひとりが、「玄関に飾ってね」と刈り取ったサルビアをN子に渡す。N子は、抱えきれないほどの花を、H香と分けて持ち、幼稚園の玄関に行き、「○○さーん」と用務員さんの名を呼ぶ。用務員さんは、花瓶を持ってきて、N子、H香と一緒に花を生け、玄関に飾る。用務員さんに「お客さまが喜ぶね」と言われ、N子とH香は満足そうに顔を見合わせる。

（事例／写真：学大小金井）

園生活は、子どもと保育者だけでなく、職員や保護者、地域の方も一緒に営まれる。この事例の園では、学生や大学教員も同様に子どもの生活に深く関わる人である。

事例では、子どもは、季節ごとに花の世話をしてくださる保護者の姿を身近に感じながら、関わりをもち、自分たちの遊びや生活に取り入れている。子どもの喜ぶ姿や、保育者が子どもの遊びや暮らしに彩りを添える援助をしている

「お花どうぞ」

姿は、保護者に伝わり、保護者の子どもへの関わりも穏やかに変化する。用務員と玄関に花を飾り、お客さまに思いをはせる姿は、人間関係の広がりを感じさせる。

この園では、地域の方が田んぼや池の世話をしてくださったり、樹木の剪定に来てくださったりする。大学生が園庭にツリーハウスを建てたり、遊具を作ってくれたりすることもある。子どもと共に生活をつくる人たちによって生き生きとした関係が生まれ広がっていく。子どもは、園生活のなかで多くの人に出会い、関わりを広げながら生きる世界を広げていく。

「用務員さん、玄関に飾ってね」

事例
▼
## 5-11　自分たちで動物当番をする

● 5歳児クラス　9月

　今日の動物当番は、ほし組4グループ　R夫、K吾、U子、F代。朝早く登園し、家からもってきた野菜やご飯を入れた容器を手に、走って動物小屋に集まる。
　R夫は、動物小屋のとなりの「ほたる池」の看板を見ながら、K吾と池をのぞいている。U子とF代はすでに長靴に履き替え、合鴨とチャボを追って小屋の外に出す。U子が「R夫くんたち、（当番）始めるよ」と声をかける。F代は黙々と合鴨の部屋の水場をブラシで流している。U子はチャボの部屋の糞をかき集める。K吾は、合鴨の餌入れを洗う。R

夫は、まだ外でチャボの格好をまねて追いかけている。

餌を分け入れるときに、Ｒ夫は戻ってきて、チャボの部屋の貼り紙を読み、「きっちゃん（チャボの名前）に野菜を入れてあげなきゃだぞ」と他児に伝える。

そばにいた実習生が、たびたび「次は何するの？」と問いかけるが、子どもたちはときどき、手順を書いたポスターを見ながら、自分たちのペースで仕事を進めている。

Ｒ夫が残飯を入れたバケツを指さし、「これ（コンポストに）捨てて来て」とＫ吾に言う。Ｋ吾は「これ、苦手」と顔をしかめる。Ｒ夫は「しょうがないな」とつぶやき、自分が残飯を捨てにいく。Ｋ吾と実習生がそのあとについていく。「ちょっと（コンポストのフタを）開けて」とＲ夫がＫ吾に言うと、Ｋ吾は鼻をつまんで実習生に助けてもらってフタを開ける。その間、Ｕ子とＦ代は、ふたりで動物小屋の掃き掃除をしている。

仕事が終わると、合鴨とチャボを小屋に入れ、４人は「食べてる、食べてる」「ほら、野菜がでてきただろ」などと話しながら見ている。「忘れ物ない？」と実習生に促され、長靴を履き替え、容器をもって外に出る。４人で鍵を閉めたことを確認して動物当番を終了する。

餌入れを洗う

「水、入れるよ」

「仕方ない」

「コンポスト開けて」

鍵を閉めて終了

（事例／写真：学大小金井）

5歳児になり、学年全体で順番に動物当番をしている。この4人は、前日に当番であることを確認せずに帰宅し、担任が電話で伝えたということで、当番としての意識が高いとはいえない。

　そのため、実習生はたびたび世話の手順や方法を確認して、意識を高めようとしている。しかし、子どもたちはゆったりと自分たちのペースで楽しみながら仕事を進めている。子どもの仕事は、大人の考える仕事とは意識が異なっているようだ。

　U子が「始めるよ」と声をかける姿や、R夫が「野菜をあげなきゃだぞ」「捨ててきて」「ちょっと開けて」などの言動は相手を意識し、一緒にやろうとしていることがわかる。コンポストが苦手というK吾にR夫が「しょうがないな」と言いながら、自分がその役割を引き受けるという関係があり、相手のことがよくわかっている。手順や役割をみんなで確認し合って進めているわけではないが、相手の動きをそのままに受け止め、自然に自分の役割をとっていて、からだが協同し、柔らかな関係が築かれている。目的を共有し、それぞれに役割をもちながら一緒にしようとする協同性が育まれている。

　また、以前の当番が書き置いた手順を書いたポスターを見て進めようとしており、学年のみんなで当番活動をしているという年長としてのつながりと自覚を捉えることができる。

## 2 自分たちで生活をつくる —道徳性・規範意識の芽生え

　大勢の友達が一緒に生活する園は、楽しいことばかりではない。子どもは、集団生活のなかで自分の思いどおりにいかないことや、相手の思いに気づく体験をし、自分たちで生活をつくっていくようになる。

　思いどおりにいかないことも多いが、それでも園が楽しいのは、友達がいて保育者がいて、やってみたいこと、おもしろいことがあるからだ。ときにはぶつかり合い、いざこざや葛藤も経験するが、これは他者との関わり方を学ぶ貴重な経験となり、友達と一緒に楽しく暮らすにはどうしたらよいかという遊びや生活に必要なきまりを考え、自分たちで生活をつくっていくようになる。

　7章でも述べているように、遊びや生活のなかで、子ども同士の気持ちのぶつかり合いやうまくいかないといった場面を捉えて、適切な援助を行うことが、子どもの道徳性・規範意識の芽生えを育んでいく。

　A吾は、ダンボールでつくった「山手線」（緑色）の運転手になって、電車を走らせている。途中、戦いごっこをしていたH哉が電車に乗ってくる。つづいて、R樹が乗ろうとする。R樹は、電車のダンボールの後ろを強く引っ張って「とまれー」と言う。A吾は、「ここは駅じゃない」とダンボールを強く引き返す。ふたりはダンボールの電車を引き合ってもめる。A吾が強引に引っ張り、電車を駅まで移動させる。R樹は、「A吾が乗せてくれない」と言いながら戦いごっこをしている他児のところにいく。

　駅に着くと、H哉が電車を降り、待っていたJ斗とG介が乗ってくる。G介は、車掌になったつもりで「しゅぱーつ」手を上げて合図する。戦いごっこのそばを通ったとき、R樹が「A吾、乗せてくれない」と言うと、A吾は困った顔でうつむく。女児たちが「駅で乗ればいいんだよ」と意見を言う。

　H哉は、もうひとつの「中央線」（オレンジ色）に乗り、そばにいたN也に「中央特快、国分寺駅で止まります。駅で待っててくださーい」と言い、ひと回りして駅に着くと、N也を乗せて出発する。

（事例／写真：学大小金井）

　電車ごっこをしているA吾たちには、「駅で電車を待って乗る」という、生活のなかのきまりが遊びにもち込まれている。しかし、ほかの遊びをしていたR樹とH哉には共有されていない。そのため、途中で電車を引っ張り合って、それぞれの言い分を主張している。

　R樹とA吾の遊び方が異なりもめると、他児が意見を言う。このような子ども同士の関わりを通して、R樹は、遊びのルールを理解して参加することを学ぶであろう。また、A吾は、自分の考えを伝えるにはどうしたらよいか、主張の仕方を学ぶであろう。H哉は、A吾の言葉や他児の遊んでいる姿から、「駅で待つ」という遊びのルールを理解し、共有して遊ぶようになっている。

大勢の子どもが一緒にいると、ものや場所の取り合いや順番をめぐるトラブルがしばしば起こる。遊び方の違いからいざこざになることもある。こうした場面を通して、相手に自分の思いを表すことが必要なことや、相手の思いを聞くことを経験し、互いに楽しく遊ぶためのルールを学ぶ。互いに快く生活していくために、相手との距離の取り方をからだで知っていく。いざこざは子どもの活動を妨げるものではなく、共に過ごすために必要なルールであることを知り、折り合いを学ぶ機会となる。これらの体験を通して順番や約束など、きまりを守ると友達と楽しく過ごせることに気づき、それを守ろうとして行動するなかで、道徳性・規範意識の芽生えを培っていくことが大切である。

## 事例 5-13 運動会に向けて、係りで相談する

● 5歳児クラス 9月

5歳児8名が、職員室にいる筆者（以下、保育者）のところにやってきて、「運動会の準備をしているんですが、ふーよん組（未就園児）は何をするんですか」とたずねる。未就園児の種目の司会を担当しているグループだ。保育者も未就園児種目の担当である。「ちょうどよかった。今、準備中。一緒にお願いします」と、演技図を書きながら説明し、協力、相談を依頼した。

「お母さんと一緒に走るんだよね」「ぼくたちのときは、お面だった」など、これまでの経験を思い出して、未就園児の演技の概要（母親と一緒に走って、動物のついたベルトをもらって帰る）を理解したようだ。

保育者が「何という種目名にすればよいか」たずねると、子どもたちは「よーいどん、じゃ何するかわかんないよ」「大きい声でいうと、びっくりして泣き出すかもしれないよ。小さい子だから」「動物がいて、好きなところに行っていいよって説明してから走ると泣かないと思うけど」「動物さんが待ってるよっていうのはどう？」「何の動物がいるかわからないと困るんじゃない？」「（動物ベルトを）全部ほしくなって全部とっちゃうかもしれない」「じゃ、お姉さん先生が、ひとつずつ渡すっていうのがいいよ」など、次々と意見を言い合う。

演技図に係りの人の名前を書いておこう

「まず、名前を考えてほしい」と保育者が言うと、R吾「つづけるっていうのはどう？ "よーいどん、動物さんがまっているよ" がいい」、U香「長すぎる」、S代「言ってみればいいじゃない」、K美「先生聞いてて」、保育者「いいよ、言ってみて」、U夫「大きい声で言わなきゃ聞こえないよ」、K美「先生、あっち行って聞いてて」、G子「みんな立って、立って。そろえてね」などとやりとりして、みんなで「よーいどん、動物さんがまっているよ」と声を合わせて

9月になると、戸外でからだを動かすことが心地よく感じられる。この季節に多くの園では、運動会が計画される。行事はあらかじめ決まっていることではあるが、取り組みの過程を重視し、子どもの実態に沿い、その発達を支える内容とすることが重要である。季節や生活に彩を添える行事の場面を生かし、子どもの発達を支えていく機会としたい。

子どもにとって、運動会はからだを動かす喜びや、みんなで一緒に活動する楽しさを知る機会となる。とくに5歳児にとっては、目的に向かって、自分たちで計画し、つくっていく大切な体験の場でもある。

事例の子どもたちは、運動会を自分たちのこととして受け止め、目的に向かって、役割を意識して取り組んでいる。クラスだけでなく、学年で分担し、ほかの保育者とも関わりながらつくっている。未就園児担当の保育者のところだけでなく、3歳児クラス、4歳児クラスの保育者のところにも同様に相談に行っている。

数人で活発に話し合うことができるようになり、自分の意見を言ったり、相手の話を聞いて自分の意見を述べたりするようになっている。異なった意見や異なった視点での意見も聞き、取り入れて、新しい方向を見いだすような話し合いが可能となっている。話し合いを通して、子どもは相手に自分の考えを伝えるだけでなく、相手の考えを聞くことが必要なことを学ぶ。異なった意見に耳を傾け、あらたな方向を見いだして進めていこうとする関係を学ぶ。

また、以前に経験したことを想起し、次はどうしたらよいか、見通しをもち、それを伝え合って行動しようとしている。保育者は、話し合いの調整役をした

声を合わせて、司会の言葉を練習中！

り、伝え合いが可能となる環境を一緒につくったりして援助している。子どもの相談に参加したり、伝え合いの場を一緒につくっていくことが、子ども同士の関係づくりを支える。

相談する

*Column*

## 生活を通した価値やルールの学び

　平成 28 年中央教育審議会答申においては、"よりよい学校教育を通じてよりよい社会を創る"という目標を学校と社会とが共有し、連携・協同しながら、新しい時代に求められる資質・能力を子どもたちに育む「社会に開かれた教育課程」の実現を目指すことが求められた。

　これからの幼児教育の専門家には、これまでに培われた専門性を発揮し、家庭や地域に開かれた園経営とカリキュラムマネジメントを通して、家庭や地域社会の子育て力・教育力の再生・向上を支援する役割が求められている。子どもは家庭・社会や園での身近な人々との具体的な生活を通して、人と関わる楽しさ、葛藤、それを解決する心地よさなどの心情を経験し、自立心、協同性、道徳性・規範意識の芽生え、社会生活と関わる力などを身につけていく。

───✦─── この章で学んだこと ───✦───

●家庭で養育者からの温かく応答的な関わりを通して、安心感、安全感、愛情などを感じ、人に
　対する基本的信頼感を形成し、それが、生涯続く人との関わる力の基礎となること。

●子どもは、守られていた家庭という状況から、徐々に園や地域に生活の場を広げ、友達や保育
　者などの大人と関わるなかで、楽しさ、うれしさ、いらだち、葛藤などを経験しながら自立の
　道を歩み始めること。

●自己発揮と他者との協働を実現するために、子どもはその間で揺れ動く。その経験が子どもの
　確かな自己形成と他者の調和を実現させるのであり、それらを生み出すのは、保育者の役割で
　あること。

───✦・✦・✦・✦・✦・✦・✦・✦・✦───

# 第 6 章

# 個 と 集 団 の 育 ち

———— この 章 で 学 ぶ こ と ————

この章では、初めての集団生活のなかで、子どもが保育者や友達との関係を築き、
関わりながら成長していく姿とその援助について考える。
ひとりの子どもの成長は、その子どもの属する集団を背景としている。
一人一人が集団のなかで安定し、子ども同士の関係を広げ、集団で活動する楽しさを知るなかで、
個が育ち、集団が育つ。子どもが自己を発揮する姿は他者との関係性のうえに成り立っている。
こうした幼児期の関係性の育ちは、小学校以降の学習の基盤となるものである。

# §1 一人一人を理解する

## 1 安定の拠り所としての保育者

　一人一人を理解することは、保育の基本である。実際の保育では、大勢の子どもが同時に活動しており、保育はつねに、集団を視野に入れて行われる。保育者は一人一人に対応しつつ全体を見る。数人を同時に相手にしつつ個を捉えようとする。

　全体に目を配りつつ、一人一人と関わることによって信頼が築かれる。

**事例 6-1　先生に受け止められて**

> 3歳児クラス　4月

　R子が砂場の前に立っている。砂場では、5～6人が電車のおもちゃを走らせていたり、シャベルや容器を手にして遊んでいる。砂場のすぐ横のテーブルでは、保育者が子どもたちの差し出す砂のごちそうを食べている。

　砂場のなかではA美が型抜きをしている。「でっきたあー！」とA美。保育者は「できたね」と言いながら、A美のそばに行く。「先生もやってみよう」と皿の上で型抜きをする。「でっきたー」と保育者。

　R子が足元にあるカップを取って、砂場のなかにいる保育者のそばに行く。保育者は「Rちゃんもやってみる？」と声をかける。R子はうなずき、カップに砂を詰め始める。その間に保育者はほかの子どもに呼ばれ、砂場を離れる。カップに砂を詰めるとR子は立ち上がってまわりを見回す。保育者を探しているのだろう。R子はしゃがんで砂の上に型抜きをするがうまくいかない。もう一度、カップに砂を詰めているR子のところに保育者が戻ってくる。

　R子は、カップに詰めた砂を、皿の上に開ける。今度はうまくいった。「できたー！」と保育者。R子はホッとため息をつく。保育者は、R子から皿を受け取り、「あー、おいしい」と食べるまねをする。「おいしいねえ、プリン味だ。Rちゃんも食べる？」とR子に

食べさせるまねをする。R子は保育者の差し出すプリンを食べる振りをする。R子の表情がしだいに和らいでいる。

テラスでは、鳥かごの小鳥を、数人の子どもと学生が囲んでいる。鳥かごのそばには、ハコベが摘んでおいてあり、子どもが小鳥に食べさせている。「ぴーちゃん、こっち」「あっ食べた！」と積極的に餌をやる子、その様子をニコニコして見ている子もいる。

M子は緊張した面もちで立っている。保育者は、M子の傍らにしゃがみ、「食べてるね」と言いM子と一緒に小鳥を見る。

M子「小鳥さん、葉っぱ食べてる」
保育者「葉っぱ食べてるね」
保育者はハコベをもって小鳥に差し出す。M子の表情がやわらぎ、保育者と一緒にハコベをもって小鳥に差し出す。

（事例／写真：学大小金井）

入園当初、園という集団のなかで、自分の安心できるものや場を見つけ遊び始めようとする子どもの姿である。

砂場では、A美のようにすぐに気に入った遊具を見つけ、自分のしたいことを始める子どもがいる。保育者は、そっと見守ったり、うれしい気持ちに共感したりしている。砂は子どもが感触を楽しみながら繰り返し関わることのできる素材であり、子どもの行動を引き出している。また、家庭で使っているものと同じような親しみのある遊具を十分な数だけ用意し、テーブルやイスがあり、そこに保育者がいる。もの、場所、人が関連して遊びの状況が生まれ、子どもは安心して動き出す。これらは集団のなかで個の安定を図る重要な環境である。

保育者は、A美に関わりつつ、同時に砂場の外側にいるR子のまなざしを捉えている。A美の「でっきたー」の喜びに、「でっきたー」と応じる保育者は、A美に応えていると同時にR子の視線を意識していて、これがR子が砂場で遊び始める状況を生み出している。R子が砂場の中に入り、保育者のそばに行くと、「やってみる？」と声をかけ、自ら動き始めたR子を支える援助をしている。型抜きがうまくいき、ほっとため息をつくR子の姿からはまだ緊張がうかがえるが、保育者に受け止められた安堵感が漂っている。

小鳥の事例において、保育者は、全身で緊張を表しているM子に対して、そっと傍らに寄り添い、一緒に小鳥を見るという援助をしている。小鳥を媒介として、M子と同じ場でときを過ごし、つぶやきを受け止めることによって、M子はしだいに友達のなかで安定して過ごせるようになっていく。

# 2 ひとりの子どもにじっくりと関わる

　保育では、つねに集団全体の把握は欠かせない。集団を見ながら個々の子どもに対応することが求められる。保育者には、特定の子どもに関わっていると集団への対応ができない、あるいは集団を動かそうとすると個への対応ができないといった悩みがつきまとう。

　実際、集団の全体がある程度落ち着きを見せないとひとりの子どもにじっくりと関わることはできない。保育者は雑多な状況に身を置きつつ、必要なとき、可能なときを見極めて、ひとりの子どもと腰を据えて関わることが求められる。

---

**事例 ▼ 6-2　先生の手はぼくの手**

● 4歳児クラス　5月

　5月になってもS男は、保育室の一隅から動かない。担任保育者は、S男が気になりながら、ほかに保育者を求めてくる子どもたちの対応に追われ、この日やっとS男に関わることができた。

　保育者は、S男と同じように柱にもたれて座る。S男の視線の先に目をやると、中庭の砂場で遊んでいる子どもたちが見える。保育者は、S男のいるこの位置からは、庭や保育室がとてもよく見渡せることに気づいた。S男と一緒にここにいると、S男の見ている世界を、保育者も見ることができる。

S男の見ている世界

　S男はときどき、「山の手線は……、中央線は……」とつぶやく。駅名やアナウンスや自分の乗ったことのある電車のことを小声でぶつぶつと言っている。保育者は足元にあった電車を動かして遊ぶ。S男が保育者を見ている。保育者はS男にそっと電車を手渡す。S男は電車を受け取り、自分の手の上で動かして遊び始める。保育者はしばらく、S男のそばに身を置きつつ周囲の遊びを見ながら過ごした。

S男のそばで、電車で遊ぶ子どもたち

　それ以来、S男は、自分の欲しいものがあると、保育者がそばを通りかかったときに保育者の腕を引っ張るようになった。S男にとっては、「先生の手は、ぼくの手」なのだろう。水道の蛇口をひねるときも、落ちた紙を拾うときも保育者の手を引っ張って、「やって」というしぐさをする。保育者は困ったが、S男の動き出すきっかけになればと思い、しばらくは手を貸すことにした。

（事例／写真：学大小金井）

子どもと同じ位置、同じ姿勢をとることで、子どもの見ているものを見ることができる。その子の心に近づくことができ、援助の方向が見えてくることがある。

　集団がある程度落ち着けば、保育者は個に関わることができ、個が安定していれば、全体の状況が把握しやすくなる。

## 3　異なる思い、重なる思いを受け止める

　子どもが集団のなかでしだいに安定して過ごせるようになると、自分の思いをさまざまに表すようになり、ぶつかり合うことも多くなる。それぞれの思いがぶつかり合うことによって子どもは他者の存在を意識するようになり、友達と一緒に楽しく遊ぶにはどうすればよいのか、相手との関わり方をからだを通して知っていく。

### 事例 6-3　「どいて！」「もう1回やって」

● 3歳児クラス　6月

　広告紙を丸めてつくった棒に紙テープをつけた自分のお気に入りの剣やステッキを風になびかせて、数人の子どもが庭中をかけて遊んでいる。

　「怪獣やっつけるんだ」「蝶々が飛んでる」「わー、風、風、風さーん」など、それぞれに自分の剣やステッキを持っていることもうれしいようだ。

　E男とT也は追いかけ合いながら、ビールケースをつないでつくった橋を渡っていく。橋の反対側から、M男がやってくる。T也が「どいて、行くの！」と言う。M男も「どいて！」と、ふたりは橋の上に向き合って立つ。すると、ふたりの真ん中にH美が上がってきて、「戦うんだ！　エイ」とステッキを構える。T也が「どけ！」と大声を上げ、H美とM男に攻め寄る。

橋の上で思いは三者三様

同じステッキを持ち、「戦う」気分

　様子を見ていた保育者は「おっと危ない！」とビールケースの橋の上の3人を抱き止める。「T也くん渡れないねえ。M男くんも渡れないねえ。H美ちゃんは戦いにきたんだ？」と言い、それぞれの気持ちを受け止めて声をかける。保育者は3人を抱きかかえたままで、「落っこちたらワニに食べられちゃうよ」と言い、3人のからだをくっつき合わせ、橋の端っこに寄せて、T也を渡らせる。そのあとをM男、E男、H美が続く。H美が「もう1回やって」と言う。保育者は橋の上で4人を支えくっつき合わせ、4人はその脇を通って橋を渡ることをしばらく楽しんだ。

（事例／写真：学大小金井）

事例6-3では、初めは紙で作った剣やステッキを持ち、自分なりの動きを楽しんでいるが、しだいに相手を追いかけたり、戦いごっこをしたりして、相手との関わりを楽しむようになっている。

たまたま橋の上で鉢合わせとなり、互いに譲らないT也とM男。加えて、戦いごっこのイメージでふたりに関わるH美。思いは三者三様で異なる。

同じステッキを持ち、「戦う」気分

保育者はそれぞれの思いを主張させることが重要と考えて、「T也くんは……、Mくんは……、H美ちゃんは……」と一人一人の思いをそのままに受け止め、言葉にして、相手の思いを知らせている。しかしすぐに相手への理解を求めようとはしていない。危険を回避するために3人をくっつけ合って順番に橋を渡れるように子どものからだに手を添えて援助している。

3歳児においては、自分の思いを主張する姿を理解してもらえれば、気分転換は早い。ぶつかり合いを通して異なる思いの相手の存在に気づかせ、楽しい関わりへと方向づけている。3人をくっつけ合うように抱き止め、順に端を通れるようにからだで支える援助は、保育者への信頼と友達への親しみを生む。幼児期にからだで相手を知っていく体験は、信頼や折り合いを学ぶうえで重要である。

## かすかな心もちに触れることのできる人

　幼い子どもは、まだ自分の気持ちを表す十分な言葉をもたない。保育者は、子どもの表情や視線や行動から、その子どもの心を察し、心をつなぐ人である。子どもの心を理解しようとする大人のみ、その子どもの心に触れることができる。保育者は、子どもの心に触れているだろうか。「先生」と呼ばれる自分について、考えさせられる。

　「子どもの心もちは、極めてかすかに、極めて短い。濃い心もち、久しい心もちは、誰でも見落とさない。かすかにして短き心もちを見落とさない人だけが、子どもと倶にいる人である。

　心もちは心もちである。その原因、理由とは別のことである。ましてや、その結果とは切り離されることである。多くの人が、原因や理由をたずねて、子どもの今の心もちを共感してくれない。結果がどうなるかを問うて、今の、此の、心もちを諒察してくれない。殊に先生という人がそうだ。」

　（倉橋惣三『育ての心』より）[1]

# §2 個と集団の関係

## 1 子どもの視線と位置から

　子どもは自分の属する集団に対してどのような思いをもっているのだろうか。子どもの目線や行動、友達との関わり、遊びの場所やものとの関わりから、一人一人の子どものもつ集団への思いを読み取ることができる。

　子どもの「見る」という行為は、子どもが遊びの集団に注目し、その集団に自分で参加することにつながる。集団への参加を動機づけ、子ども同士の集団が育まれる。

　子どもがどこで遊んでいるか、どこに自分の位置をとっているかなど、集団のなかでの一人一人の位置からは、一人一人の集団への思いが読み取れる。

---

事例
▼
**6-4　見つめる**

● 4歳児クラス　5月

　連休明け、今年入園した2年保育4歳児の保育室。それぞれが自分の好きな場所で遊んでいる。製作コーナーには5～6人の子どもと保育者。自分の描いた絵を保育者に見せ、話を聞いてもらったり、牛乳パックのシュリケン作りを手伝ってもらったりしている。

　ままごとコーナーでは、エプロンを身につけて4人の子どもがままごとをしている。絵本を手にとって見ている子どももいる。積み木を並べて電車や飛行機を作っている子どももいる。そのほか、ジグソーパズルやブロック、電車などの遊具で遊んでいる子どもたちがいる。

　T美は、部屋の中央に立っている。T美は、製作コーナーにいる保育者を見ているようだ。しばらくすると、T美は保育者のそばに行き、絵を描き始める。

　Y男は、ブロックのかごの前で、ほほに手を当てて、遠くを見ている。今まで一緒にブロックで遊んでいた

部屋の真ん中に立っている T美

T美の見ている世界

友達が、この日は外に行ってしまったのだ。ブロックでひとりで遊んでもつまらない。かといって、友達と外で遊ぶ気持ちにもなれないといった様子である。ピクチャーパズルの机では、P介が手を止めて周囲を見ている。電車ごっこの遊びが気になっているようだ。

（事例／写真：学大小金井）

---

ブロックの前のY男

パズルの前のP介

　事例6-4は、入園して3週間ほど経った連休明けの4歳児の保育室の様子である。子どもが周囲を「見つめる」姿があちこちに見られた。T美は、保育室の中央から、製作コーナーを見つめている。やがて製作コーナーの保育者のところへ行って遊び始める。Y男は今までやっていたブロックの場所から外の友達を見つめている。パズルをしていたP介は、その手を止め、電車ごっこの遊びを見つめている。集団のなかで安定できる場を求めて、自分の行動を自分で選択しようとしていて、集団への参加の動機が生成されている。

3歳児クラス　5月

事例
▼
6-5　製作コーナーから園庭へ

　製作コーナーでは、保育者と8人ほどの子どもが机を囲んで、蝶々を作っている。机の上には、広告紙を丸めて作った棒と蝶々の形に切った色画用紙、セロハンテープが用意してあり、子どもは色画用紙の蝶々に、思い思いにシールを貼ったり、クレヨンで模様を描いたり、保育者に手伝ってもらってセロハンテープで棒の先につけたりしている。

制作コーナーで蝶々を作る

　K男は、自分の作った蝶々をもってひらひらと飛ばし、そばにいた保育者の肩や頭に留めて遊ぶ。保育者がつかまえようとするとさっと逃げ、喜んで飛んでいく。

　製作コーナーにいた保育者は、頃合いを見て、ステッキにつけた蝶々を持って外にいく。保育者が走り出すと子どもたちがそれを追うように走っていく。保育者は、チューリップのところで、「蜜を吸ってるの」と蝶々を留める。「おいしいね」「私も」と子どもたち。互いの頭に留めたり、追いかけ合ったりして、友達と関わり合って遊ぶことを楽しむようになっていく。

保育者の頭に留めたり、飛ばしたり

（事例／写真：学大小金井）

事例6-5では、保育者のいる場所に8人ほどの子どもがいる。同じ場所にいるが、子どもは思い思いに作っていて、保育者の対応も個別である。戸外に出ると、同じものを持っていることで友達との関わりが生まれる。K男は、保育者に関わってもらう喜びから、自分の動きを出しながら遊ぶ楽しさを感じるようになり、しだいに友達と同じものを持って同じ場で同じ動きを楽しむようになっている。ものや場を共有することで集団で遊ぶ楽しさを感じるようになっていく。

## 2 友達関係の変容から

ひとりの子どもに視点を当てて記録をとることによって、個と集団の関係の変容を読み取ることができる（事例6-6）。また、遊び集団への仲間入りの記録から、仲間意識の変容について考えてみたい（事例6-7）。

---

**事例 6-6 安心できる友達から、目的を共有するグループの友達へ**　　● 4、5歳児クラス

〈4歳児　5月〉
　R男は、登園すると所持品の始末をし、外にいる保育者に「U太くんは？」と聞く。保育者は「U太くん、来てるよ。部屋にいるんじゃない？」とR男と一緒に窓に顔をくっつけて部屋の中をのぞく。「いた、いた、何か作ってるぞ」と保育者。R男は、「ぼくも作る」と製作コーナーに走っていく。
　R男はU太と同じように、画用紙を太く丸めて剣を作る。ふたりはそれを背中に挟むと、走って庭に出る。すべり台をすべり降り、鉄棒のところで、こそこそと笑顔で耳打ちしている。「あっち（裏庭）行こう。探検」と言いながら顔を見合わせて裏庭に行く。

〈4歳児　6月〉
　R男はこのところひとりで遊ぶか、友達の遊びを少し離れたところから見ているということが多い。今まではU太とふたりでいることが多かったのだが、U太がほかの友達M夫たちと虫採りの仲間に入ると、R男はそのなかには入っていこうとしない。保育者がU太と遊びたいというR男の気持ちを察して、R男を誘うが、いつの間にか群れを離れてひとりでテラスから見ている。
　M夫たちは虫採りの動きも活発で、R男は思いやペースの違いを感じているのかもしれない。また、遊びたいけれどうまくいかない葛藤を感じているのかもしれない。保育者はしばらくR男のペースを見守り自分から遊び出すのを待つことにした。

〈5歳児　10月〉
　運動会も近い日、5歳児になったR男はグループの友達6人で一緒にボールを使った演技を相談している。テレビで見たオリンピックのような競技を自分たちで考えようということになったのだ。
　ボールを取り合って楽しそうなのだが、ボールの回し方はなかなか決まらない。M代が、

　事例6-6では、4歳児では、特定の気の合う友達と一緒に遊ぶことが楽しいという姿が見られる。友達と一緒に遊ぶことが楽しくなるが、集団が広がるにつれ、大勢の友達のなかで自分の力を出していくことに困難を感じることも経験する。集団のなかで自分の欲求や主張を実現していく過程では、ぶつかり合いや葛藤が生じる。これは、子どもが集団に自ら参加していく力を身につけていくために必要な経験である。保育者は、子どもが自ら集団との関係を広げていけるように、また遊びの魅力にひかれて集団が形成されるような状況をつくる援助が求められている。5歳児になると、友達と目的を共有しながら一緒に行動することを楽しむようになっている。集団のなかに一人一人が位置づき、関わり合うことによって共通の目的が達成される。園生活や遊びのなかで思いや考えの異なる相手の存在を知り、折り合いをつけて体験をする。こうした友達とのさまざまな関わりの経験により、一人一人が力を出し、高め合う集団が形成される。

## 事例 6-7　仲間入り─流動的・保育者の仲立ち

● 4歳児クラス　9月

　保育者が外から戻ってくると、R美がロッカーの隅に入り込み泣いている。「どうしたの?」と聞くと、「T実ちゃんが入れてくれない」と言う。保育者は「入りたいって言ってみよう」とR美の手をとり、一緒にT実たちの遊んでいるところに行く。

　T実たちは、積み木で家をつくって遊んでいる。R美が小声で「入れて」と言うと、T実が「今、忙しいの。お母さんがいないから」と答える。

ロッカーの隅で泣いているR美

　保育者「お母さんいないの?」　T実「子どもだけで暮らしてるの」　保育者「そうか、それで忙しいのね。R美ちゃんにお手伝いしてもらったらどう?」　T実「おねえさんでいい?」　R美「うん、いい」。

(事例/写真:学大小金井)

中庭で、H夫、G男、A代、R美、S子が大ブロックを組み立てている。H夫たちの家とA代たちの病院を大ブロックの橋でつなげている。

H夫「ちょっと、そっちもってよ」　G男「待って、今、行く」　A代「つながったら簡単にそっちに行けるね。病院に来てね」　G男「となりだからね。仕事が終わったら行くから」などと、作業をしながら互いのイメージをやりとりしている。

その様子を見て、S男が「入れて」とやってくる。H夫「だめ！」　S男「だって入りたいんだもん」　H夫「一緒につくってなかっただろ」　A代「手伝わないとだめだよね」　S子「お弁当が終わったらいいんじゃない？」　H夫「だめ、ここ何かわかるか？わかんないだろ、仲間じゃない」。

S男は「入れてくれないならいい」と泣きながら、離れていく。その様子を見て、U子が「S男くん、どうしたの？」とS男のそばに寄っていく。

（事例／写真：学大小金井）

自分たちでやりとりする5歳児

事例6-7、6-8は、同じ時期に、4歳児と5歳児の仲間入りを記録したものである。

事例6-7の4歳児では、保育者の仲立ちによって、お家ごっこに仲間入りすることができる。保育者は、それぞれの気持ちを受け止め、どちらも実現するように援助している。主張の強いT実のイメージも受け止めつつ、新たな遊びのイメージを提案し、R美が遊び集団のなかに入れるようにしている。友達関係がまだ流動的なころには、子ども同士の関係を把握したうえで、新たな遊びの展開につながる保育者の援助は必要である。それによって、子どもは、友達と楽しく遊びを進めていくためにはどのようにしたらよいのか知っていく。

事例6-8の5歳児になると、子どもたちは互いにやりとりして一緒にものをつくり、イメージを行き交わせて遊びを展開している。あとから仲間入りしたいと言い出した子どもに対して、これまでの行動の軌跡を示して断ったり、双方の主張が実現できるように条件をつけたりして、子ども同士で解決しよ

保育者の仲立ちで仲間入りする4歳児

うとしたりしている。遊びへの思いや友達との関係が深まると、仲間入りは容易ではなくなる。それぞれが主張し合っているときには、子ども同士で問題を解決していくことができるように、保育者は様子を見守ることが大切である。5歳児になると、いざこざやトラブルを自分たちで解決していこうとするようになり、関係を調整していく力が育つ。これは園生活を自分たちで進めていこうとする集団の自治につながる姿である。

## 「今日も実験！」―目的・役割をもつ

5歳児クラス 6月

　登園するとすぐに砂場に行き、5人の子どもが、倉庫からビニール管、樋、支え台などを持ち出し、組み立てる。水を流し、「実験、成功か」などと言いながら、木の枝の倒れる様子を見つめている。

　「成功！」「もう1回！」「水、もってくるね」

水流していい？」と上手から合図を送る

「いいよー」と下手で応える

水を運ぶ子、樋を組む子など、役割をもつ

「成功！」水の力で枝を倒す実験

　「うん、お願い」など口々に言い合い、熱心に組み立て直している子どももいる。

　「水、流していい？」「いいよー」と上手と下手で確認し合っている。

　「あー、ここだな」「ここ、修理」など、何度も何度も繰り返し、実験は毎日続く。

（事例／写真：学大小金井）

「ここ修理」と改善しながら実験は続く

5歳児になると、遊びの目的を共有し合うようになり、遊び集団のなかで役割をもったり協力したりするようになる。事例6-9の砂場での遊びの事例では、「水の力で枝を倒す」という共通の目的に向かい、道具を扱い、組み立てて、何度も何度も試行錯誤しながら遊んでいる。友達とのやりとりが活発に行われ、発見や問題を協働しながら解決していく喜びがあり、一人一人の探究心が育まれていく。

　遊び集団のなかで一人一人の力が発揮され、役割が生まれ、子ども同士が関わり合うことによって遊びはさらに楽しくなり、集団全体が高まっていく。こうした目的的・探究的な遊び集団を自分たちでつくっていく過程は、集団を自己形成する力であり、生きる力の基盤となる。小学校以降の学習の基盤となる集団を形成する力が育っているといえよう。

## 遊びを理解する大人がいるということ

　「遊びは最高の教育になる」園のプロモーションビデオに映し出されるキャッチコピーである。わずか2分の映像に、無心に遊ぶ子どもの表情が映し出される。子どもがクレヨンで描いたゾウの鼻がピコピコッと動く。子どもが描いたいろいろなロケットがビューンと飛んでいく。ピアノの音がやさしく流れ、解説はない。美術デザインを専攻する学生が大学教員の指導のもとに製作してくれたものである。子どもの絵に命が吹き込まれ、子どもと遊びの豊かさを見事に表現している。

　幼児期の教育の充実のために、「子どもの遊びを理解する大人がいる」ということが今、もっとも重要なことである。

# §3 集団で活動する楽しさ

## 1 集団で遊ぶ楽しさ

　集団のなかで一人一人が安定し、自分なりの動きが出せるようになってくると、遊びのなかで友達とのさまざまな関わりが生まれる。

　友達と同じ場で個々に自分のしたいことをして遊ぶという関係から、ものや場を共有し友達とのつながりを感じて遊ぶという関係が生まれる。一人一人の子どもの心の内に、集団で遊ぶ楽しさが生まれ、子ども自身が集団を形成していく。

事例
▼
**6-10**　あぶくたった

● 4歳児クラス　6月

　10時過ぎ、P男が「先生、あぶくたったやろう」と保育者に言ってくる。そろそろ遊びが一段落し、子どもは次の遊びを求めているようだ。そこで保育者は、「そうだね、お友達呼んでこよう」と応じ、P男と「あぶくたったする人、この指止まれ」と声をかける。

　集まってきた数人が輪になり、あぶくたったを始める。保育者は、子どもの輪の中に入ってしゃがみ、子どもたちと声を合わせながら「あぶくたったー、煮え立ったー」とうたい始める。「まだ煮えない」のところでは、保育者の合図の言葉を期待する緊張感が漂う。

　一瞬の緊張の間を置き、保育者は「夜中の12時！」とさけぶ。

　「きゃーっ！」といっせいに逃げる子ども。楽しそうに追う保育者。つかまえた子どものからだを保育者は抱きしめる。つかまえてほしくて、寄ってくる子どももいる。保育者は

「あぶくたったー、煮え立ったー」

「きゃーっ！」いっせいに逃げる子ども

次々つかまえる。ジャングルジムの上に逃げ、ニコニコしている子どももいる。

　楽しい雰囲気に誘われるように、周囲の子どもが入ってきて、しだいに輪が大きくなり、仲間が増える。

（事例／写真：学大小金井）

昼食後、「リレーやる人、けやきの庭で待ち合わせ」ととなりのクラスの子どもが伝えにくる。「わかった、行くからね」と 12〜13 人がけやきの庭に出て行く。

自分の好きなティームに入り、クラスの入り混じったティームでリレーが始まる。並んだ順に走る。途中、次に走る人がスタートラインを離れていると「次、順番だよ、早く！」と声をかけ合っている。順番を待っている子どもは、同じティームの仲間を応援している。途中でティームを移動する子どももいる。思い切り自分の力を出して走ることが楽しいようだ。この日は、エンドレスで、アンカーは決めずに走っていた。

数日後のリレーは、5 人の子どもが連れ立ってけやきの庭にやってきた。「グーとパーで分かれましょ」のじゃんけんで3対2のティームに分かれる。3 人のティームは走る順番を決め、ふたりのティームは、「ぼく 2 回、走るから」とスタートの子どもがアンカーも走る。勝敗を競い、ティームの構成を変えて何度も走っていた。

「ハイ！ 次、お願い！」

応援する子どもたち

（事例／写真：学大小金井）

事例 6-10 の 4 歳児では、保育者も仲間になり子どもと一緒に動きながら、楽しい雰囲気を生み出し、遊びのルールが伝わっていく。友達と輪になる、声のリズムが合ってくる、次の合図を期待し一瞬の緊張の間を共有するなど、つながりが生まれルールが共有されていく。ルールのある遊びの楽しさを知っていくようになり、遊び集団が育っていく。

事例 6-11 では、5 歳児が、リレーの仲間を集めて遊んでいる。相手を意識しつつ、自分の力を出すことを楽しみ、エンドレスでリレーが続く。勝敗にこだわるようになると人数やメンバーを意識してティーム分けしたり、作戦を考えたりするようにもなる。「リレーをしたい」という遊びの目的を共有し、友達とやりとりしながら実現していくようになる。

# 2 クラス集団の育ちと個の育ち

　園生活のなかで安定して過ごせるようになるためには、一人一人が自分の好きな遊びや居場所を見つけ、クラス集団のなかで安定して過ごせるようになることが重要である。一人一人の育ちは、その子どもの属する集団との関係の育ちでもある。

　園生活のなかで、みんなで一緒に活動する場面がどのように展開されるかは、クラス集団の育ちと個の育ちが大きく関係している。

事例 ▼ 6-12　「うーちゃんとお出かけしよう」　● 3歳児クラス　6月

　保育者が、散らかっている遊具を拾って片づけながら、「そろそろ、うーちゃん来るかな。今日はどこにお出かけしようか」と、周囲の子どもにつぶやいている（「うーちゃん」とは、毎日保育者のお話に登場するウサギのぬいぐるみである）。

　子どもは口々に「お散歩に行く」「アリさんがいるね」「ワニさーん」などと言いながら保育者と一緒に片づける。

　保育室が片づいたころ、保育者はウサギのぬいぐるみを持ってきて、「うーちゃんが来たよ」とピアノの前で呼びかける。子どもたちが集まってくると、保育者は手遊びを始め、子どもたちもまねる。

　「うーちゃん、今日は誰に会うかな？」と保育者。「ワニ〜」「カエル」「ヘビ〜」と口々に子ども。もうひとりの保育者が、ピアノを弾き始める。「じゃ、行こう！」と保育者。みんなで動きながら、それぞれに自分の好きな動物の動きを楽しむ。「うーちゃんのお友達が来たよ」などと言いながら保育者が跳ねると、子どもも一緒にウサギになったつもりで跳ねる。

（事例／写真：学大小金井）

## 事例 6-13 みんなで紙芝居を見る

　「そろそろママが迎えに来るね。帽子とリュックを持ってこよう」と、保育者が帰る支度を促し、手伝う。その間にもうひとりの保育者は、イスを並べ、「紙芝居屋さんが来るよ」と知らせる。身支度のできた子どもが集まってくる。

　子どもは保育者の語る紙芝居に耳を傾けて聞いている。どきどきする場面で、J夫はS香の手を取り、からだを寄せ合って聞いている。

みんなで紙芝居を見る子どもたち

"ドキドキ"手を取り合って聞く

（事例／写真：学大小金井）

　事例 6-12、6-13 は、3歳児クラスの6月、片づけからみんなで集まって活動する場面の記録である。

　入園以来、ぬいぐるみを使って話をしたり、手遊びをしたり、絵本や紙芝居を読み聞かせたりし、みんなで集まる場を重ねてきた。子どもにとっては、「みんなで」の意識はなく、「楽しいからみる」「先生が何か楽しいことをしてくれるからいきたい」「今日は何のお話かな」という意識であろう。こうした状況を経験するなかで、保育者やクラス集団への安心感が培われ、集団で活動する楽しさを知っていくようになる。

　雨の日、片づけが終わったころ、保育者は、「今日は、みんなで探検にいくぞ！」と投げかけ、新聞紙を用意する。ひとり1枚の新聞紙を船や空とぶじゅーたんに見立て、乗ったり、折ったり、ちぎったりして遊ぶ。

　新聞紙を細かく裂きながら、「かぜー、かぜー」とさけぶ子ども、小さくなった新聞紙片の上に乗ったり降りたりする子ども、新聞紙片を飛び石のように並べて渡る子ども、「雨ー」と頭の上からばら撒いている子ども、かけ合う子ども、しっぽのように挟んで取り合う子ども、紙テープのように手に持って踊る子どもなど、実に多様なイメージと動きを楽しんでいる。

　さんざん遊んで、「地球に帰るぞー」と保育者が声をかけ、ビニール袋を用意する。「ほし組の部屋に戻って、お弁当だな」などと言い合い、みんなで新聞紙片を片づける。

（事例／写真：学大小金井）

　雨の日には、子どもがエネルギーを十分に発散することのできる場や時間を可能な限り保障する必要があり、保育者は1日の活動の流れや内容を工夫している。

　事例6-14では、クラス全体の子どもがめいめいに新聞紙を持ち、「探検」のイメージでつながって遊びながら、そのなかで個々の動きやイメージを出している。クラスで活動するなかでこそ、楽しい雰囲気が生まれ、個々のイメージや動きが引き出される。

# §4 協同性を育む

## 1 環境に関わって育まれる協同性

　子どもは環境に関わってさまざまな遊びを生み出し、友達と関わりながら学びを広げていく。とくに5歳児になると、これまでに培ってきた経験や友達関係をもとに、遊びや生活のなかでテーマを見つけ、ひとつの目的に向かって力を合わせて取り組み、実現しようとするようになる。子どもが主体的に環境に関わり、遊びや生活を進めていくなかで、子ども同士が関わり合い、自らの学びを深めていく関係、すなわち協同性を育むことは、小学校以降の学習の基盤としても極めて重要である。

---

**事例 ▼ 6-15** 「ひーちゃんの池をつくろう」

● 5歳児クラス　2月

　この冬はことのほか寒く、園庭には10cm以上もの霜柱が降りた。この日も子どもたちは、夢中で「光る霜柱」を集めていた。そのうち、霜柱が溶け出し、「べちょべちょ」「代かきみたいだな」と、シャベルを持ち出し穴を掘り始めた。米づくりの経験から代かきの「べちょべちょ」の感触を思い出したようだ。シャベルで土をかき混ぜながら、「そうだ、ひーちゃんを入れてあげよう」「ひーちゃんの池をつくってあげよう」と話している。田植えをしたばかりの田んぼに、飼育している合鴨の「ひーちゃん」が入ってしまい、苗を倒してしまったことを思い出し、「合鴨（子どもたちは"アヒル"と呼んでいる。子どもの会話は、以下、"アヒル"のまま表記）の池をつくる」というテーマが生まれたのだ。

　子どもたちは「アヒル池の続きやろう」と言いながら、数日かけて穴掘りをしていた。瓦礫（がれき）が出てきて穴掘りは困難を極めた。「石は危ないから捨てよう」「おーい、そっちもって」「まだ水が足りない」「ひーちゃん入れていいよ」「ひーちゃん喜ぶかな」などとやりとりをし、力を合わせて池をつくっていた。

　保育者は、子どもたちの生活と遊びから生まれた「アヒルの池をつくる」というテーマを実現させたいと考えた。池をつくることによって、生き物が生息し植物が育ち、子どもが集い、遊び、探究する場となるだろうと考え、子どもと一緒に「アヒル池」の構想を練った。

（事例／写真：学大小金井）

穴を掘る

協力して水を運ぶ

ひーちゃんを水に入れる

池の中のひーちゃん

　子どもにとって「光る霜柱」は魅力的で、日々、刻々と変化する霜柱は子どもの興味を捉え、繰り返し関わる対象となっている。「今日もやろう」と友達と群れて出かけていき、驚きや発見をやりとりしながら遊びを続ける姿が見られる。

　このように5歳児では、持続的な遊び集団が展開され、しだいにテーマをもって、それを実現していこうと自分たちである程度見通しをもち、役割をもって遊びを進めていこうとするようになり、協同性が育まれる。協同的に遊びを展開していく姿は、突如としてあらわれるものではなく、3〜4歳の積み重ねのうえで5歳での遊び集団が形成されることはいうまでもない。

　田んぼでの米づくりでは、友達と一緒に作業をする過程で協同性が育まれていく。コンポストから土を運び、腐葉土を混ぜ、水を張り、代かき、田植え、害虫駆除、稲刈り、もちつきの一連の体験から、子どもは、友達と作業を共にすることの必要性や栽培の喜びを知っていく。ひとりではできない体験をし、協同することをからだで知

田んぼの土づくり

っていく。

　子どもの遊びのテーマは生活のなかから生まれ、生活のなかで協同性が培われる。子どもが生活体験を広げていくことのできる環境づくりは緊急の課題である。保育者は、子どもが生活のなかで見つけた遊びのテーマに目を向けて、子どもにとっての意味を捉え、発達にとって必要な体験となるよう、子どもと共に保育をつくり出していくことが大切である。

田んぼの代かき

田植え

害虫駆除

稲刈り

# アヒル池ができるまで―保護者や地域との連携

4、5歳児クラス3月
5歳児クラス4月

　「アヒル池をつくろう」と、大学生や地域の方の力を借りて、本格的に穴掘りを開始したのは3月。子どもと保育者、保護者で、数日間かかって石や瓦礫を取り除いた。池のまわりに芝生を張り、チップを敷く作業もみんなで行った。春休みには、地域のM先生（元中学校理科教諭）と数組の家族、保育者で、野川に行き、ヨシやガマ、田ゼリなど水辺の植物を採集した。メダカやスジエビ、カワニナ、タニシも見つけた。地域のM先生は、生き物のいる場所を教えてくださり、「植物があると池の水がきれいになること」をわかりやすくていねいに教えてくださった。この年の5歳児は、小学校に上がり、4歳児も「アヒル池づくり」に共に参加した。

みんなで作業

　4月、合鴨が池で泳ぐようになると、困った出来事も起きた。動物当番のときには、池からなかなか上がってこない合鴨を見て、出入りがしやすいように友達と一緒にどうしたらよいか考え、スロープをつけるようになった。さらに合鴨はハスの芽を次々と食べてしまったのだ。どうしたらよいかと保育者が子どもに相談すると、「入れないように柵をつくる」という意見が出た。

チップを運ぶ

　柵にするものを探し、古いよしずを解体して使うことにした。池に入り、一本一本さしてハスの葉を守るための柵をつくった。

（事例／写真：学大小金井）

友達と一緒にスロープの取り外しをする

ハスの葉を守るために柵をつくる

アヒル池ができるまでに、子どもは多くの協同作業を経験した。目的に向かって力を合わせることを、子どもは、作業を共にすることによってからだに刻み学んでいく。

　大人にとっては、作業であっても、子どもにとっては単なる作業ではなく、そのこと自体が楽しい、友達と一緒だからできることに新鮮な喜びを見いだしている。友達と一緒にチップの山を登り、山の上で寝転がって休んだり、水に入って一緒に作業をしているときの子どもの心地よい表情と動きは、友達と響き合い、快い感情を共有しているように思われる。作業を共にすることで気持ちがつながって協同性が育まれる。

　困難に出会うたびに意見を出し合い、一緒に考え、相談することによって協同性が育まれ、探究心が育っていく。

よしずに止まるトンボ

池に群れて遊ぶ子どもたち

事例
▼
6-17

## 「ひーちゃん、元気がない。どうしたんだろう」
―専門家との連携

● 5歳児クラス　5月

　子どもたちは園庭で見つけたカエルや、大学の池で見つけたカエルの卵を池に放して、オタマジャクシが孵(かえ)るのを楽しみにしていた。ある日、小さな黒いオタマジャクシが無数に孵り、その小さなカエルを、合鴨が次々に飲み込んだ。驚いて見ている子どもたち。

　R香「ひーちゃんはミミズが大好きだけど、カエルも食べるんだ」　K実「かわいそう」R香「仕方ないだろ。ひーちゃんだって生きてるんだから」　U代「カエルだってオタマジャクシだって生きてる。かわいそうだよ」

　F美とJ子は、ふたりで必死になってオタマジャクシをすくって救助活動をしていた。

　3日ほど、子どもも保育者もカエルをパクパクと飲み込む合鴨を興味深く見ていた。

　しだいに合鴨は元気がなくなり、ある日、とうとう芝生に座り込んでしまった。動物当番の子どもが気づき、保育者のところに「ひーちゃん、目、つぶってるよ」「なんだかこのごろ、元気がないんだけど」と伝えにきた。合鴨の異変は、次々と子どもたちに伝わり、大勢集まって来た。

　保育者もここ数日、合鴨の様子が気になっており、学校獣医師のN先生に往診をお願いした。子どもたちは、「ひーちゃん、元気がないんです」「いつもと違うの」「どうしたのかな」などと獣医師に問い、獣医師は子どもたちの質問にていねいに応じてくださった。

N先生「いつもとどんなふうに違うの?」

子どもたち「歩くのがゆっくり」「追いかけてもつつかない。ゆっくりしてる」「そうだよね、いつもは怖いけど、かわいそうな感じがする」「朝、ぼくが来たとき鳴かなかった」「ぼくが来ても鳴かない」「ご飯、残してる」「お腹、壊したんじゃないかと思う」「そういえば、よだれたらしてた。気持ち悪くなって吐いたんじゃない?」「池でじっとしてた。足が動いてなかった」「目もつぶってるよ」「今日は池にも入らないし、具合が

獣医師さんを囲んで

悪いんだと思う」「カエルの赤ちゃんをね、いっぱい食べてたのに、今日は食べないの」など、次々に獣医師に伝え、友達の言うこともよく聞いている。友達の言うことを聞いて、思い出したように自分の気づいたことや考えたことを話していた。

N先生「カエルの子、食べたの?」　子どもたち「そう、いっぱい食べてた」

N先生「もしかしたら食べ過ぎかもしれないね」　子どもたち「カエルは食べちゃだめなの?」

N先生「毒をもっているカエルがいてね、怒らせたり目の後ろのところをぎゅっと握ったりすると、毒を出すんだ。小さいカエルだから大丈夫だと思うけど、たくさん食べちゃうと、その毒で具合が悪くなってしまうかもしれないね」

子どもたち「死んじゃうの?」「カエルは毒があるの?」

N先生「さあ、どのくらい食べるとよくないのか先生にもわからないけど、今日は注射をしよう。毎日、様子をよく見てあげてね。カエルに触れたらかならず手を洗うんだよ」

子どもたちは、獣医師の話に耳を傾けて聞き、翌日、当番の子どもは、「今日はご飯を残してない」「ミミズは毒がないのかな」「食べすぎはよくない」「だんだん歩くようになった」「毒のカエルを探そう」「大きいカエルは食べないよね」などと話し、合鴨を外に出さず、そっとしておこうとしていた。

(事例/写真:学大小金井)

合鴨がカエルを飲み込むという出来事に出会い、子どもは驚き、自分の見たことや考えたことを言葉にして表し、友達と伝え合うようになってきた。

互いに自分の思いを表すことによって、一人一人が見方や感じ方が異なることを知る。相手の意見を知ることによって、さらに自分の感じたことを自分なりに表そうとするようにもなっていく。他児の考えに共感して自分の考えを言ったり、やりとりしながら疑問や納得を深めたりするようになる。ここに協同的な学びが生成される。

また、専門家と出会うことによって、子ども同士の学びが深まっていく。この事例の園では、学校獣医師と連携して保育を進めていくシステムをつくり、獣医師が幼稚園における飼育活動を支援する体制を整えている。専門家との関わりは、子どもの人間関係を広げるだけでなく、子ども同士の学び合いを育み、協同の学びを深める重要な環境である。

## 2 行事を通して育つ協同性

　幼稚園や保育所には、運動会や子ども会など、みんなで取り組む園の行事がある。行事は子どもの生活を彩り、目的に向かって友達と一緒にやりとげていく貴重な体験の場である。

　結果を見せる行事ではなく、何よりも子どもと保育者が共につくっていく日々の遊びや生活を重ねていくことを大事にしたい。その過程で、子ども一人一人の意思が育ち、みんなのなかで生かされる喜びが生まれ、子ども同士が育ち合い学び合う関係が育まれる。ここでは、5歳児が目的を共有しながら、長い時間をかけて協力してつくり上げていく園行事（子ども会）に視点を当てて、協同的な遊びについて考える。

---

事例
**6-18**

### 遊びをつなげ、みんなでひとつの お話をつくり発表する

● 5歳児クラス　11月

　12月には子ども会が行われる。ほし組の子どもと保育者は、昨年の子ども会を思い出しながら、どんな子ども会にするか相談した。大好きな遊びや得意なことを出し合い、それらをつないで、みんなでお話をつくった。そして、「ほし組探検隊、四つ葉のクローバーを探しに行く」という劇をすることになった。

　探検隊の子どもたちは、以前に段ボールや巧技台を使って作った竜を組み立て直し始めた。踊りの大好きな子どもたちは、貝殻島の海の妖精になって、5人そろって新しい踊りを考えた。お化け島の子どもたちは、めいめいがお化けの衣装を工夫し歌の振りつけを一緒に考えた。骸骨の絵本を見て骨について調べている子どももいた。電車の大好きな子どもは中央線の運転手になり、段ボールで作ったオレンジ色の電車にJRのマークを描いたり、運転手の帽子やカバンを本物らしく工夫して作ったりし、アナウンスの練習に励んでいた。

　J代たち5人の貝殻島の妖精たちは、衣装を作り、踊りを考えていた。5人が一列に並び、曲のフレーズやリズムに合わせて、順々に顔を出したり、対になって動いたり、動きをそろえたりして踊りの形態や動きを工夫していた。そこへときどき、中央線の運転手役のK哉とD介がやってきて、「踊り、いいねえ」などと言って見ている。「電車の修理はできたの？」と妖精たち。グループ同士が、互いに見合ったり意見を言い合ったりしていた。

　"しあわせ島の四葉のクローバー"は、たくさん必要なので、みんなで作ろうということになった。探検隊の仲間のひとりのR斗は、登園すると、折り紙で四葉のクローバーを折ろうとする。うまく折れなくて涙が出そうになり、あくびをしてごまかしていると、J代が来て、R斗の様子を見ながら少し待ったり手を添えたりして教えていた。R斗はJ代に教えられながら自分で四葉のクローバーを完成させる。できあがるとふたりは顔を見合わせてうれしそうにほほえみを交わし合う。

（事例／写真：学大小金井）

踊りを考える貝殻島の妖精たち

お化け島のお化けたち

貝殻島の妖精たちの連動する動き

貝殻島の踊りを見る電車の運転手

電車の運転手は声をそろえてアナウンス

　どの遊びも今までに楽しんできたものであり、それらをつなげて、自分たちでストーリーを考え、「子ども会でこの劇を見せよう」という新しい共通の目的が生み出されていく。子どもは、目的に向かって、自分の興味や得意なことを生かせるグループになり（これは、ほとんどそれまでにしていた遊びのグループと同様であった）、一人一人の思いがみんなのなかで実現されていく。友達から刺激を受けて必要なものをつくったり、友達と一緒に動きを考えたり、声を合わせて言葉を言ったりしようとする姿からは、自分ひとりだけでなく、友達とのつながりが深まっていることがわかる。自分とはペースの異なる相手の様子を見たり待ったりして教えたり、教えられたりする関係も育っている。

　経験してきたことがつながり、関連し合うようになり、長い期間をかけて、また新たな活動が生み出されている。新しい目的が生まれ、それを仲間と共有し、協力し合って共につくり出す園行事への取り組みのなかで、協同性が育まれる。こうした関係性の育ちは、小学校以降の学習の基盤となり、一人一人の子どもの育ちと学びを支えるものである。

　R斗たち探検隊の仲間たちは、ゲームボックスや巧技台を組み合わせて竜のからだを組み立て、大きな段ボールで作った竜の羽を動かすために、「くるくるシステム」を作っている。以前にテープカッターの芯を利用して作ったことのある「くるくるシステム」を取り入れて、羽を蝶番で止め、リールにロープを通して羽が動くように工夫している。「ここ留めなきゃ。便利な道具（スクリュードライバー）あったよね」「ちょっとしっかり押さえててよ」など、ドライバーを使っている友達の手元の板を支え、やりとりしながら作業をしている。保育者も、必要なところは手を添えつつ、「こうしたらいいんじゃないか」などとヒントを出しながら、子どもが自分たちで活動を進めていけるように援助している。「いくよー、そっち引っ張って」と合図をしてロープを引っ張るR斗とS哉。いよいよ、できあがり、竜の羽を動かすことになった。R斗は「いくよー」ともうひとつの羽を操作するS哉と見合って合図を交わし、息を合わせてロープを引く。竜の羽が動き、「成功ー！」。みんなで「ぼくらは未来の探検隊」の歌をうたい、探検隊の気分が盛り上がっていた。

　続けて、R斗たちは、探検に必要なグッズをさらに考え工夫して作っていた。M介の「ほし組探検隊だけのマークを作ろう」という提案にみんなで集まり相談が始まった。「ね、いい？」と提案者のM介。「そうすることでいい？」と賛同者のS哉。ふざけているT樹にS哉が「こらー、ちゃんと考えろよ」と注意する。「わかった、いいよ」とT樹。「わかった？」「うん、そうしよう」など、友達の提案や意見を聞いて、互いの意思を確認し合っていた。出発の合図の敬礼は本当はどうするんだろうと問題になったときには、大学正門の警備員のところに敬礼の仕方を調べに行き、みんなで合わせる合図を練習していた。　　　（事例／写真：学大小金井）

竜に乗る探検隊

　滑車を使って竜の羽を動かす作業は、仲間のみんなにやることがわかっていて、分担し、声をかけ合いながら協同して作業をしている。保育者からのアドバイスを受けながら、自分たちでねじやドライバーなどの道具を使い、試行錯誤しながら協力して作っている。

　道具を使うこともまた、協同性を育てることと深く関係している。支え合う、声をかけ合う、一緒に運ぶなど、子ども同士のからだの協同が生まれる。また、道具の特性に応じた扱い方をからだで知るようになり、道具を使った作業を通して、からだが応じる感覚が育っていくように思う。遊びや生活体験が重なって、協同作業が生まれ、この協同作業が仲間意識を育て、仲間意識が子ども会への意欲を高めている。

ここにもまた、これまでの人やものと関わってきた経験が生かされている。「ほし組探検隊だけのマークを作ろう」というＭ介の提案を受けて相談するようになっている。一人一人の意思を確認し、合意を求めて一緒に作っていこうとする姿は、一人一人を尊重した協同的な関係の育ちといえるのではないだろうか。グループで相談し合う機会や子どもが繰り返し探求する姿を支えることによって、子ども同士がさまざまな関係を築くようになり、協同性が高まっていく。

「どうする?」相談中

✦━━━ この章で学んだこと ━━━✦

●子どもは、自分とは思いの異なる相手を知り、一人一人のよさを発揮し合う集団の形成につながり、関わり合って学ぶことで生き生きとした関係が育まれる。

●子どもは、ときにはぶつかり合い、どうしたら自分も相手も納得するか、折り合いを付ける体験をし、きまりの必要性などに気づき、自分の気持ちを調整しようとするようになる。

●協同性は、同じ場所にいることや、同じものをもつ、同じことをすることによって、「一緒」という感情を共有したり、他者の感情に共感したりすることから生まれ、やがて、自分の思いを相手に伝えたり、相手の思いを聞いたりして、一緒に遊びをつくっていこうとするようになる。

●5歳児ごろになると、友達とひとつの目的を共有して、それを実現するために、長い時間をかけて力を合わせて遊びや生活を進めるようになり、協同性が高まっていく。とくに、幼児期では、身体の動きが共有されることによって協同性が育まれるため、遊びや生活のなかでの協同作業や道具を使う体験を重ねていくことが重要である。

●一人一人の子どもの育ちと集団の育ちは、深く関係している。個と集団は別個にあるものではなく、共にある。個の育ちが集団を育て、集団の育ちは個の育ちにつながる。

✦━━━━━━━━━━━━━━━✦

# 第 7 章

# 人との関わりを見る視点

———◆·◆·◆— この章で学ぶこと —◆·◆·◆———

これまで取り上げてきた乳幼児期の人間関係の育ちを、理論と実践の両面から理解してみよう。
とくに、人との関わりの育ちを見る視点として、平成 29 年に告示された幼稚園教育要領等で
示された「幼児期の終わりまでに育ってほしい姿」に至る育ちのプロセスを、
理論的基盤とともに確認していく。これからの時代を生き抜く子どもたちを育む保育と援助とは
どのようなものか、具体的な事例を元に考える。

# §1 人との関わりの基盤となるもの

## 1 特定の大人との信頼関係

　新生児期の赤ちゃんは、睡眠と覚醒を短い時間で繰り返し、時々不快感の表出をする。大人は赤ちゃんの養育にかかりきりになり、共に睡眠と覚醒を繰り返しながら、赤ちゃんの不快を取り除く日々を送る。そのなかで赤ちゃんと特定の大人との関係が形成されていく。ボウルビィ（Bowlby, J.）は身近な特定の大人との関係を愛着関係と呼び、その関係性がその後の人との関わりの基盤を形成すると考えた（p.178、COLUMN 参照[1]）。保育所等に通う子どもたちは、自分の保護者だけでなく、保育者に対しても泣いたり微笑んだりして自分の内面を発信し、温かく受け止めてもらう生活のなかで育まれていく。

### 事例 7-1 「あれれれれ？」

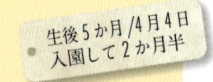
生後5か月/4月4日
入園して2か月半

　A男とB男は双子だが、A男はおっとりとして機嫌がよいことが多く、B男はぐずることが多い。離乳食が始まったばかりのこの時期、A男はC保育者の差し出すスプーンに興味津々な様子で手を伸ばし、スプーンを引き寄せて口を開けて食べだす。その横で、B男は泣いてぐずり、D保育者が差し出すスプーンを嫌がっている。D保育者は様子を見ながら何度かスプーンを近づけてみるが、泣き出すB男の様子に、「じゃあBちゃんミルク飲もうか」と哺乳瓶でミルクを作り、B男を抱っこしながらミルクを冷ます。B男が哺乳瓶に手を伸ばすと「おなかすいたの？　Bちゃん」と穏やかに声をかけ、ミルクの温度を確かめてから座り、横抱きでミルクを飲ませる。しかし、B男は少し飲むがまた哺乳瓶を口から外し、のけぞるように泣き出す。「あー、怒った。はいはい、いやだったん？」と哺乳瓶をテーブルに置いて、縦抱きで立ち上がり背中をやさしくトントンすると泣き止む。D保育者は「部屋の中が暑いんかな？」と窓を少し開けて「Bちゃん」と身体をゆすって様子を見る。B男はA男の方に視線を向けるが、また泣き出す。D保育者は「はいはい」と再び座ってB男に哺乳瓶を見せるように持つと、B男は哺乳瓶に手を伸ばし、くわえて少し飲む。しかし、また泣き出したので、D保育者「あれれれれ？」と言って抱き上げ、哺乳瓶を水に当ててもう少し冷ましてみる。「Aちゃんおいしそうに食べてるよ？」などと話しながら、もう一度哺乳瓶を近づけてみると手を伸ばしてまた飲むが、すぐに泣き出す。D保育者は哺乳瓶を置いて「はいはい」と抱き上げ、表情を見ながら「どうしたの？眠いの？」と声をかけ、あやす。

（事例：筆者／写真：くりのみ保育園）

たとえ双子であっても一人一人の様子は異なっているし、また、日によって調子が良かったり悪かったりする。保育者はその子の今に寄り添うように、表情を見たり、声の微妙な調子を聴き取ったりしながら、赤ちゃんが何を求めているのかを探っていく。離乳食の初期だが、Ｂ男の様子から今日は食べられそうにないと思った保育者は、ミルクに切り替える。しかし、それでもＢ男は何か不満気な様子である。部屋の温度やミルクの温度を調節したり、抱き方

哺乳瓶を見て手を伸ばす

を変えたり、身体をゆすったりトントンしたりと、いろいろに関わってみて反応を見て、保育者は自分の関わりを赤ちゃんの様子に合わせて調整していく。

この、泣く・ぐずる→あやすという何度となく繰り返される行動の連鎖のなかで、赤ちゃんは自分の欲求に応えてくれる人が次第にわかるようになり、さらに「自分がはたらきかければ応えてくれる」という期待を抱くようになっていく。この特定の人とのやりとりのなかで形成される対人関係のイメージや、主観的に自分の価値に確信をもつことは、内的作業モデルと言われ（p.178、COLUMN 参照）、ほかの人との関係にも影響を与えていくと考えられている。たとえば、乳幼児期に愛着が安定していた子どもは、その後の就学前期から児童期で仲間に対して肯定的な感情をもって積極的にはたらきかけることがわかっている（遠藤, 2007）[2]。

どんなに泣いても怒っても温かく抱き上げられ受け止められることを通して、「自分は他者から大切にされる価値ある存在である」と感じる自己肯定感が育まれていく。現在、虐待や親の抑うつなど、子どもの発達のリスク要因となることが取りざたされることも多いが、親の養育より最初の保育者との愛着関係がその後の仲間関係や社会的適応を予測するという研究（Howes & Spieker, 2008）[3]や、貧困や親の抑うつといった発達に対するリスクのある家庭に育つ子どもが、良質の保育を経験したところ、良好で長期的な発達が得られたという研究（NICHD, 2005；Heckman, 2013）[4,5]など、家庭外の質の高い保育は子どもの発達を保障することが明らかにされてきている。こういったことからも、幼少期に一つ一つの子どもの欲求に丁寧に応答する温かい保育者に出会い育まれることが、子どもの発達の大きな支えとなっていくと考えられる。

## ボウルビィの愛着関係理論

　イギリスの児童精神科医ボウルビィ（Bowlby, 1969）[1]は、人の乳児が示す定位行動（視線を向ける、声を聞く）、信号行動（泣く、微笑む、喃語を発する）、接近行動（後追いする、しがみつく）といった一連の行動は、養育者を自分の方に引き寄せるために備わった生得的行動であるとした。その発達段階は以下の4段階とされている。

　第1段階：人物の識別を伴わない定位と発信
　生後2、3か月頃までの乳児は、特定の人物というよりも近くにいる人に対して視線を向けたり、泣いたり微笑んだりする。

　第2段階：1人あるいは数人の特定の対象に対する定位と信号
　生後3か月頃から6か月頃の乳児は、比較的誰に対しても友好的でありながら、日常よく関わっている人に対して、微笑んだり発声したりという愛着行動をより頻繁に示す。

　第3段階：発信と移動による特定の対象への接近の維持
　生後6か月頃から2、3歳頃には人物の識別がより明確になり、特定の養育者に対して慰めや安心を求めるようになる。この時期には自分で移動することが可能になるため、特定の養育者の姿がみえなくなるとハイハイして後追いするといった、より能動的な愛着行動がみられるようになる。また、見知らぬ人に対して警戒心をあらわにしたり、関わりを避けたりする、いわゆる人見知りが見られるようにもなる。

　第4段階：目標修正的な協調性の形成
　3歳頃になると、養育者の感情や意図のような内的状態をある程度推察することができるようになり、それに基づいて養育者のとる行動を予測し、それに応じて自分の目標や行動を修正して協調的にふるまうことができるようになる。

　ボウルビィは、こういった愛着関係の発達の中で、養育者との関係に対するイメージや見通し、主観的確信を基にして、他者との関係をシミュレーションする認知的モデルとして内的作業モデルが形成されると考えた。幼い頃から長期にわたり、かなり一貫した対人関係のパターンやパーソナリティを維持しうるのは、乳幼児期に獲得した内的作業モデルがさまざまな対人関係に適用されるからだとされている（遠藤, 2011）[6]。

# 2 互いに影響し合い育ち合う

4月13日　母親にしがみついて泣くC男（生後10か月）

子どもの発達は、環境とは関係なく時期がくれば自然に発達するというのではなく、保育者を含めた周囲の環境との相互作用の中で変化していく。関係論的発達システム理論では、人は互いに影響し合い、調整し合うなかで発達すると考える。それは、保育者も子どもも変化するという、相互の変化が絡まり合って起こる、関係性のなかでの育ち合いである。

保育所や幼稚園への入園は、家庭から家庭外保育への移行と捉えられ、それまで親との生活で安定してきた子どもが不安定になることも多い。しかし、新たな環境においても、どんな感情の表出も温かく受け止められる関係が得られるとわかると、子どもは環境に対して積極的に手を伸ばし、主体的に関わろうとすることができるようになる。

上の写真のC男は、入園後しばらく、登園すると母親の後を追って泣いていた。保育者は母親の後追いをして泣くC男の姿を、母親との愛着関係がしっかり形成されている姿と肯定的に受け止め徐々に園生活の楽しさへと誘っていった。不安を表出して泣くC男が安定して過ごすことができるように、保育者は、笑顔でやさしく語りかけたり、抱っこで園庭に出て気分を変えてみたり、おもちゃで遊んでみせたりと、いろいろと試しながら関わっていく。そうやってわからないながらも関わり続けることで、C男が比較的安心して過ごすことができる場所や、好きなおもちゃやふれあい遊びなどが次第にわかってくる。今日の関わりのなかで手応えが得られたことを次の日の関わりに生かしていくことを繰り返し、その子との関わりを微調整していくことで、不安の表出としての泣きが少なくなり、次第に笑顔を見せるようになってくる。

そうやって徐々に保育者との関係が安定し、安心して園生活が送れるようになると、0歳児クラスにおいてもほかの子どもへの関心が芽生えてくる。隣で遊んでいる子どもの様子を

5月11日　隣の子を見て自分もやろうとする

見て、同じものに手を伸ばしたり、同じような行動をとったりして遊ぶ姿が見られる。

　入園して1か月後、保育者がいることで安心して過ごすことができるようになったC男は、隣の子どもの様子を見て、自分から小麦粉粘土に手を伸ばして遊び出している。さらに入園2か月後には、同じくらいの月齢のD香の行動に関心をもっているかのように、隣に近づいて同じおもちゃで遊ぼうとする。一方のD香も、C男が坂をのぼって遊んでいると、どこからかやってきて、隣でのぼり出すのである。人は幼い頃から互いに影響を与え合いながら発達していくことがわかる。

6月2日　同じことをしようとする

Column

## マシュマロ・テスト

　自己制御に関する研究で近年注目されたもののひとつに、マシュマロ・テストがある（Mischel, 2014）[7]。これは、子どもに、1個のマシュマロを今食べるか、実験者が一時退室している間（時間は明示されない）待ち、その報酬として2個のマシュマロを受け取るかを選ばせ、子どもの様子を観察する、満足の遅延課題と呼ばれる実験のことである。2個のマシュマロを選んだ子どもは、1個のマシュマロを目の前にしながら、食べずに実験者の帰りを待たねばならない。マシュマロから視線を外し、歌ったり壁を叩いたりと全く関係ない別の行動をするなどして、マシュマロを2個もらうという目標の下、課題内容を想起し、懸命に欲求を抑制し、別のことに注意を向ける涙ぐましい努力をするのである。そうやって自分の気持ちと行動を意図的に制御（コントロール）した子どもたちは、その後の成長過程の追跡調査で成績が優秀であっただけでなく、健康問題も引き起こしにくく、対人関係も適応的であったことが明らかにされている。

# §2 自立心の育ち

## 1 依存と自立

　赤ちゃんは成長するにつれて、身体をいろいろに動かせるようになってくる。おもちゃが握れるようになり、寝返りができるようになり、ハイハイで移動できるようになる。このような運動面の発達によって、自分は世界に変化をもたらすことのできる存在だと理解し、自信をもつようになったり、ある目的を達成するために手段としての行為を起こす力をつけたりするという（Gibson, 1997）[8]。1歳を過ぎて自分で歩く頃になると、大人が靴を履かせようとする手を振り払って「ジブンデ！」と自己主張するようになる。そうやって自分でやってみてできると自信や自己肯定感を得ていくが、うまくいかないとかんしゃくを起こして大人に手伝ってもらう姿がある。依存と自立とは、一見対立するかのように感じられるが、子どもの発達のプロセスを見ていると、依存と自立の間を行ったり来たりしながら揺れ動いていたり、依存しながら自立へ向かうといったようなふたつが同居していたりする。

　近年、幼稚園における2歳児の受け入れが徐々に進んでいるが、2歳代は自己主張だけではない。自己制御の芽生えという大きな発達的変化が起こる時期である。自己制御とは、自己主張と自己抑制が発達するにつれて、具体的な状況のなかで自分をコントロール（調整）できるようになることである。2歳代はまさにその始まりの時期で、まだまだ大人に依存しながらも、自分で行うために気持ちをコントロールし、自立へ向かおうとする姿が見られる。

---

事例
**7-2** 自分でできたね

● 2歳児クラス 12月

　帰る時間になり、それぞれに帰り支度をしている。E実は自分の上着のチャックを上げようとしながら、保育者の近くに寄り「見てて」と言う。F花の支度を見ていた保育者はE実の方を振り返り、「見てるよ」とにこやかに見守っている。E実は上手にチャックを上げてパッと保育者の顔を見て、ニコッと笑う。保育者「やったあ！　できたねー」と一緒に喜ぶ。

できた！

保育者はF花の方を振り返り、「さぁF花ちゃんもやってみる？」と声をかけると、F花「うん」と上着のチャックを持つ。保育者はF花の襟が中に入り込んでいるのを引き出して整えながら、「昨日やったもんね、自分で。はい、どうぞ」と言うと、F花はチャックのかみ合わせの部分をジッと見ながら右と左のチャックを合わせていく。F花はチャックの端を合わせて引き上げようとするが、なかなかうまくいかない。保育者「いける？　よいしょ」と言うが、ひとりでやろうとしている姿を見守る。

「自分でできるよ」

　保育者はほかの子どもの支度を手伝いながら、時々様子を見て「Fちゃん何回もがんばってるわ」と言う。E実もF花の様子を見て「おしえてあげようか？」と言うが、F花「ううん」と言うので見守っている。うまくいかず、左右のチャックをはずしてやり直そうとすると、E実「ここ」と上に上がっていたチャックを下に下げてくれる。F花「Fちゃんこれ自分でできるよ」と言い、チャ

何度もやり直してやりとげようとする

ックを引き上げようとする。うまくいかずやり直すが、今度は自分でチャックを下まで下げてやり直す。5分ほどたち、ほかの子どもはすっかり支度が終わり、保育者がF花の様子を見ていると、F花はチャックの左右がかみ合ったときに保育者の方を見た。そこで保育者は、「ここ持とうか」とチャックの下の部分を持つ。すると、やっとチャックが上がり出す。保育者「おー」と言っていると、F花は自分で上着の下の部分を持ち、チャックを引き上げ、保育者の顔を見てニコッとする。保育者「できた。自分でできたね」と笑顔で声をかけると、F花は充実した表情でこくりとうなずく。

（事例：筆者／写真：御室幼稚園）

　この事例のF花は、全体で7分ほどの間、何度もチャックのかみ合わせをやり直しながら、自分でチャックを上げようとしている。帰りの時間は保護者を待たせることになるので、時間制限のあるなかだが、保育者がじっくりと待ち、声をかけながら見守っている。最後にチャックがかみ合ったとき、F花がパッと保育者の方を見た瞬間を保育者は逃さず「ここ持とうか」と少しだけ手伝うのである。津守（1980）[9]は「子どもの行動は、子どもが心に感じている世界の表現である」と述べたが、パッと保育者を見たF花の様子を、保育者は"ちょっと助けてほしい"という子どもの心の表れとして読み取るのである。子どもの「自分でやりたい」という自立に向かう気持ちを大事にしながら、少し難しい部分は依存できるように支え、最終的に「自分でできた」という満足感が感じられるように援助している。こういった適切な援助によって、子どもの中に小さな「できた」が積み重なっていく。そうすることで、「いろいろなことができる自分」という自分に対する肯定的で前向きなイメージや自信をもつようになり、ますます積極的に行動していくのである。

## 2 仲間と支え合う自立へ

　エリクソン（Erikson, E. H.）は学齢前の発達課題を、自分で活動を始め、目的をもつという自主性にあるとした[10]。平成29年に告示された幼稚園教育要領等では、幼児教育を通して資質・能力が育まれた5歳児後半の具体的な姿として「幼児期の終わりまでに育ってほしい姿」が示された。そのうち、自立心には以下のようなことが書かれている。

---

（2）自立心
　身近な環境に主体的に関わり様々な活動を楽しむ中で、しなければならないことを自覚し、自分の力で行うために考えたり、工夫したりしながら、諦めずにやり遂げることで達成感を味わい、自信をもって行動するようになる。

---

　このような姿は当然ながら、5歳児後半に突然表れるのではなく、乳児期からの発達を基盤として、「自分でしたい！」と思って取り組むことの積み重ねにより実現される姿である。保育者は今目の前にいる子どもたちの自立の姿を捉え、よさを読み取り、まだ難しいところや苦手とするところを補うような保育の援助や活動を考えて実践することが大切である。たとえば、3歳児では一人一人に手渡していく配布物も、4歳児では見やすく並べてあれば自分の物がわかり自分で取っていくことができ、5歳児ではみんなのためにわかりやすく自分たちで並べたり、取りに来ない人には配りに行ってあげたりすることもできるようになる。子どもが自分でどこまでできるかを見極めながら、持てる力がさらに発揮できるような環境と援助の工夫をすることが重要になる。

保育者が見やすく置いた中から自分の物を選んで取る（4歳児）

自分たちで名前が見えるように並べる（5歳児）

　今日で1学期は終わり。昨日は園庭の道具をみんなできれいにした。保育者は、明日から長い休みに入るので、今日は保育室のロッカーを自分で整理し、保育室をきれいにすることを伝え、持ち帰る荷物を書き出しておいたホワイトボードを見せる。子どもたちは保育者の話を思い起こしながら、自分のお道具箱を整理したり保育室を掃除したりし、持って帰る荷物をバッグに入れていく。途中でホワイトボードを見たり、わからないことがあると保育者に聞いたり友達の様子を見たりして、今やることをそれぞれに見つけて取り組んでいく。「先生、縄跳びどうやってくくるの？」とやり方をたずねる子もいれば、その様子を隣でよく見て自分でやろうとする子もいる。欠席の友達の靴箱が汚れているのに気づき、「先生、G男くんの靴箱どうしたらいい？」とたずねると、保育者「一緒にお願いできる？」と言われ「オッケー！わかった！」と引き受け、どんどんきれいにしていく。保育者は「ありがとう！」と感謝を伝えていく。また、進行具合に合わせ「園庭用の靴はビニール袋に入れて持って帰ってね」と保育者が声をかけると、「ビニール袋ってどこにあったっけ？」「この袋はどうやってくくるの？」と子ども同士で聞いたり教えたりし合って解決していく。

縄跳びを自分でくくる

休んでいる友達の分も

「できた！…」「ぼくも……」

ホワイトボードを確認して自分でやろうとする

（事例：筆者／写真：京都市立中京もえぎ幼稚園）

　子どもたちは、毎日の園生活で、遊んだり使ったりした物はまた明日使えるように、片づけることを繰り返してきた。そのなかで、ただ元通りにする作業ができるということではな

く、物を大切に使うことや、汚れたらきれいに洗うなどして返すことが大切だという価値や規範を身につけていることが重要である。この事例はそういった積み重ねがあるからこそ、1学期間自分たちが使ってきた身近な環境を整理して使いやすくしたり、美しく保ったりすることに価値を感じ、自分たちでやるべきことと自覚して取り組むことができている。また、自立というのは必ずしもひとりで生きていく力を身に付けることではない。ひとりでは難しいことやわからないことがあっても、友達や保育者にたずねたり助けてもらったりしながら、自分でやろうとする力を身につけていくことが重要なのである。

# 3 粘り強く取り組む力

　平成29年告示の幼稚園教育要領では、領域人間関係の内容の取扱い（1）に「教師との信頼関係に支えられて自分自身の生活を確立していくことが人と関わる基盤となることを考慮し、幼児が自ら周囲に働きかけることにより多様な感情を体験し、試行錯誤しながら諦めずにやり遂げることの達成感や、前向きな見通しをもって自分の力で行うことの充実感を味わうことができるよう、幼児の行動を見守りながら適切な援助を行うようにすること（下線筆者）」とあり、特に、下線部の文言があらたに追加された。これは、豊かな人生を送るために幼児期にぜひ身につけておきたい力として、現在注目されているグリット（やり抜く力）[11]と呼ばれるものとの関連が深い内容である。グリットとは、現在の課題に集中することができ、ひとつの目標を達成するために注意散漫になることを避け、継続的に取り組む力とされている。

事例
▼
**7-4**　屋根を付けたい

● 5歳児クラス　6月

　H実、I絵、J香、K代は前の日から続いているお家作りをしようとテラスに集まるが、なかなか始められずにいる。保育者「昨日は何に困ってたんだっけ？」というと、H実は「棒がしっかりとまらなかった」という。保育者「あ、そうか。それでテープを探しに行こうって言ってたんだ」と言い、みんなで材料棚を見に行く。保育者がいろいろなテープを見せると、「これちがう、これ」とH実、I絵が布ガムテープを選び、持っていく。

柱の長さを合わせるには？

　板状の段ボールを屋根に、長い筒状の段ボールを柱にしようと、4人は長い棒を垂直に立てた状態で布ガムテープを貼り付けていく。しばらくして手を離しても柱が立つように

　H実は一貫して目的意識をもち続け、必要な物を考え、前向きに取り組んでいく。長さが合わない棒しかないとわかったとき、折れていることを笑って受け止める。J香がつなげてはどうかというアイディアを出してきたときには、つなげると長すぎるのを見て、段ボールカッターで切って貼ることを思いつき、道具を取りに行って取り組む。保育者たちは、自分たちで動き出すきっかけを与えたり、「ちょっとまだグラグラしてるか」と目標を確認したり、難しいところを手伝ったりして、取り組みをさりげなく支えて見守っている。粘り強く取り組む力を身につけるには、まずやりたいと思う遊びがあって、実現したい明確なイメージが子どものなかでの目標となることが重要である。そのためには、やりたい遊びで十分に遊び込む生活を積み重ねておかなくてはならない。目標の実現には困難がつきまとうものだが、保育者は子どもが困難を感じている程度を見とり、自分の力でやり遂げられたと子どもが充実感を味わえるように、手を出しすぎず支えることが重要である。

# §3 協同性の育ち

　幼児期には、自己中心的な主張ばかりしていた子どもが、次第に相手との間で自分の気持ちを調整するようになる、劇的な成長発達が起こる。地域での仲間関係が希薄になっている今日、同じくらいの年齢の子どもたちと共に過ごす園生活の重要性が増してきている。園生活を重ねるなかで、一緒に遊びたい友達ができ、その友達と目的を共有するようになり、目的意識をもって、力を合わせてやり遂げようとするようになる。

　「幼児期の終わりまでに育ってほしい姿」として、協同性は次のように書かれている。

> （3）協同性
> 　友達と関わる中で、互いの思いや考えを共有し、共通の目的の実現に向けて、考えたり、工夫したり、協力したりし、充実感をもってやり遂げるようになる。

　ここでは、この協同性が育まれるのに必要な力についてみていこう。

## 1 自己主張と自己抑制と気持ちを調整する力

　他者と共に生きる力を身につけるためには、自分の思いを主張する力も、相手の思いを受けて自分の思いを抑える力も、両方大切になる。それらは自己主張と自己抑制と呼ばれる。自己主張は3歳〜4歳頃に急激に伸び、その後停滞するが、自己抑制は幼児期の間、徐々に伸びていくという（柏木, 1988）[12]。他者との間で気持ちを調整するには、この自己主張と自己抑制のバランスが自分なりに取れるようになってくることが必要である。近年、幼児期後半になると、だんだんと気持ちが調整できるようになってくることには、実行機能と心の理論の発達が関わっているのではないかといわれるようになってきた。実行機能とは「したいこと」や「習慣的にしてしまうこと」ではなく「すべきこと」を意図的に選ぶ力のことで、4、5歳になると発達してくることがわかっている（森口, 2012）[13]。もうひとつの心の理論は、他者の心の状態を推測する力のことで、これも4歳頃から伸びてくることが知られている（木下, 2011）[14]。このふたつの力の発達が絡み合い、気持ちを調整することができるようになるのではないかと現在考えられている。

こうしたらもっとおもしろい！

あ！　だめ！

距離をとる

言えた

　Ｌ太は砂場に掘った大きな池の上に樋を渡して、新幹線のおもちゃをのせ始めた。Ｍ佑は「水で流したら？」と樋に水を流して新幹線を動かすことを提案するが、Ｌ太は「だめ！」と言う。保育者は「思ってることは同じかもしれないし、聞いてあげて」とＬ太に声をかけるが、Ｌ太は話そうとしない。しかし、ふたりは新幹線をそれぞれ樋にのせて「そっち行きね」「オッケイ」と再び遊び出す。そこへ保育室からＮ哉が出てきて、「何してるの？」と保育者に話しかける。「今ね、新幹線が走るところができてきてるの」というと「水入れないの？」という。保育者「水を入れるかどうかは今迷ってるんだ」と伝えると、Ｎ哉は「水入れたら新幹線がこっちに動くんじゃないの？」と言い、樋の端を持ち上げて新幹線を動かそうとする。Ｌ太「あ、だめ！」と遊んでいた手を止めてＮ哉の様子を見る。Ｎ哉「いいじゃん」と笑って樋を持ち上げていると、Ｌ太「やめて」と言って、Ｎ哉の方を見ながら砂場から離れていく。保育者は、砂場から離れて我慢しているＬ太の様子を笑顔で見守っている。Ｎ哉がやめずにいると、離れたところからＬ太「やめて！」と大きな声で抗議する。保育者「やめてって言ってるよ」というと、Ｎ哉は樋を下に下ろした。

　保育者「言えた」と笑顔でＬ太を見てうなずき、「何がいやだったか言ってごらん」と言う。砂場の方に歩いて戻りながら「それを上に上げるから」と不満そうに言う。保育者はＮ哉に小声で説明するとＮ哉はこくりとうなずく。保育者「もうしないよって言ってるから大丈夫」というと、Ｌ太は樋の横に座り直し、再び遊び出す。保育者「言ってくれたからわかったよ」と伝える。Ｎ哉は少しＬ太の様子を見てから、スコップを持ってきて、池を大きくしようと掘り出す。その場で一緒に遊んでいたＯ夫は、Ｌ太に「なんで水を流すのはいやなの？」と遊びながら聞いてくれている。

（事例：筆者／写真：京都市立中京もえぎ幼稚園）

砂場で魅力的な遊びが展開している場面である。樋の幅にちょうどいい新幹線が収まっているのを見て、一緒に遊んでいたL太以外の子どもたちは水を流したいと思うが、L太が嫌がっているので、水を流さずに遊んでいた。そこへほかで遊んでいたN哉がやってきて、水は流さないものの、樋を傾けることで新幹線を動かしてしまう。このときのN哉の行動は、周囲の状

再び遊び始める

況に関わらず、「したいこと」が優先されている状態である。しかし、この後、L太の抗議と保育者の仲立ちを経て、N哉は自分の「すべきこと」つまり樋の端を持ち上げずに遊ぶことを選択する。このときN哉は、L太の嫌がっている様子を受け、自分とは異なる相手の心の状態を想像し、「したいこと」を我慢して、ここで遊び続けるために「すべきこと」を選択したと考えられる。遊びのなかでは「すべきこと」が決められているわけではない。しかし、相手との間で「しない方がよいこと」がわかり、別の関わりを模索し始める。

　一方のL太は3歳から通っている園生活のなかで、嫌なことがあっても友達を叩いてはいけないこと等、集団で守るべき道徳的な内容がわかっている。L太の抗議を受けてもなお、樋を傾けて新幹線を動かそうとするN哉の様子に耐えかねて、物理的に距離を取って離れていく。つい、してしまいそうになることを抑制して、なんとか自分を抑える方法を選択していると思われる。保育者はその様子を見守り、その後「やめて！」ともう一度気持ちを言葉で言えたことを「言えた」と笑顔で言い、うなずいて見せる。そうすることで、L太がなんとか衝動を抑えながら自分の思いを言えたことが大事なことだと価値づけるのである。L太は、理解者としての保育者の促しを頼りに、砂場にもう一度近寄りながら何がいやなのかを言葉にして伝えることができた。

　L太の展開する遊びは魅力的で、他の子どもたちは一緒に遊びたい気持ちをもって水を流すことを我慢しているようでもある。しかし、それは一方的な関係にとどまるのではなく、L太の気持ちを受けつつも「なんでいやなの？」と遊びながら穏やかに聞いてくるO夫のような姿へとつながっていく。自分とは異なる心の状態を想像して、理解しようとする姿は、一緒にやりたい楽しい遊びがあることで育まれていく。

## 2 目標を共有し、よさを生かし合う力

　他者との間で気持ちの調整ができるようになってくると、一緒に遊ぶことがますます楽しくなってくる。また、ぶつかり合ったり楽しんだりする生活を重ねることで、自分や相手の得意なことやよさ、特徴に気づいていく。年長児の後半にはそうしたよさを生かし合うような姿も見られるようになってくる。

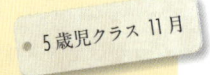

　11月の始めに、隣の小学校の2年生がフェスティバルという遊びの会を開いてくれ、招かれるうれしさや楽しさを感じてきた子どもたち。今度は自分たちが会を開く側になり、小さい子たちを喜ばせたいと、ポップコーンパーティを開くことにした。自分たちが育ててきたポップコーンを楽しい気持ちで食べてほしいと、会場を飾り付けするグループ、招待状を書くグループ、おみやげを作るグループ、看板を作るグループに分かれて活動を始めた。

たくさんのポップコーンに惹かれる

　看板作りのグループは、「小さい組さんはひらがなが読めないかもしれないから、字は書かない方がいいよ」「ポップコーンってどんなのかがわかるようなのにしたら？」「いろんな飾りをつけて楽しいよって感じにしよう」と、文字に頼らずにポップコーンパーティがどんなものかを伝えようと、それぞれにアイディアを出し合っていく。ポップコーンと同じくらいの大きさに紙を切っていたP枝、

調理前のポップコーンはもっと小さい

「みてー、こんなにつくったー」と並べてみせると、Q子「ありがとう、P枝社長」と見に行き、一緒に何個あるか数えてみる。保育者も来て「一個一個そうやって切ってるんだね！　すごーい！」というと、「だって、ポップコーンちっちゃいし、いっぱいあるもん」と言い、収穫して干しておいた調理前のポップコーンを見に行く。R人はその様子を見て、P枝が切ったものよりさらに小さな、調理前のポップコーンの大きさに紙を切り始める。Q子は看板のところに戻り、ドングリを接着剤で付けようとする。S夫は看板を支えて手伝おうとするが、なかなかつかない。Q子「ドングリはつかないなぁ」とあきらめかかっ

カップをつけたらどう？

たところに、保育者が「なんでつかなかった？」と声をかける。すると、Q子「重かった」と言うので、「そうか。一緒にやってみようか」と保育者が手伝い、なんとかくっつけた。ポップコーンの絵を描いたり、ポップコーンの大きさに切った紙を貼ったり、飾りを付けたりしていると、P枝「こんな入れ物に入ってますよって、紙コップもつけといたら？」と言い、看板に付けてみせる。すると、Q子やT弥が「いいねー」と応えていく。

（事例：筆者／写真：京都市立上賀茂幼稚園）

自分たちより年少の子どもたちに伝わりやすい看板を作るという目標を共有し、それぞれの発想を生かし合いながら、活動が展開していく。保育者はそれぞれに支え合っている姿を見守り、必要なところを援助し、よさを認めて広める声をかけていく。すると、その声がきっかけとなり、物作りの元となっているP枝の考えが言語化される。「ちっちゃいし、いっぱいある」というP枝のポップコーンの大きさと量に関する見方を聞いて、R人は、調理前のポップコーンの大きさを確認し、あらたにより小さなポップコーンを作り出すという創造性が引き出されていく。また、ドングリをつけたい友達の考えを推測し受け止め、看板を支える子どももいる。一人一人の看板やポップコーンに対する見方・考え方が異なることが、ひとつの目標の下で受け止められ、活動の豊かさを生み出している。一人一人の見方・考え方をそれぞれのよさとして受け止め、認めてきた保育者の援助によって自分だけでなく相手の見方・考え方も大切にし、よさを受け止め敬う気持ちが、子どもたちの中に育ってきている。

## 3　共感性・思いやり

　人を思いやる行動には、共感という心の仕組みが関わっている。そのなかに大きく分けてふたつの発達的な側面があり、ひとつは、「相手の立場に立って物事を考え、行動する」という他者視点の獲得の側面である。これは先ほど述べた他者の心の状態を推測する心の理論の発達と関係が深い。もうひとつは感情的な側面であり、相手がなぜ悲しんでいるか、それに対してどうしたらよいかといった相手の感情や立場に対する関心や配慮という側面である（菊池，2014）[15]。この思いやり行動は、心理学では「愛他行動」や「向社会的行動」と言われ、他者のためになることをしようとする自発的行動とされている（アイゼンバーグ，1995）[16]。

事例
▼
**7-7**　「食べられない人もいるよね」

● 5歳児クラス　6月

　お泊まり保育のときにみんなで食べる夕食のメニューを数日かけて考え合っている。唐揚げや焼肉、卵丼など、いろいろな案が出て盛り上がっていたが、U男が「でもさ、卵が食べられない人もいるからさ、みんなが食べられるものにした方がいいと思う」と発言する。保育者が「アレルギーのことか。よく気づいたね」と言うと、子どもたちのなかから「食べられない人は量を少なくしたら？」「でも食べたいもんは食べたい」「みんなが食べてるのにさ、自分だけ食べられなかったらつらい」といろいろな意見が出てくる。保育者はそれぞれの意見を整理しながら、「そうだね。いろんなことが

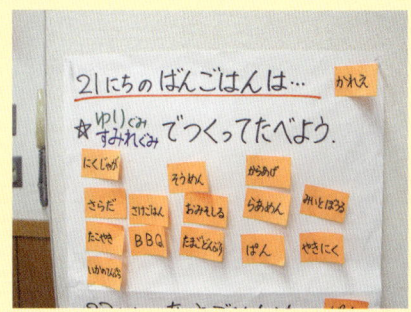

夕食のメニューを考えた意見を保育者が書き出す

　自分の食べたいものを意見として出していた子どもたちが、U男の意見を聞いて、好きなものを食べたいという自分の気持ちを中心とした視点と、アレルギーをもつ友達（他者）の気持ちを推測する視点との間で揺れながら、思いを表現し合っている。保育者はいろいろな気持ちがあることが当たり前としてすべての意見を受け止め、時間をかけて全員が納得できるように考え合うことを導いている。そのなかで、自分ではない他者の視点で物事を捉え直そうとしたことを「よく気づいたね」と価値づけ、大事にすることで、相手を思いやる気持ちの大切さを伝えている。このように、人を思いやる気持ちを育むことには、まず、相手の気持ちや状況への気づきを認め励ますこと、次に、どのように行動することが相手を助けることになるか、考える援助をすることという、ふたつの内容が含まれる。簡単に答えがでなくても、相手のことを想像し、よりよいあり方を考えるよう励ますことが重要である。

# §4 道徳性・規範意識の育ち

　ピアジェ（Piaget, 1932）[17] は道徳性の発達について、大人の拘束による他律的な道徳性から、自律的で仲間との協同による道徳性へと発達していくと考えた。また、コールバーグ（Kohlberg, 1969）[18] は、罰を避けようとする水準から、社会的ルールを意識する水準、自ら定義した道徳的価値により判断する水準へと発達すると考えた。一方的に大人の価値観を押しつけるだけでは「注意されるから○○しない」という他律的な道徳性のままだが、幼稚園等の子ども同士の関係性のなかで、より自律的な道徳性を育むことが重要だと考えられる。また、道徳性の発達にはこれまで扱ってきた心の理論や共感性の発達が影響している。友達が誰かとけんかして辛い思いをしている顔を見ると、友達の心のなかを理解しようと想像して（心の理論）、かわいそうに思い（共感性）、「たたいちゃだめだよ」と友達のけんか相手に言うような姿（道徳性）は、幼児期後半になるとよく見られる。

　「幼児期の終わりまでに育ってほしい姿」には「道徳性・規範意識の芽生え」が挙げられている。「道徳」と「規範」というふたつのキーワードが出てくるが、簡単にいうと、道徳とはものごとの善悪に関すること、規範とはきまりやルールに関することである。これらは、子どもたちの生活のなかでは明確に分けられるものではなく、入り交じっているのが実際である。

---

事例
**7-8**　「赤くなってからだよ」

● 3–5歳児合同 5月

　グミの樹のまわりに子どもたちが集まっている。「ここいっぱいあるよ！」と葉が重なる上の方を指さしてV夫（5歳）が言う。V夫は手を伸ばして取ろうとしている。W哉（5歳）は同じ実を見ながら、「この赤いの取っていい？」と樹に登り始める。「だめだよ！」とV夫は言うが、W哉は樹に登り、手を伸ばして実を取る。「ぼくのだよ、ぼくが見つけたんだから」とV夫は言うが、

「見つけた！」「どれ？」

W哉は取った実を自分の手に握って離さない。W哉「先生、これ食べれる？」と聞くと、保育者「食べられるかどうか分からない」と、実の微妙な色合いを見て応える。まわりの子どもたちが次々と「V夫くんのだよ、これ」と言うと、W哉はグミを手放し、V夫に渡

すが、W哉は「でもW哉ちゃんが採ったんだし」と言い返す。保育者は色合いを見て「まだちょっと早かったかなー」とつぶやく。

その横で3歳のX良が緑色のグミの実を手に持っている。Y斗（5歳）は「だめだよ」とグミの実を取り上げる。保育者が「X良くん欲しくて採っちゃったんだけど、赤くなってからだよって教えてあげて」と声をかけると、Y斗「赤くなってからだよ、ほら、こういう…」と樹の上の方になっている赤いグミの実を指さして見せる。X良はY斗の指さす方を一緒に見ている。

「この実は誰のもの？」

「赤くなってからだよ」

「ぼくも見つけた！」

（事例：筆者／写真：くりのみ保育園）

　この事例では、「グミの実は赤くなってから採る」という自然の恵み、命をいただくことへの道徳性が含まれているが、「先に見つけた人のもの」という園の中での規範も含まれている。この事例に出てくる幼児期後半の子どもたちは、「グミの実は赤くなってから採る」という道徳観を共有しているようだ。保育者は「この実を採ったのはよかったか」という道徳的判断に関わる「食べられるか」ということを問われ、「わからない」「ちょっと早かったかなー」と言う。子ども自身が実の色合いを見て、「食べたい」という気持ちを抑えて、どうすべきかを考えられるようになるためには、大人が「こうすべきだ」と強制するのではなく、問いかけ、自分で考えるよう促すことが大切になる。一方の「収穫したものは誰のものか」ということに関する規範には揺らぎが見られる。大半は「先に見つけた人のもの」と考えているようだが、W哉は「先に採った人のもの」という規範を抵抗する理由として持ち出す。ここで、V夫が見つけたグミの実を採ったW哉の行動は、道徳と規範のどちらからも「はたしてそれでよかったか」と問われて揺らぎ、友達に囲まれて、せっかく採った実を手放すのである。

　しかし、木の実に関心を持ち、食べるか食べないかではなく、実が欲しくなり採ってしま

った3歳のＸ良には、「赤くなってからだよって教えてあげて」と保育者が年長のＹ斗に頼むのである。Ｙ斗は最初、Ｘ良に保育者の言葉そのままに「赤くなってからだよ」と言うが、Ｘ良の様子を見て、一緒に樹に寄っていきＸ良に「赤い実とはどれのことか」と具体物を見せて、3歳のＸ良にも理解できるように説明する。年長のＹ斗から言われていることを、ジッと聞いて理解しようとしてい

「ほら、こういうの」

るＸ良の姿には、年長児へのあこがれや、「自分も同じことをしたい」という気持ちが表れており、異年齢の子ども同士の関わりのなかでこそ育つものが感じられる。「こんなときどうするのが」ということを、日常の関わりのなかで揺さぶられながら、具体的に言葉にしたり、考えたりすることを通して、少しずつ道徳性や規範意識を身につけていく。

*Column*

## コミュニティ・スクールと市民教育

　子どもが、社会の一員として自立し、自ら積極的に社会に関わろうとする態度を身につける社会形成・社会参加に関する教育を市民教育（シティズンシップ教育）という。幼稚園教育要領等においては、領域「人間関係」に「高齢者をはじめ地域の人々などの自分の生活に関係の深いいろいろな人に親しみを持つ。」という内容が含まれている。事例7-10に出てくる「学校運営協議会」とは、学校（幼稚園等を含む）と地域住民等が学校の運営に協力して取り組む仕組みのことで、この学校運営協議会をもつ学校はコミュニティ・スクールと呼ばれる。これは小学校以上の学校種でも設置が進められてきており、地域に見守られ育まれるという継続的な関係形成とともに、子どもが地域で自らの存在価値を感じ、地域に愛着をもつような、教育実践の充実が期待される。乳幼児期の人間関係の力の育ちを基盤として、地域を含めたさまざまな人との関わりのなかで自己発揮することができるように、育ちの連続性を保障していきたいものである。

# §5 社会生活との関わり

　家庭と地域との関わりが希薄化している今日では、園生活において地域の人と関わり、多様な人と出会い、継続的な関係を育んでいくような経験をすることが求められるようになっている。「幼児期の終わりまでに育ってほしい姿」の「社会生活との関わり」では、家族を大切にしようとする気持ちをもつ、地域の身近な人と触れ合うなかで人との様々な関わり方に気付く、役に立つ喜びを感じる、地域に親しみをもつといった姿が挙げられている。これらは、子どもを地域社会で協働的に生きていく大人へと育む、これからの市民教育の視点としても重要だと考えられる（p.195、COLUMN 参照）。

## 1 小学生や地域の人と出会い、よさを発揮する

　近年、幼小接続の取り組みが進み、幼小合同で活動する機会も増えてきている。園生活のなかで育まれた協同性が、多様な人間関係のなかでも発揮できるようにしていきたい。

---

**事例 ▼ 7-9　苗屋さんにきてください**　　　● 5歳児クラス　6月

　去年の年長児たちがしてくれた苗屋さんのことを思い出し、今度は自分たちの番だと苗を育て始めた。保育者は自分たちの苗に思いをもって育ててほしいと考え、育てる種をふたり一組で決めるところから活動を始めた。種類によって出てきた芽の形や大きくなる早さが違うが、それぞれの育てている苗の生長を楽しみに水やりをしてきた。保育者が用意しておいた苗屋さんの案内文に、子どもたちは思い思いに絵を描き、地域の人や小さい組の人、隣の小学校へと配った。いよいよお客さんが来てくれるという期待感を胸に、子どもたちは「看板作ろう！」「チケットもあった方がいい！」「レジがいる！」とそれぞれ役割分担し、準備を始めた。レジは「ピッてするやつがいる」と、バーコードを読み取る部分を付けたり、ボタンを押すとお金の引き出しが飛び出てくる仕組みを考えたりと工夫した。お客さんには入口でお金を渡して苗と交換し、レジでレシートを渡すという、やりとりも考えて必要な物を準備した。誰がお店屋さんか一目でわか

地域の人に案内文を直接手渡す

「私たちふたりで大事に育てた苗です」

「レシートに何か書いてある！」

る帽子も、一人一人作った。

　当日、小学生や地域の人、小さい組の子どもたちと保護者など、たくさんのお客さんがやってきた。子どもたちは苗を配る人とレジやお金を配る人と二手に分かれて、交替しながら売り始める。「こちらのお金を使って下さい」「どうぞこちらです」と案内したり、自分たちが大切に育てた苗を「おすすめですよー」「きれいな花が咲きますよ」と声をかけて売ったりする。苗を渡すときには相手に合わせて少しかがんだり、手を伸ばしたりして渡している。去年、自分たちも苗屋さんを経験している１年生は、今度はお客さんとして苗を選び、「このレジすごいな」と仕組みに感心して見ている。グループでひとつの苗を買って帰ることを小学校の教師が提案したことで、一年生たちは年長児のおすすめを聞いて意見を出し合い、ひとつの苗を決めて買っていった。

　保育者は、苗と一緒に植えてもらう絵カードを子どもたちと作っておいた。苗屋さんが終わっても、小学校での活動時や地域に散歩に出たときに「わたしたちがそだてたさるびあです」などと書かれた絵カードが植えてある鉢を見つけては喜んでいる。

小さい人にはかがんで

警察の人って大きいなあ

（事例／写真：京都市立伏見住吉幼稚園）

　地域社会には多様な人が住んでいる。しかし、その人たちと直接やりとりすることは少ないのが現代の生活である。この事例では、関わりを仲介する「苗」という存在が非常に大きな役割をもっている。保育者はその苗に子どもたちが思いをもって育てることが重要だと捉えている。なぜなら、自分たちが大切に育てた苗だからこそ、大事に育ててほしいという思いを持つようになり、どうやって渡すか、どんなメッセージを伝えるか、一つ一つ考えるようになるからである。子どもたちが考えたやりとりの仕組みのなかで、苗を真ん中にして笑

顔を交わし、声を交わし、準備したものを手渡していくことで、これまで直接関わらなかった多くの多様な人との関わりが生まれている。これを幼小の活動として見ると、小学校での活動に呼ばれるのと異なり、幼稚園を活動の場にすることで、子どもたちが安心感を持ち主体的に活動しやすくなっている。小学校の教師がグループでひとつの苗を決めるということを提案したことで、お客さんとして呼ばれている1年生も主体的に考えたりやりとりしたりすることが生まれている。また、自分たちの苗がいろいろなところで大切にされていることを見ると、自分たちが地域で生きているという市民性や、地域にとって価値ある活動をしたという自己肯定感、有用感も育まれていくと考えられる。

## 2 地域の一員として育つ

地域の多様な人と関わる活動を行う園は増えてきている。重要なのは、一過性の活動ではなく、継続的な関係のなかで、地域の一員としての子どもを育むことである。普段の保育のなかで地域の人との関係が育めるように、保育者がつねに地域との関係性を意識し、組織的、計画的に取り組んでいくことが必要になる。

事例
▼
**7-10** 「天井まで届く笹が欲しい」

● 5歳児クラス　6月

この園では学校運営協議会（p.195、COLUMN 参照）を中心として、地域の市民農園やNPO 団体等と協働的な関係を築いてきている。今年は、例年より積極的に地域との関わりを深めようと、地域の方の提案から学校運営協議会の名前を「なかよし会」とした。まずは、5月に園で収穫したエンドウ豆で豆ご飯パーティーをして一緒に食べ、子どもたちは「なかよし会の人と一緒に食べて楽しかった！」という思いをもった。「今度はカレーパーティーを開いて、なかよし会の人を招待したい」と思った子どもたちは、自分たちで招待状を書いたり、買い物をしたりして準備していった。保育者が「なかよし会の〇〇さん」と具体的な名前で子どもたちに話すようにしていると、次第に子どもたちが「□□さんに家の近くで会ったよ」と話すようになり、なかよし会の人が園に遊びに来ると「あ、△△さん」と名前を呼ぶようになっていった。

保育者は6月の後半、七夕飾りを作るときに、さらに地域の方との関わりが深まるように保育を計画した。それは、長い虹色の輪飾りを作る活動である。子どもたちは夢中になって輪飾りを長く長くつなげていった。とても長くなった虹色輪飾りをみんなで飾ってみたが、保育者が意図的に小さめの笹を用意しておいたので、輪飾りがす

地域の方をエスコート

うわー！ 大きい！ きれい！

ぐに床につき、せっかくの輪飾りがうまく飾れない。すると、子どもたちは、4月になかよし会の人とタケノコ掘りをした近所の竹林を思い出し、「天井まで届くぐらいの大きな笹が欲しい！」「なかよし会の人に大きな笹を持ってきてほしいな」という声が出てきた。保育者は「じゃぁカレーパーティーのときにお願いしてみる？」と投げかけると「それがいい！」「そうしよう！」と決まった。

いよいよカレーパーティーの日。子どもたちはなかよし会の人をパーティー会場まで案内し、みんなで作ったカレーを振る舞った。なかよし会の人たちは「お手紙ありがとう。上手に書いてたね」「みんなの作ったカレー、最高においしいわ」と喜びを伝えてくれた。子どもたちもうれしい気持ちになり、カレーを一緒に食べた。そして、パーティーの最後に、「天井まで届くぐらいの笹を持ってきて下さい！」とみんなでお願いした。なかよし会の人たちは「い・い・よ！」と元気に応えてくれ、子どもたちは大喜び。7月に近所の竹林に一緒に笹採りに行き、その後大きな笹を運んでもらって、いよいよ飾り付け。寝かせてある大笹に飾り付けをし、なかよし会の男性3人が「そーれ！」とかけ声とともに笹を立ち上げた。立ち上がった笹にはきれいな虹の輪飾りが美しく垂れ下がり、子どもも大人も「うわー！」と大歓声を挙げて喜んだ。

（事例／写真：京都市立深草幼稚園）

　子どもたちが主体となって開く会に喜んで来てくださる地域の方を、不特定多数の大人たちではなく、「なかよし会の○○さん」と名前を呼び合う特定の大人として関わりを積み重ねていった。そのことにより、地域の大人が「時々園に来る誰か」ではなく、「一緒に豆ご飯を食べた○○さん」になり、「また今度カレーを食べたい○○さん」になっていく。保育者は会と会の間にも、子どもたちが忘れないように地域の方の写真を入れたボードを作って、具体的な名前を出しながら話しをしたりして、子どもたちのなかに地域の人が根付いていくようにした。また、子どもたちが「地域の人に助けてほしい」という必要感を抱くように保育を計画したことで、より積極的な関わりが作られていっている。預かり保育に地域の方に参画してもらったり、地域の畑を借りた農園活動をしたりと、年間を通して関わり続け、地域に親しんでいった。

　こういった活動には、園長をはじめとする保育者が地域の方々と積極的に関わり、連携を取っていくことが必要になる。保育の計画とともに幼児教育のねらいを伝え、地域の方が子どもたちとの関係を楽しんで関わってもらえるようにすることは、学習指導要領等の柱となっている「社会に開かれた教育課程」の理念の実践ともいえる。幼児教育の内容を家庭や地域社会に理解してもらいながら、共に子どもを育む関係性を築くと同時に、子どもたちが主体的に地域で活動していけるように、必要感が生まれる保育の計画を立てることも重要であ

る。保育者の高い専門性が求められるが、地域で生きる子どもを育むという現代の子どもたちにとって非常に重要な教育活動である。

　ブロンフェンブレンナー（1996）[19] は、人を取り巻く環境をいくつもの入れ子構造と見なした（下の図参照）。中心となるのは、ある子どもに直接影響を与える家族や担任保育者や友達、地域の人との関係（マイクロシステム）であるが、そのまわりは夫婦関係や地域の人と幼稚園の関係など（メゾシステム）に取り巻かれ、影響を受けている。またその外側には、直接その子どもには関係しないが、間接的に影響を与えるものとして、友達の家族関係や園の保育者の人間関係などがあり（エクソシステム）、さらにそれらは日本の文化、社会状況など（マクロシステム）に取り巻かれ、影響を受けている。現代はこのマイクロシステムの中の地域が希薄化している。幼児教育の取り組みによって、直接子どもが関わるマイクロシステムの中に地域の人を取り込むこと、またそれを取り巻くメゾシステムとして、園と地域と家庭の関係を良好なものにしていくことが重要になると捉えられる。

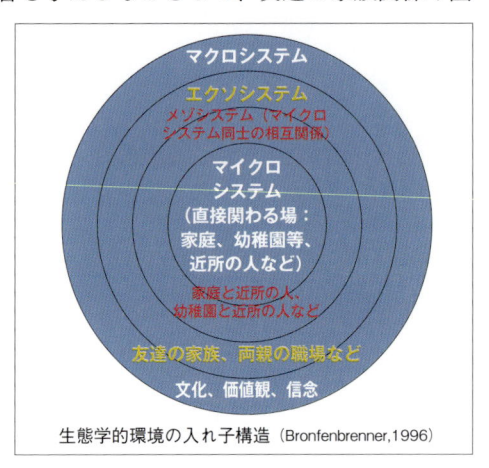

生態学的環境の入れ子構造 (Bronfenbrenner, 1996)

―・― ・―　こ の 章 で 学 ん だ こ と　―・― ・―

●身近な特定の大人とのしっかりとした愛着関係の形成が、その後子どもが人と関わる際の基盤となる。

●自分で行うこととその達成を通して自己肯定感を抱き、意欲を持ってやり遂げようと自立へ向かっていく。

●自分の力でやろうとする経験が、少し難しいことがあってもあきらめずに粘り強く取り組む力へとつながっていく。

●自己主張と自己抑制の両方の力を発揮することで、気持ちを調整することが少しずつできるようになる。

●目標を共有し仲間と活動する積み重ねの中で、共感性や思いやりが育つ。

●心の理論や共感性の発達とともに、道徳性や規範意識が育っていく。

●乳幼児期の人間関係の力の育ちが、地域社会を含めた多様な人との関わりのなかで生かされるようにする。

# 現代の保育の課題と
# 領域「人間関係」

――――◆――◇―◆――― この章で学ぶこと ―――◆―◇――◆――――

今日のグローバル化や情報通信技術の進展は、
私たちの生活を大きく変化させてきている。
この章では、現代社会の特徴と子どもの人との関わり、親のストレスの問題について触れ、
幼児期に求められる人との関わりのあり方について述べる。

# §1 現代社会と人の関わり

## 1 ICT の発展と幼児期の人間関係

　近年のグローバル化、ICT（情報通信技術）の進展は著しい。グローバル化は、私たちの生活に多様性をもたらし、多様な文化や価値観の衝突、融合などにより、あらゆる分野の境界を超えて、新たなものを生み出している。また、巷では、ICT や IoT などの言葉が飛びかっている。ICT は情報通信技術、IoT は、それを使って様々な「もの」の情報がつながり、集中管理されたり、効率的な運用ができたりするようにする技術をいい、「もの」に搭載された内蔵センサーからデータを収集し、それに基づき、必要なアクションを実行することができる。

　たとえば、自宅の冷蔵庫にセンサーを取り付けておくと、この冷蔵庫は、帰宅時に牛乳を買ってくるように住人のスマートフォンに知らせてくれる。また、ビルの空調システムでは、センサーを用いて冷暖房や照明を自動調整できるようになったりできる。このようなシステムは、人間の生活をさらに効率化し、大きな経済効果を生み出す。これらの技術なくしては、今の社会はもちろん、未来の社会も成り立たない。一方で、牛乳の残量を巡って家族が話し合い、買ってくる人を決める必要がなくなったり、電話をして、「牛乳、買っていこうか」と聞く必要も無くなっていく。ICT や IoT は、人間の生活を限りなく効率化し、人間の手間を限りなく省いていくのであるが、人が対面してコミュニケーションしたり、試行錯誤しながらも協力して問題解決していくような機会は、失われていくのではないだろうか。

　人は本来、人と人との間に生まれ、人と関わりながら生きていく存在である。互いに対面して、言葉や感情を交わし合い、時に対立し、悩みながらも、関係を修復しようと試み、和解したり、新たな関係を形成していく。この人間的な労力を必要とする過程から、愛情や信頼も生まれてくるのではないだろうか。乳幼児期は、このような社会的、情動的コミュニケーションが重要な時期である。生まれた直後から、養育者に抱かれ、体の温もりを感じながら、人間関係の最初の発達課題である愛着や信頼を獲得していく。そして、発達するにつれて、生活空間を広げ、幼稚園等施設に入園し、保育者や仲間と出会い、関わりを通して、自立心や他者への愛情や信頼、社会生活における望ましい習慣や態度を身につけていく。これらは、ある意味、時間がかかるし、労力も要する営みかもしれない。しかし、人間の発達、とくに人生の原点となる乳幼児期において、これらの人との多様で具体的な関わりを欠いてはならないだろう。

# 2 関わりの対象の喪失

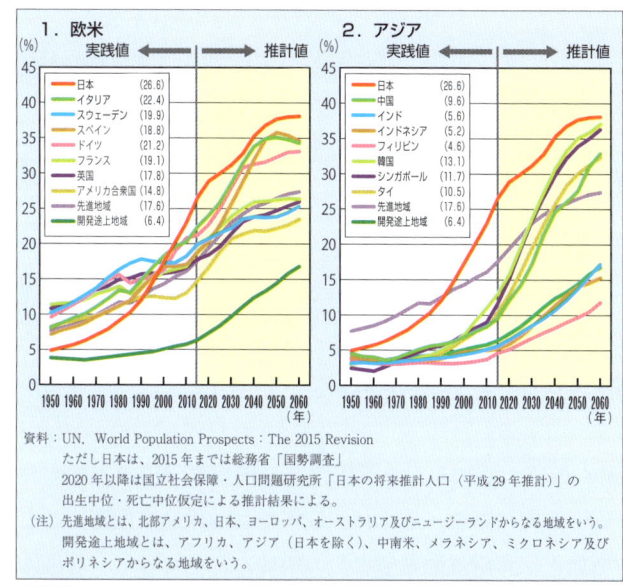

資料：UN. World Population Prospects：The 2015 Revision
ただし日本は、2015 年までは総務省「国勢調査」
2020 年以降は国立社会保障・人口問題研究所「日本の将来推計人口（平成 29 年推計）」の
出生中位・死亡中位仮定による推計結果による。
(注) 先進地域とは、北部アメリカ、日本、ヨーロッパ、オーストラリア及びニュージーランドからなる地域をいう。
開発途上地域とは、アフリカ、アジア（日本を除く）、中南米、メラネシア、ミクロネシア及び
ポリネシアからなる地域をいう。

**図 8-1** 世界の高齢化率の推移（『平成 29 年版高齢社会白書』内閣府）

少子高齢化が一般の人々の問題意識に上がったのは、1989 年のいわゆる「1.57 ショック」に遡る。それ以来、四半世紀以上が過ぎ、様々な子育て支援策が講じられてきたが、合計特殊出生率は下がり続け、2005 年に過去最低の 1.26 になった。その後、微増して、2017 年時点で 1.44 となっているが、人口維持のための、2.2 には及ばず、減少に歯止めがかかっているとはいえない。一方、日本では 2030 年には、4 人中 1 人が 65 歳以上の高齢者になるといわれ、また、国連の統計によれば、国連に加盟するすべての国と比較しても、日本は高齢化のスピードが早いことが見て取れる。

このような状況のなか、子どもは、家庭できょうだいと、地域で仲間と関わる機会を得難い状況が続いている。

また、全日本私立幼稚園幼児教育研究機構が、全国 5252 名の子どもの親を対象に 2015 年に実施した「現代の子どもの生活実態調査」では、子どもは、運動系、音楽系、英語や塾など、複数のお稽古に通っており、幼稚園等施設から帰宅後は、母親と遊ぶ子どもが 5 割を占め、大半が家の中で遊ぶことが示されている。幼稚園等施設から帰宅後、子どもは親に管理されながら、塾に通い、自由に遊ぶ時間や、多様な場所が失われている実態が見て取れる。また、友達と遊びたくても、近所に住む子どもが塾に通っているため、一緒に遊ぶことができない状況も指摘されている。都市化や核家族化についても、今日、問題となっており、現代の子どもは、楽しく、主体的に遊べる「仲間」「時間」「空間」を喪失している状況といえ、保育の場において、これらをどのように補っていくのか課題であろう。

# §2 親の生き方の変化と親子の関わり

## 1 親のストレスと子育て支援

　少子高齢化や核家族化によって関わりの対象が減少している一方で、母親の子育て不安やストレスは高いことが指摘されている。今日の幼児教育においては、質の高い幼児教育・保育の実践のなかに、子育て支援が位置付けられるようになった。幼保連携型認定こども園や保育所においては、子育て支援が義務付けられ、幼稚園においても、保育を充実させるために子育ての支援は欠かせないものになっている。

　「一億総活躍の時代」にあって、働く母親が増加し、小学校及び義務教育学校第1学年児童数に対する幼稚園修了者の比率は低下傾向にある。とくに、近年では幼保連携型認定こども園に代表される認定こども園数の増加と保育所就園希望者数の増加とあいまって、幼稚園と、保育所及び認定こども園を合わせた同比率は2016年に逆転し、2017年には、幼稚園修了者数の比率は46.5%となっている。

　子育ても自分の生き方も大切にしたいと考える母親が多いが、母親が有職の場合は、仕事に追われ、家庭と職場の多重役割で葛藤に陥ったり、就業していない場合には子育てに成功しなければならないプレッシャーや、自分が社会に出て働けないストレスを感じたりしている。また、雇用形態も複雑になってきており、単身赴任や非正規雇用の増加などで、家族と関わる時間や、配偶者をサポートする余裕のない父親も少なからずいるだろう。こうした、親の生き方に子どもの生活は直接、影響を受けることになるだろう。子どもの虐待の通報件数は、年々増加しており、厚生労働省の児童虐待の対応件数は、平成28年度で過去最多の12万件に達している。虐待の原因は多様だが、親のストレスやイライラ感情が虐待と関連するといわれている。こうした家庭の教育機能が低下しがちな現代にあって、保育者には、実態に対する深い洞察と、個々の状況に応じた支援が求められている。

## 2 急がされる子どもたち

21世紀の社会は、知識基盤社会といわれる。新しい知識、情報、技術が、政治・経済・文化をはじめ社会のあらゆる領域での活動の基盤として、飛躍的に重要性を増してくる。変化が激しく、つねに、新しい未知の課題に試行錯誤しながらも、対応することが求められている。

また、先に述べたよう、グローバル化や情報化といった社会的変化のなかで、人工知能、インターネットなどが人間の予測を超えて進展し、人間の社会や生活を大きく変えていく。IoT、ICTにより、瞬時のうちに情報を収集したり、共有したり、利用することによって、人間の手間を省き、生産性を飛躍的に上げることができるようになった。パソコンをはじめとした情報機器は、人々の能力を増大させ、また、生活様式や他者とのコミュニケーションを激変させている。人々は、パソコンの画面を介して他者と関わりコミュニケーションするようになったが、生身の人間が対面して、共同し、生きていくためのスキルや知識を学ぶ機会をもたないまま育ち、引きこもり、人との接触を避けてしまう若者も少なからずいると考えられる。

人間の生活世界は3層に分けられ、最も基礎にある層は、現実と接し、交渉し合う「生活世界」、直接、現実的には接しないが、人々が伝えてくる情報を手掛かりに形成する「情報的世界」[1]、さらに、その上に、外界の事物との直接的対応性を離れて自分のなかで成立する「心情の世界」が重ねられる（岡本, 2005）。乳幼児期の意義は、生活世界のなかに自分の居場所を見つけることによって、生きることの最も基礎にある層を充実させていくことにあるが、IT革命は、発達の初期から子どもの生活に入り込み、本来、基本となるべき生活世界も失われかねない。

また、今日の能力主義、成果主義は情報化社会を動かす大きな原理であり（エルカインド, 2002）、学校教育にも大きな影響を及ぼしている。何かができることや、できるだけ効率よく、早く、成果を上げることが幼いころから要求されてくる。そこでは、成果が出せない子、ゆっくり歩む子と行った多様な子どもたちの存在は認められず、人よりも早く、優れた成果を得たいという競争原理を生み出し、子ども本来のあり方、そして、子ども同士の関わりを奪っていく。このようなことは、およそ20年前から指摘されていることであるが、多様な価値観、民族の共生をめざす今日のグローバル社会にあっても、共生社会の理念だけは先行しても、こういった競争社会の傾向が低減するどころか、高まっているのではないだろうか。

幼児教育は、このような時代にあって、子どもたちに豊かな環境を提供し、それを通して人との豊かな関わりを育むことをめざしている。子どもが主体的に物的、人的環境に関わりながら生活世界を充実させるとき、体や心に刻み込まれた直接体験が、幼児期に育てたい資質・能力を育み、「後伸びする力」の基礎を培うのではないだろうか。

―――・――・――　こ の 章 で 学 ん だ こ と　――・――・―――

● 現代社会は、情報伝達技術その他のテクノロジーの進展により、効率よく、無駄を省き、生産性を飛躍的に増大させたが、ある意味それは、人手を極力省くことを意味する。

● 人と人との関わりの原点は、生身の人間が直接出会い、対面し、コミュニケーションしながら、生活をしていくことで、とくに乳幼児期は、人と生活世界を共にして、関わることにより、人格形成がなされることが重要である。

● 子どもを取り巻く環境においては、少子化や都市化、親のストレスや虐待の問題等、さまざまな外的・内的な問題が起きており、子どもが育ちにくい状況がある。そのようななか、幼児教育は、豊かな環境を通して、様々な直接的体験を生み出し、人格の基礎を形成していくことが求められていることを学んだ。

―・――・――・――・――・――・――・――・――・――・――・――

# 引用文献

**第3章**

1　伊藤英夫（2004）「第9章自閉症の共同注意と指差し行動」、大藪 泰・田中みどり・伊藤英夫『共同注意の発達と臨床.人間化の原点の究明』川島書店、2004年、pp.223-251

**第4章**

1　中野茂「遊び」無藤隆・高橋恵子・田島伸之編著『発達心理学入門』東京大学出版会、1990年、pp.147-160

2　倉持清美・柴坂寿子「仲間遊びにおけるある園児のイメージの変容」『幼児教育研究』第12号、2003年

**第6章**

1　倉橋惣三『育ての心（上）』フレーベル館、1976年

**第7章**

1　Bowlby, J. Attachment and Loss. Vol.1. Attachment. Basic Books. 1969

2　遠藤利彦「アタッチメント理論とその実証研究を俯瞰する」、数井みゆき・遠藤利彦（編）『アタッチメントと臨床領域』ミネルヴァ書房、2007

3　Howes, C., & Spieker, S. Attachment relationships in the context of multiple caregivers. In Cassidy, J., & Shaver, P.R.（Eds.）, Handbook of attachment: Theory, research, and clinical applications. Third Edition. Guilford Press. 2016

4　NICHD Early Child Care Research Network, Child Care and Child Development: Results from the Nichd Study of Early Child Care and Youth Development, Guilford Pubn; New版 2005

5　Heckman, J.J. Giving Kids a Fair Chance. MIT Press, 2013.（大竹文雄解説、古草秀子訳『幼児教育の経済学』東洋経済新報社、2015）

6　遠藤利彦「愛着」、無藤隆・子安増生 編『発達心理学Ⅰ』東京大学出版会、2011

7　Mischel, W. The Marshmallow Test: Mastering Self-Control. Little, Brown and Company, 2014.（柴田裕之訳『マシュマロ・テスト.成功する子・しない子』早川書房、2015）

8　Gibson, E.J.　An ecological psychologist's prolegomena for perceptual development: A functional approach. C.Dent-Read, & P.Zukow-Goldring（Eds.）, Evolving explanations of development: Ecological approaches to organism-environment systems. APA, 1997

9　津守真『保育の体験と思索.子どもの世界の探究』大日本図書、1980

10　Erikson, E.H. The Life Cycle Completed: A Review. W. W. Norton & Company. 1982（村瀬孝雄・近藤邦夫 訳『ライフサイクル、その完結』みすず書房、1989

11　Duckworth, A. GRIT : The Power of Passion and Perseverance. Scribner, 2016（神崎朗子訳『GRIT.やり抜く力』ダイヤモンド社、2016）

12　柏木恵子『幼児期における「自己」の発達：行動の自己制御機能を中心に』東京大学出版会、1988

13　森口佑介『わたしを律するわたし.子どもの抑制機能の発達』京都大学学術出版会、2012

14　木下孝司「心の理論」、無藤隆・子安増生 編『発達心理学Ⅰ』東京大学出版会、2011

15　菊池章夫「思いやりと共感.本当の思いやりはあるのか」日本心理学会（監修）、高木修・竹村和久（編）『思いやりはどこから来るの？.利他性の心理と行動』誠心書房、2014

16　Eisenberg, N. The Caring Child. Harverd University Press.,1992（二宮克美・首藤敏元・宗方比佐子（訳）『思いやりのある子どもたち.向社会的行動の発達心理』北大路書房、1995

17　Piaget, J. The moral judgement of the child. Routledge & Kegan Paul. 1932.（大伴茂（訳）『臨床児童心理学Ⅲ.児童道徳判断の発達』同文書院、1957）

18　Kohlberg, L. Stage and sequence: The cognitive-developmental approach to socialization. In Goslin, D.A. (Ed.), Handbook of socialization theory and research. Rand McNally, 1969.19

19　Bronfenbrenner, U., The ecology of human development, Harvard University Press, 1981.（磯貝芳郎・福富謙（訳）『人間発達の生態学.発達心理学への挑戦』川島書店、1996）

**第8章**

1　岡本夏木『幼児期　―子どもは世界をどうつかむか―』岩波新書、2005年

## 問いからはじめる発達心理学
### ─生涯にわたる育ちの科学─

坂上裕子・山口智子・林 創・中間玲子 著 ● 有斐閣 ● 2014

素朴な疑問を出発点として、関連する研究知見を古典から最近のものまで平易な表現で紹介し、発達心理学の概念が理解できるように導く良書。近年関心が高い実行機能といったトピックも、わかりやすく解説されている。

## 0歳〜6歳
## 心の育ちと対話する保育の本

加藤繁美 ● 学研プラス ● 2012

乳幼児期の心の育ちの特徴と、共感的・応答的に関わる対話的保育実践について、具体的な実践例や工夫を含め詳述。幼児期後半のプロジェクト型の協同的活動における、保育者の対話的な聴き取りに学ぶべきことは多い。

## 子どもの友だちづくりの世界

岩田純一 ● 金子書房 ● 2014

自明的に用いられる「共感」「主体性」等について問い直し、個から集団へと広がる関係性として一元的に語られがちな協同性の育ちを、個と仲間関係の間のダイナミックで両義的な育ちの視点から分析している。

## 子どもとことば

岡本夏木 ● 岩波新書 ● 1982

子どもが生後直後から、養育者との関わりの中で何をどのように共有しながら言葉を獲得していくのかを説明した古典的名著である。言葉や認識の発達がいかに人との関係性に支えられているのかがよくわかる。

## 発達する保育園　子ども編
## 子どもが心のかっとうを超えるとき

平松知子 ● ひとなる書房 ● 2012

友達や保育者との関わりの中で葛藤し、乗り越えたりつまずいたりしながら、少しずつ自分らしく"ここ"にいられるようになる子ども達の姿が描かれている。子どもの気持ちに寄り添うことについて考えさせられる。

## 世界の子育て格差
### ─子どもの貧困は超えられるか

内田伸子・浜野 隆 編 ● 金子書房 ● 2012

調査研究から得られた知見を基盤にしながら、日本だけでなく東アジア諸国や途上国など各国の子育て格差について紹介している。子どもを取り巻く環境に存在する様々な格差について考える機会となるだろう。

## 保育者の地平

津守真 ● ミネルヴァ書房 ● 1997

「保育は職業としてあるだけでなく、人間の存在をかけた行為である」筆者の言葉は、毎日を子どもと共に過ごす者の心に、静かに深くしみ込んでいく。保育の原点に導かれ、保育者に希望と勇気を与える、保育の真髄を語る奥深い一冊。

## 幼 児 期
## 子どもは世界をどうつかむか

岡本夏木 ● 岩波新書 ● 2005

子どもの「発達的基礎は幼児期にこそ培われること」を現代の状況と関連づけながら述べるとともに、現代社会において子どもの健全な発達に必要なものが失われてきている「今」こそ「幼児期」を見直す作業の必要性を力説している。

# 幼稚園教育要領(全文)　保育所保育指針(抄録)

## 幼稚園教育要領

[ 文部科学省　平成29年3月告示　平成30年4月施行 ]

## 幼稚園教育要領 (前文)

　教育は、教育基本法第1条に定めるとおり、人格の完成を目指し、平和で民主的な国家及び社会の形成者として必要な資質を備えた心身ともに健康な国民の育成を期すという目的のもと、同法第2条に掲げる次の目標を達成するよう行われなければならない。

1　幅広い知識と教養を身に付け、真理を求める態度を養い、豊かな情操と道徳心を培うとともに、健やかな身体を養うこと。
2　個人の価値を尊重して、その能力を伸ばし、創造性を培い、自主及び自律の精神を養うとともに、職業及び生活との関連を重視し、勤労を重んずる態度を養うこと。
3　正義と責任、男女の平等、自他の敬愛と協力を重んずるとともに、公共の精神に基づき、主体的に社会の形成に参画し、その発展に寄与する態度を養うこと。
4　生命を尊び、自然を大切にし、環境の保全に寄与する態度を養うこと。
5　伝統と文化を尊重し、それらをはぐくんできた我が国と郷土を愛するとともに、他国を尊重し、国際社会の平和と発展に寄与する態度を養うこと。

　また、幼児期の教育については、同法第11条に掲げるとおり、生涯にわたる人格形成の基礎を培う重要なものであることにかんがみ、国及び地方公共団体は、幼児の健やかな成長に資する良好な環境の整備その他適当な方法によって、その振興に努めなければならないこととされている。

　これからの幼稚園には、学校教育の始まりとして、こうした教育の目的及び目標の達成を目指しつつ、一人一人の幼児が、将来、自分のよさや可能性を認識するとともに、あらゆる他者を価値のある存在として尊重し、多様な人々と協働しながら様々な社会的変化を乗り越え、豊かな人生を切り拓き、持続可能な社会の創り手となることができるようにするための基礎を培うことが求められる。このために必要な教育の在り方を具体化するのが、各幼稚園において教育の内容等を組織的かつ計画的に組み立てた教育課程である。

　教育課程を通して、これからの時代に求められる教育を実現していくためには、よりよい学校教育を通してよりよい社会を創るという理念を学校と社会とが共有し、それぞれの幼稚園において、幼児期にふさわしい生活をどのように展開し、どのような資質・能力を育むようにするのかを教育課程において明確にしながら、社会との連携及び協働によりその実現を図っていくという、社会に開かれた教育課程の実現が重要となる。

　幼稚園教育要領とは、こうした理念の実現に向けて必要となる教育課程の基準を大綱的に定めるものである。幼稚園教育要領が果たす役割の一つは、公の性質を有する幼稚園における教育水準を全国的に確保することである。また、各幼稚園がその特色を生かして創意工夫を重ね、長年にわたり積み重ねられてきた教育実践や学術研究の蓄積を生かしながら、幼児や地域の現状や課題を捉え、家庭や地域社会と協力して、幼稚園教育要領を踏まえた教育活動の更なる充実を図っていくことも重要である。

　幼児の自発的な活動としての遊びを生み出すために必要な環境を整え、一人一人の資質・能力を育んでいくことは、教職員をはじめとする幼稚園関係者はもとより、家庭や地域の人々も含め、様々な立場から幼児や幼稚園に関わる全ての大人に期待される役割である。家庭との緊密な連携の下、小学校以降の教育や生涯にわたる学習とのつながりを見通しながら、幼児の自発的な活動としての遊びを通しての総合的な指導をする際に広く活用されるものとなることを期待して、ここに幼稚園教育要領を定める。

## 第1章　総　則

### 第1　幼稚園教育の基本

　幼児期の教育は、生涯にわたる人格形成の基礎を培う重要なものであり、幼稚園教育は、学校教育法に規定する目的及び目標を達成するため、幼児期の特性を踏まえ、環境を通して行うものであることを基本とする。

　このため教師は、幼児との信頼関係を十分に築き、幼児が身近な環境に主体的に関わり、環境との関わり方や意味に気付き、これらを取り込もうとして、試行錯誤したり、考えたりするようになる幼児期の教育における見方・考え方を生かし、幼児と共によりよい教育環境を創造するように努めるものとする。これらを踏まえ、次に示す事項を重視して教育を行わなければならない。

1 幼児は安定した情緒の下で自己を十分に発揮すること
により発達に必要な体験を得ていくものであることを考
慮して、幼児の主体的な活動を促し、幼児期にふさわし
い生活が展開されるようにすること。

2 幼児の自発的な活動としての遊びは、心身の調和のと
れた発達の基礎を培う重要な学習であることを考慮して、
遊びを通しての指導を中心として第2章に示すねらいが
総合的に達成されるようにすること。

3 幼児の発達は、心身の諸側面が相互に関連し合い、多
様な経過をたどって成し遂げられていくものであること、
また、幼児の生活経験がそれぞれ異なることなどを考慮
して、幼児一人一人の特性に応じ、発達の課題に即した
指導を行うようにすること。

その際、教師は、幼児の主体的な活動が確保されるよう幼
児一人一人の行動の理解と予想に基づき、計画的に環境を構
成しなければならない。この場合において、教師は、幼児と
人やものとの関わりが重要であることを踏まえ、教材を工夫
し、物的・空間的環境を構成しなければならない。また、幼
児一人一人の活動の場面に応じて、様々な役割を果たし、そ
の活動を豊かにしなければならない。

**第2 幼稚園教育において育みたい資質・能力及び「幼児期
の終わりまでに育ってほしい姿」**

1 幼稚園においては、生きる力の基礎を育むため、この
章の第1に示す幼稚園教育の基本を踏まえ、次に掲げる
資質・能力を一体的に育むよう努めるものとする。

(1) 豊かな体験を通じて、感じたり、気付いたり、分かっ
たり、できるようになったりする「知識及び技能の基礎」

(2) 気付いたことや、できるようになったことなどを使
い、考えたり、試したり、工夫したり、表現したりす
る「思考力、判断力、表現力等の基礎」

(3) 心情、意欲、態度が育つ中で、よりよい生活を営も
うとする「学びに向かう力、人間性等」

2 1に示す資質・能力は、第2章に示すねらい及び内容
に基づく活動全体によって育むものである。

3 次に示す「幼児期の終わりまでに育ってほしい姿」は、
第2章に示すねらい及び内容に基づく活動全体を通して
資質・能力が育まれている幼児の幼稚園修了時の具体的
な姿であり、教師が指導を行う際に考慮するものである。

(1) 健康な心と体

幼稚園生活の中で、充実感をもって自分のやりたいこ
とに向かって心と体を十分に働かせ、見通しをもって行
動し、自ら健康で安全な生活をつくり出すようになる。

(2) 自立心

身近な環境に主体的に関わり様々な活動を楽しむ中で、
しなければならないことを自覚し、自分の力で行うため
に考えたり、工夫したりしながら、諦めずにやり遂げる
ことで達成感を味わい、自信をもって行動するようになる。

(3) 協同性

友達と関わる中で、互いの思いや考えなどを共有し、
共通の目的の実現に向けて、考えたり、工夫したり、協
力したりし、充実感をもってやり遂げるようになる。

(4) 道徳性・規範意識の芽生え

友達と様々な体験を重ねる中で、してよいことや悪い
ことが分かり、自分の行動を振り返ったり、友達の気持
ちに共感したりし、相手の立場に立って行動するように
なる。また、きまりを守る必要性が分かり、自分の気持
ちを調整し、友達と折り合いを付けながら、きまりをつ
くったり、守ったりするようになる。

(5) 社会生活との関わり

家族を大切にしようとする気持ちをもつとともに、地
域の身近な人と触れ合う中で、人との様々な関わり方に
気付き、相手の気持ちを考えて関わり、自分が役に立つ
喜びを感じ、地域に親しみをもつようになる。また、幼
稚園内外の様々な環境に関わる中で、遊びや生活に必要
な情報を取り入れ、情報に基づき判断したり、情報を伝
え合ったり、活用したりするなど、情報を役立てながら
活動するようになるとともに、公共の施設を大切に利用
するなどして、社会とのつながりなどを意識するように
なる。

(6) 思考力の芽生え

身近な事象に積極的に関わる中で、物の性質や仕組み
などを感じ取ったり、気付いたりし、考えたり、予想し
たり、工夫したりするなど、多様な関わりを楽しむよう
になる。また、友達の様々な考えに触れる中で、自分と
異なる考えがあることに気付き、自ら判断したり、考え
直したりするなど、新しい考えを生み出す喜びを味わい
ながら、自分の考えをよりよいものにするようになる。

(7) 自然との関わり・生命尊重

自然に触れて感動する体験を通して、自然の変化など
を感じ取り、好奇心や探究心をもって考え言葉などで表
現しながら、身近な事象への関心が高まるとともに、自
然への愛情や畏敬の念をもつようになる。また、身近な
動植物に心を動かされる中で、生命の不思議さや尊さに
気付き、身近な動植物への接し方を考え、命あるものと
していたわり、大切にする気持ちをもって関わるように
なる。

(8) 数量や図形、標識や文字などへの関心・感覚

遊びや生活の中で、数量や図形、標識や文字などに親
しむ体験を重ねたり、標識や文字の役割に気付いたりし、
自らの必要感に基づきこれらを活用し、興味や関心、感
覚をもつようになる。

(9) 言葉による伝え合い

先生や友達と心を通わせる中で、絵本や物語などに親
しみながら、豊かな言葉や表現を身に付け、経験したこ
とや考えたことなどを言葉で伝えたり、相手の話を注意
して聞いたりし、言葉による伝え合いを楽しむようになる。

(10) 　豊かな感性と表現

　　心を動かす出来事などに触れ感性を働かせる中で、様々な素材の特徴や表現の仕方などに気付き、感じたことや考えたことを自分で表現したり、友達同士で表現する過程を楽しんだりし、表現する喜びを味わい、意欲をもつようになる。

## 第3　教育課程の役割と編成等

### 1　教育課程の役割

　　各幼稚園においては、教育基本法及び学校教育法その他の法令並びにこの幼稚園教育要領の示すところに従い、創意工夫を生かし、幼児の心身の発達と幼稚園及び地域の実態に即応した適切な教育課程を編成するものとする。

　　また、各幼稚園においては、6に示す全体的な計画にも留意しながら、「幼児期の終わりまでに育ってほしい姿」を踏まえ教育課程を編成すること、教育課程の実施状況を評価してその改善を図っていくこと、教育課程の実施に必要な人的又は物的な体制を確保するとともにその改善を図っていくことなどを通して、教育課程に基づき組織的かつ計画的に各幼稚園の教育活動の質の向上を図っていくこと（以下「カリキュラム・マネジメント」という。）に努めるものとする。

### 2　各幼稚園の教育目標と教育課程の編成

　　教育課程の編成に当たっては、幼稚園教育において育みたい資質・能力を踏まえつつ、各幼稚園の教育目標を明確にするとともに、教育課程の編成についての基本的な方針が家庭や地域とも共有されるよう努めるものとする。

### 3　教育課程の編成上の基本的事項

(1) 　幼稚園生活の全体を通して第2章に示すねらいが総合的に達成されるよう、教育課程に係る教育期間や幼児の生活経験や発達の過程などを考慮して具体的なねらいと内容を組織するものとする。この場合においては、特に、自我が芽生え、他者の存在を意識し、自己を抑制しようとする気持ちが生まれる幼児期の発達の特性を踏まえ、入園から修了に至るまでの長期的な視野をもって充実した生活が展開できるように配慮するものとする。

(2) 　幼稚園の毎学年の教育課程に係る教育週数は、特別の事情のある場合を除き、39週を下ってはならない。

(3) 　幼稚園の1日の教育課程に係る教育時間は、4時間を標準とする。ただし、幼児の心身の発達の程度や季節などに適切に配慮するものとする。

### 4　教育課程の編成上の留意事項

　　教育課程の編成に当たっては、次の事項に留意するものとする。

(1) 　幼児の生活は、入園当初の一人一人の遊びや教師との触れ合いを通して幼稚園生活に親しみ、安定していく時期から、他の幼児との関わりの中で幼児の主体的

な活動が深まり、幼児が互いに必要な存在であることを認識するようになり、やがて幼児同士や学級全体で目的をもって協同して幼稚園生活を展開し、深めていく時期などに至るまでの過程を様々に経ながら広げられていくものであることを考慮し、活動がそれぞれの時期にふさわしく展開されるようにすること。

(2) 　入園当初、特に、3歳児の入園については、家庭との連携を緊密にし、生活のリズムや安全面に十分配慮すること。また、満3歳児については、学年の途中から入園することを考慮し、幼児が安心して幼稚園生活を過ごすことができるよう配慮すること。

(3) 　幼稚園生活が幼児にとって安全なものとなるよう、教職員による協力体制の下、幼児の主体的な活動を大切にしつつ、園庭や園舎などの環境の配慮や指導の工夫を行うこと。

### 5　小学校教育との接続に当たっての留意事項

(1) 　幼稚園においては、幼稚園教育が、小学校以降の生活や学習の基盤の育成につながることに配慮し、幼児期にふさわしい生活を通して、創造的な思考や主体的な生活態度などの基礎を培うようにするものとする。

(2) 　幼稚園教育において育まれた資質・能力を踏まえ、小学校教育が円滑に行われるよう、小学校の教師との意見交換や合同の研究の機会などを設け、「幼児期の終わりまでに育ってほしい姿」を共有するなど連携を図り、幼稚園教育と小学校教育との円滑な接続を図るよう努めるものとする。

### 6　全体的な計画の作成

　　各幼稚園においては、教育課程を中心に、第3章に示す教育課程に係る教育時間の終了後等に行う教育活動の計画、学校保健計画、学校安全計画などとを関連させ、一体的に教育活動が展開されるよう全体的な計画を作成するものとする。

## 第4　指導計画の作成と幼児理解に基づいた評価

### 1　指導計画の考え方

　　幼稚園教育は、幼児が自ら意欲をもって環境と関わることによりつくり出される具体的な活動を通して、その目標の達成を図るものである。

　　幼稚園においてはこのことを踏まえ、幼児期にふさわしい生活が展開され、適切な指導が行われるよう、それぞれの幼稚園の教育課程に基づき、調和のとれた組織的、発展的な指導計画を作成し、幼児の活動に沿った柔軟な指導を行わなければならない。

### 2　指導計画の作成上の基本的事項

(1) 　指導計画は、幼児の発達に即して一人一人の幼児が幼児期にふさわしい生活を展開し、必要な体験を得られるようにするために、具体的に作成するものとする。

(2) 　指導計画の作成に当たっては、次に示すところにより、具体的なねらい及び内容を明確に設定し、適切な

環境を構成することなどにより活動が選択・展開されるようにするものとする。

ア　具体的なねらい及び内容は、幼稚園生活における幼児の発達の過程を見通し、幼児の生活の連続性、季節の変化などを考慮して、幼児の興味や関心、発達の実情などに応じて設定すること。

イ　環境は、具体的なねらいを達成するために適切なものとなるように構成し、幼児が自らその環境に関わることにより様々な活動を展開しつつ必要な体験を得られるようにすること。その際、幼児の生活する姿や発想を大切にし、常にその環境が適切なものとなるようにすること。

ウ　幼児の行う具体的な活動は、生活の流れの中で様々に変化するものであることに留意し、幼児が望ましい方向に向かって自ら活動を展開していくことができるよう必要な援助をすること。

その際、幼児の実態及び幼児を取り巻く状況の変化などに即して指導の過程についての評価を適切に行い、常に指導計画の改善を図るものとする。

3　指導計画の作成上の留意事項
　指導計画の作成に当たっては、次の事項に留意するものとする。

(1)　長期的に発達を見通した年、学期、月などにわたる長期の指導計画やこれとの関連を保ちながらより具体的な幼児の生活に即した週、日などの短期の指導計画を作成し、適切な指導が行われるようにすること。特に、週、日などの短期の指導計画については、幼児の生活のリズムに配慮し、幼児の意識や興味の連続性のある活動が相互に関連して幼稚園生活の自然な流れの中に組み込まれるようにすること。

(2)　幼児が様々な人やものとの関わりを通して、多様な体験をし、心身の調和のとれた発達を促すようにしていくこと。その際、幼児の発達に即して主体的・対話的で深い学びが実現するようにするとともに、心を動かされる体験が次の活動を生み出すことを考慮し、一つ一つの体験が相互に結び付き、幼稚園生活が充実するようにすること。

(3)　言語に関する能力の発達と思考力等の発達が関連していることを踏まえ、幼稚園生活全体を通して、幼児の発達を踏まえた言語環境を整え、言語活動の充実を図ること。

(4)　幼児が次の活動への期待や意欲をもつことができるよう、幼児の実態を踏まえながら、教師や他の幼児と共に遊びや生活の中で見通しをもったり、振り返ったりするよう工夫すること。

(5)　行事の指導に当たっては、幼稚園生活の自然な流れの中で生活に変化や潤いを与え、幼児が主体的に楽しく活動できるようにすること。なお、それぞれの行事

についてはその教育的価値を十分検討し、適切なものを精選し、幼児の負担にならないようにすること。

(6)　幼児期は直接的な体験が重要であることを踏まえ、視聴覚教材やコンピュータなど情報機器を活用する際には、幼稚園生活では得難い体験を補完するなど、幼児の体験との関連を考慮すること。

(7)　幼児の主体的な活動を促すためには、教師が多様な関わりをもつことが重要であることを踏まえ、教師は、理解者、共同作業者など様々な役割を果たし、幼児の発達に必要な豊かな体験が得られるよう、活動の場面に応じて、適切な指導を行うようにすること。

(8)　幼児の行う活動は、個人、グループ、学級全体などで多様に展開されるものであることを踏まえ、幼稚園全体の教師による協力体制を作りながら、一人一人の幼児が興味や欲求を十分に満足させるよう適切な援助を行うようにすること。

4　幼児理解に基づいた評価の実施
　幼児一人一人の発達の理解に基づいた評価の実施に当たっては、次の事項に配慮するものとする。

(1)　指導の過程を振り返りながら幼児の理解を進め、幼児一人一人のよさや可能性などを把握し、指導の改善に生かすようにすること。その際、他の幼児との比較や一定の基準に対する達成度についての評定によって捉えるものではないことに留意すること。

(2)　評価の妥当性や信頼性が高められるよう創意工夫を行い、組織的かつ計画的な取組を推進するとともに、次年度又は小学校等にその内容が適切に引き継がれるようにすること。

## 第5　特別な配慮を必要とする幼児への指導

1　障害のある幼児などへの指導
　障害のある幼児などへの指導に当たっては、集団の中で生活することを通して全体的な発達を促していくことに配慮し、特別支援学校などの助言又は援助を活用しつつ、個々の幼児の障害の状態などに応じた指導内容や指導方法の工夫を組織的かつ計画的に行うものとする。また、家庭、地域及び医療や福祉、保健等の業務を行う関係機関との連携を図り、長期的な視点で幼児への教育的支援を行うために、個別の教育支援計画を作成し活用することに努めるとともに，個々の幼児の実態を的確に把握し、個別の指導計画を作成し活用することに努めるものとする。

2　海外から帰国した幼児や生活に必要な日本語の習得に困難のある幼児の幼稚園生活への適応
　海外から帰国した幼児や生活に必要な日本語の習得に困難のある幼児については、安心して自己を発揮できるよう配慮するなど個々の幼児の実態に応じ、指導内容や指導方法の工夫を組織的かつ計画的に行うものとする。

第6　幼稚園運営上の留意事項

1　各幼稚園においては、園長の方針の下に、園務分掌に基づき教職員が適切に役割を分担しつつ、相互に連携しながら、教育課程や指導の改善を図るものとする。また、各幼稚園が行う学校評価については、教育課程の編成、実施、改善が教育活動や幼稚園運営の中核となることを踏まえ、カリキュラム・マネジメントと関連付けながら実施するよう留意するものとする。

2　幼児の生活は、家庭を基盤として地域社会を通じて次第に広がりをもつものであることに留意し、家庭との連携を十分に図るなど、幼稚園における生活が家庭や地域社会と連続性を保ちつつ展開されるようにするものとする。その際、地域の自然、高齢者や異年齢の子供などを含む人材、行事や公共施設などの地域の資源を積極的に活用し、幼児が豊かな生活体験を得られるように工夫するものとする。また、家庭との連携に当たっては、保護者との情報交換の機会を設けたり、保護者と幼児との活動の機会を設けたりなどすることを通じて、保護者の幼児期の教育に関する理解が深まるよう配慮するものとする。

3　地域や幼稚園の実態等により、幼稚園間に加え、保育所、幼保連携型認定こども園、小学校、中学校、高等学校及び特別支援学校などとの間の連携や交流を図るものとする。特に、幼稚園教育と小学校教育の円滑な接続のため、幼稚園の幼児と小学校の児童との交流の機会を積極的に設けるようにするものとする。また、障害のある幼児児童生徒との交流及び共同学習の機会を設け、共に尊重し合いながら協働して生活していく態度を育むよう努めるものとする。

第7　教育課程に係る教育時間終了後等に行う教育活動など

幼稚園は、第3章に示す教育課程に係る教育時間の終了後等に行う教育活動について、学校教育法に規定する目的及び目標並びにこの章の第1に示す幼稚園教育の基本を踏まえ実施するものとする。また、幼稚園の目的の達成に資するため、幼児の生活全体が豊かなものとなるよう家庭や地域における幼児期の教育の支援に努めるものとする。

# 第2章　ねらい及び内容

この章に示すねらいは、幼稚園教育において育みたい資質・能力を幼児の生活する姿から捉えたものであり、内容は、ねらいを達成するために指導する事項である。各領域は、これらを幼児の発達の側面から、心身の健康に関する領域「健康」、人との関わりに関する領域「人間関係」、身近な環境との関わりに関する領域「環境」、言葉の獲得に関する領域「言葉」及び感性と表現に関する領域「表現」としてまとめ、示したものである。内容の取扱いは、幼児の発達を踏まえた指導を行うに当たって留意すべき事項である。

各領域に示すねらいは、幼稚園における生活の全体を通じ、幼児が様々な体験を積み重ねる中で相互に関連をもちながら次第に達成に向かうものであること、内容は、幼児が環境に関わって展開する具体的な活動を通して総合的に指導されるものであることに留意しなければならない。

また、「幼児期の終わりまでに育ってほしい姿」が、ねらい及び内容に基づく活動全体を通して資質・能力が育まれている幼児の幼稚園修了時の具体的な姿であることを踏まえ、指導を行う際に考慮するものとする。

なお、特に必要な場合には、各領域に示すねらいの趣旨に基づいて適切な、具体的な内容を工夫し、それを加えても差し支えないが、その場合には、それが第1章の第1に示す幼稚園教育の基本を逸脱しないよう慎重に配慮する必要がある。

## 健康

〔健康な心と体を育て、自ら健康で安全な生活をつくり出す力を養う。〕

1　ねらい

(1)　明るく伸び伸びと行動し、充実感を味わう。

(2)　自分の体を十分に動かし、進んで運動しようとする。

(3)　健康、安全な生活に必要な習慣や態度を身に付け、見通しをもって行動する。

2　内容

(1)　先生や友達と触れ合い、安定感をもって行動する。

(2)　いろいろな遊びの中で十分に体を動かす。

(3)　進んで戸外で遊ぶ。

(4)　様々な活動に親しみ、楽しんで取り組む。

(5)　先生や友達と食べることを楽しみ、食べ物への興味や関心をもつ。

(6)　健康な生活のリズムを身に付ける。

(7)　身の回りを清潔にし、衣服の着脱、食事、排泄などの生活に必要な活動を自分でする。

(8)　幼稚園における生活の仕方を知り、自分たちで生活の場を整えながら見通しをもって行動する。

(9)　自分の健康に関心をもち、病気の予防などに必要な活動を進んで行う。

(10)　危険な場所、危険な遊び方、災害時などの行動の仕方が分かり、安全に気を付けて行動する。

3　内容の取扱い

上記の取扱いに当たっては、次の事項に留意する必要がある。

(1)　心と体の健康は、相互に密接な関連があるものであることを踏まえ、幼児が教師や他の幼児との温かい触れ合いの中で自己の存在感や充実感を味わうことなどを基盤として、しなやかな心と体の発達を促すこと。特に、十分に体を動かす気持ちよさを体験し、自ら体を動かそうとする意欲が育つようにすること。

(2)　様々な遊びの中で、幼児が興味や関心、能力に応じて全身を使って活動することにより、体を動かす楽しさを味わい、自分の体を大切にしようとする気持ちが

育つようにすること。その際、多様な動きを経験する中で、体の動きを調整するようにすること。

(3) 自然の中で伸び伸びと体を動かして遊ぶことにより、体の諸機能の発達が促されることに留意し、幼児の興味や関心が戸外にも向くようにすること。その際、幼児の動線に配慮した園庭や遊具の配置などを工夫すること。

(4) 健康な心と体を育てるためには食育を通じた望ましい食習慣の形成が大切であることを踏まえ、幼児の食生活の実情に配慮し、和やかな雰囲気の中で教師や他の幼児と食べる喜びや楽しさを味わったり、様々な食べ物への興味や関心をもったりするなどし、食の大切さに気付き、進んで食べようとする気持ちが育つようにすること。

(5) 基本的な生活習慣の形成に当たっては、家庭での生活経験に配慮し、幼児の自立心を育て、幼児が他の幼児と関わりながら主体的な活動を展開する中で、生活に必要な習慣を身に付け、次第に見通しをもって行動できるようにすること。

(6) 安全に関する指導に当たっては、情緒の安定を図り、遊びを通して安全についての構えを身に付け、危険な場所や事物などが分かり、安全についての理解を深めるようにすること。また、交通安全の習慣を身に付けるようにするとともに、避難訓練などを通して、災害などの緊急時に適切な行動がとれるようにすること。

## 人間関係

〔他の人々と親しみ、支え合って生活するために、自立心を育て、人と関わる力を養う。〕

1 ねらい
(1) 幼稚園生活を楽しみ、自分の力で行動することの充実感を味わう。
(2) 身近な人と親しみ、関わりを深め、工夫したり、協力したりして一緒に活動する楽しさを味わい、愛情や信頼感をもつ。
(3) 社会生活における望ましい習慣や態度を身に付ける。

2 内容
(1) 先生や友達と共に過ごすことの喜びを味わう。
(2) 自分で考え、自分で行動する。
(3) 自分でできることは自分でする。
(4) いろいろな遊びを楽しみながら物事をやり遂げようとする気持ちをもつ。
(5) 友達と積極的に関わりながら喜びや悲しみを共感し合う。
(6) 自分の思ったことを相手に伝え、相手の思っていることに気付く。
(7) 友達のよさに気付き、一緒に活動する楽しさを味わう。
(8) 友達と楽しく活動する中で、共通の目的を見いだし、工夫したり、協力したりなどする。
(9) よいことや悪いことがあることに気付き、考えなが

ら行動する。
(10) 友達との関わりを深め、思いやりをもつ。
(11) 友達と楽しく生活する中できまりの大切さに気付き、守ろうとする。
(12) 共同の遊具や用具を大切にし、皆で使う。
(13) 高齢者をはじめ地域の人々などの自分の生活に関係の深いいろいろな人に親しみをもつ。

3 内容の取扱い
上記の取扱いに当たっては、次の事項に留意する必要がある。
(1) 教師との信頼関係に支えられて自分自身の生活を確立していくことが人と関わる基盤となることを考慮し、幼児が自ら周囲に働き掛けることにより多様な感情を体験し、試行錯誤しながら諦めずにやり遂げることの達成感や、前向きな見通しをもって自分の力で行うことの充実感を味わうことができるよう、幼児の行動を見守りながら適切な援助を行うようにすること。
(2) 一人一人を生かした集団を形成しながら人と関わる力を育てていくようにすること。その際、集団の生活の中で、幼児が自己を発揮し、教師や他の幼児に認められる体験をし、自分のよさや特徴に気付き、自信をもって行動できるようにすること。
(3) 幼児が互いに関わりを深め、協同して遊ぶようになるため、自ら行動する力を育てるようにするとともに、他の幼児と試行錯誤しながら活動を展開する楽しさや共通の目的が実現する喜びを味わうことができるようにすること。
(4) 道徳性の芽生えを培うに当たっては、基本的な生活習慣の形成を図るとともに、幼児が他の幼児との関わりの中で他人の存在に気付き、相手を尊重する気持ちをもって行動できるようにし、また、自然や身近な動植物に親しむことなどを通して豊かな心情が育つようにすること。特に、人に対する信頼感や思いやりの気持ちは、葛藤やつまずきをも体験し、それらを乗り越えることにより次第に芽生えてくることに配慮すること。
(5) 集団の生活を通して、幼児が人との関わりを深め、規範意識の芽生えが培われることを考慮し、幼児が教師との信頼関係に支えられて自己を発揮する中で、互いに思いを主張し、折り合いを付ける体験をし、きまりの必要性などに気付き、自分の気持ちを調整する力が育つようにすること。
(6) 高齢者をはじめ地域の人々などの自分の生活に関係の深いいろいろな人と触れ合い、自分の感情や意志を表現しながら共に楽しみ、共感し合う体験を通して、これらの人々などに親しみをもち、人と関わることの楽しさや人の役に立つ喜びを味わうことができるようにすること。また、生活を通して親や祖父母などの家族の愛情に気付き、家族を大切にしようとする気持ちが育つようにすること。

### 環境

〔周囲の様々な環境に好奇心や探究心をもって関わり、それらを生活に取り入れていこうとする力を養う。〕

1　ねらい

(1)　身近な環境に親しみ、自然と触れ合う中で様々な事象に興味や関心をもつ。

(2)　身近な環境に自分から関わり、発見を楽しんだり、考えたりし、それを生活に取り入れようとする。

(3)　身近な事象を見たり、考えたり、扱ったりする中で、物の性質や数量、文字などに対する感覚を豊かにする。

2　内容

(1)　自然に触れて生活し、その大きさ、美しさ、不思議さなどに気付く。

(2)　生活の中で、様々な物に触れ、その性質や仕組みに興味や関心をもつ。

(3)　季節により自然や人間の生活に変化のあることに気付く。

(4)　自然などの身近な事象に関心をもち、取り入れて遊ぶ。

(5)　身近な動植物に親しみをもって接し、生命の尊さに気付き、いたわったり、大切にしたりする。

(6)　日常生活の中で、我が国や地域社会における様々な文化や伝統に親しむ。

(7)　身近な物を大切にする。

(8)　身近な物や遊具に興味をもって関わり、自分なりに比べたり、関連付けたりしながら考えたり、試したりして工夫して遊ぶ。

(9)　日常生活の中で数量や図形などに関心をもつ。

(10)　日常生活の中で簡単な標識や文字などに関心をもつ。

(11)　生活に関係の深い情報や施設などに興味や関心をもつ。

(12)　幼稚園内外の行事において国旗に親しむ。

3　内容の取扱い

上記の取扱いに当たっては、次の事項に留意する必要がある。

(1)　幼児が、遊びの中で周囲の環境と関わり、次第に周囲の世界に好奇心を抱き、その意味や操作の仕方に関心をもち、物事の法則性に気付き、自分なりに考えることができるようになる過程を大切にすること。また、他の幼児の考えなどに触れて新しい考えを生み出す喜びや楽しさを味わい、自分の考えをよりよいものにしようとする気持ちが育つようにすること。

(2)　幼児期において自然のもつ意味は大きく、自然の大きさ、美しさ、不思議さなどに直接触れる体験を通して、幼児の心が安らぎ、豊かな感情、好奇心、思考力、表現力の基礎が培われることを踏まえ、幼児が自然との関わりを深めることができるよう工夫すること。

(3)　身近な事象や動植物に対する感動を伝え合い、共感し合うことなどを通して自分から関わろうとする意欲を育てるとともに、様々な関わり方を通してそれらに対する親しみや畏敬の念、生命を大切にする気持ち、

公共心、探究心などが養われるようにすること。

(4)　文化や伝統に親しむ際には、正月や節句など我が国の伝統的な行事、国歌、唱歌、わらべうたや我が国の伝統的な遊びに親しんだり、異なる文化に触れる活動に親しんだりすることを通じて、社会とのつながりの意識や国際理解の意識の芽生えなどが養われるようにすること。

(5)　数量や文字などに関しては、日常生活の中で幼児自身の必要感に基づく体験を大切にし、数量や文字などに関する興味や関心、感覚が養われるようにすること。

### 言葉

〔経験したことや考えたことなどを自分なりの言葉で表現し、相手の話す言葉を聞こうとする意欲や態度を育て、言葉に対する感覚や言葉で表現する力を養う。〕

1　ねらい

(1)　自分の気持ちを言葉で表現する楽しさを味わう。

(2)　人の言葉や話などをよく聞き、自分の経験したことや考えたことを話し、伝え合う喜びを味わう。

(3)　日常生活に必要な言葉が分かるようになるとともに、絵本や物語などに親しみ、言葉に対する感覚を豊かにし、先生や友達と心を通わせる。

2　内容

(1)　先生や友達の言葉や話に興味や関心をもち、親しみをもって聞いたり、話したりする。

(2)　したり、見たり、聞いたり、感じたり、考えたりなどしたことを自分なりに言葉で表現する。

(3)　したいこと、してほしいことを言葉で表現したり、分からないことを尋ねたりする。

(4)　人の話を注意して聞き、相手に分かるように話す。

(5)　生活の中で必要な言葉が分かり、使う。

(6)　親しみをもって日常の挨拶をする。

(7)　生活の中で言葉の楽しさや美しさに気付く。

(8)　いろいろな体験を通じてイメージや言葉を豊かにする。

(9)　絵本や物語などに親しみ、興味をもって聞き、想像をする楽しさを味わう。

(10)　日常生活の中で、文字などで伝える楽しさを味わう。

3　内容の取扱い

上記の取扱いに当たっては、次の事項に留意する必要がある。

(1)　言葉は、身近な人に親しみをもって接し、自分の感情や意志などを伝え、それに相手が応答し、その言葉を聞くことを通して次第に獲得されていくものであることを考慮して、幼児が教師や他の幼児と関わることにより心を動かされるような体験をし、言葉を交わす喜びを味わえるようにすること。

(2)　幼児が自分の思いを言葉で伝えるとともに、教師や他の幼児などの話を興味をもって注意して聞くことを通して次第に話を理解するようになっていき、言葉に

よる伝え合いができるようにすること。

(3) 絵本や物語などで、その内容と自分の経験とを結び付けたり、想像を巡らせたりするなど、楽しみを十分に味わうことによって、次第に豊かなイメージをもち、言葉に対する感覚が養われるようにすること。

(4) 幼児が生活の中で、言葉の響きやリズム、新しい言葉や表現などに触れ、これらを使う楽しさを味わえるようにすること。その際、絵本や物語に親しんだり、言葉遊びなどをしたりすることを通して、言葉が豊かになるようにすること。

(5) 幼児が日常生活の中で、文字などを使いながら思ったことや考えたことを伝える喜びや楽しさを味わい、文字に対する興味や関心をもつようにすること。

### 表現

〔感じたことや考えたことを自分なりに表現することを通して、豊かな感性や表現する力を養い、創造性を豊かにする。〕

1 ねらい

(1) いろいろなものの美しさなどに対する豊かな感性をもつ。

(2) 感じたことや考えたことを自分なりに表現して楽しむ。

(3) 生活の中でイメージを豊かにし、様々な表現を楽しむ。

2 内容

(1) 生活の中で様々な音、形、色、手触り、動きなどに気付いたり、感じたりするなどして楽しむ。

(2) 生活の中で美しいものや心を動かす出来事に触れ、イメージを豊かにする。

(3) 様々な出来事の中で、感動したことを伝え合う楽しさを味わう。

(4) 感じたこと、考えたことなどを音や動きなどで表現したり、自由にかいたり、つくったりなどする。

(5) いろいろな素材に親しみ、工夫して遊ぶ。

(6) 音楽に親しみ、歌を歌ったり、簡単なリズム楽器を使ったりなどする楽しさを味わう。

(7) かいたり、つくったりすることを楽しみ、遊びに使ったり、飾ったりなどする。

(8) 自分のイメージを動きや言葉などで表現したり、演じて遊んだりするなどの楽しさを味わう。

3 内容の取扱い

上記の取扱いに当たっては、次の事項に留意する必要がある。

(1) 豊かな感性は、身近な環境と十分に関わる中で美しいもの、優れたもの、心を動かす出来事などに出会い、そこから得た感動を他の幼児や教師と共有し、様々に表現することなどを通して養われるようにすること。その際、風の音や雨の音、身近にある草や花の形や色など自然の中にある音、形、色などに気付くようにすること。

(2) 幼児の自己表現は素朴な形で行われることが多いので、教師はそのような表現を受容し、幼児自身の表現しようとする意欲を受け止めて、幼児が生活の中で幼児らしい様々な表現を楽しむことができるようにすること。

(3) 生活経験や発達に応じ、自ら様々な表現を楽しみ、表現する意欲を十分に発揮させることができるように、遊具や用具などを整えたり、様々な素材や表現の仕方に親しんだり、他の幼児の表現に触れられるよう配慮したりし、表現する過程を大切にして自己表現を楽しめるように工夫すること。

## 第3章　教育課程に係る教育時間の終了後等に行う教育活動などの留意事項

1 地域の実態や保護者の要請により、教育課程に係る教育時間の終了後等に希望する者を対象に行う教育活動については、幼児の心身の負担に配慮するものとする。また、次の点にも留意するものとする。

(1) 教育課程に基づく活動を考慮し、幼児期にふさわしい無理のないものとなるようにすること。その際、教育課程に基づく活動を担当する教師と緊密な連携を図るようにすること。

(2) 家庭や地域での幼児の生活も考慮し、教育課程に係る教育時間の終了後等に行う教育活動の計画を作成するようにすること。その際、地域の人々と連携するなど、地域の様々な資源を活用しつつ、多様な体験ができるようにすること。

(3) 家庭との緊密な連携を図るようにすること。その際、情報交換の機会を設けたりするなど、保護者が、幼稚園と共に幼児を育てるという意識が高まるようにすること。

(4) 地域の実態や保護者の事情とともに幼児の生活のリズムを踏まえつつ、例えば実施日数や時間などについて、弾力的な運用に配慮すること。

(5) 適切な責任体制と指導体制を整備した上で行うようにすること。

2 幼稚園の運営に当たっては、子育ての支援のために保護者や地域の人々に機能や施設を開放して、園内体制の整備や関係機関との連携及び協力に配慮しつつ、幼児期の教育に関する相談に応じたり、情報を提供したり、幼児と保護者との登園を受け入れたり、保護者同士の交流の機会を提供したりするなど、幼稚園と家庭が一体となって幼児と関わる取組を進め、地域における幼児期の教育のセンターとしての役割を果たすよう努めるものとする。その際、心理や保健の専門家、地域の子育て経験者等と連携・協働しながら取り組むよう配慮するものとする。

## 第2章　保育の内容

### 1　乳児保育に関わるねらい及び内容

(1)　基本的事項

ア　乳児期の発達については、視覚、聴覚などの感覚や、座る、はう、歩くなどの運動機能が著しく発達し、特定の大人との応答的な関わりを通じて、情緒的な絆が形成されるといった特徴がある。これらの発達の特徴を踏まえて、乳児保育は、愛情豊かに、応答的に行われることが特に必要である。

イ　本項においては、この時期の発達の特徴を踏まえ、乳児保育の「ねらい」及び「内容」については、身体的発達に関する視点「健やかに伸び伸びと育つ」、社会的発達に関する視点「身近な人と気持ちが通じ合う」及び精神的発達に関する視点「身近なものと関わり感性が育つ」としてまとめ、示している。

ウ　本項の各視点において示す保育の内容は、第1章の2に示された養護における「生命の保持」及び「情緒の安定」に関わる保育の内容と、一体となって展開されるものであることに留意が必要である。

(2)　ねらい及び内容

ア　健やかに伸び伸びと育つ

健康な心と体を育て、自ら健康で安全な生活をつくり出す力の基盤を培う。

(ア)　ねらい

①　身体感覚が育ち、快適な環境に心地よさを感じる。

②　伸び伸びと体を動かし、はう、歩くなどの運動をしようとする。

③　食事、睡眠等の生活のリズムの感覚が芽生える。

(イ)　内容

①　保育士等の愛情豊かな受容の下で、生理的・心理的欲求を満たし、心地よく生活をする。

②　一人一人の発育に応じて、はう、立つ、歩くなど、十分に体を動かす。

③　個人差に応じて授乳を行い、離乳を進めていく中で、様々な食品に少しずつ慣れ、食べることを楽しむ。

④　一人一人の生活のリズムに応じて、安全な環境の下で十分に午睡をする。

⑤　おむつ交換や衣服の着脱などを通じて、清潔になることの心地よさを感じる。

(ウ)　内容の取扱い

上記の取扱いに当たっては、次の事項に留意する必要がある。

①　心と体の健康は、相互に密接な関連があるものであることを踏まえ、温かい触れ合いの中で、心と体の発達を促すこと。特に、寝返り、お座り、はいはい、つかまり立ち、伝い歩きなど、発育に応じて、遊びの中で体を動かす機会を十分に確保し、自ら体を動かそうとする意欲が育つようにすること。

②　健康な心と体を育てるためには望ましい食習慣の形成が重要であることを踏まえ、離乳食が完了期へと徐々に移行する中で、様々な食品に慣れるようにするとともに、和やかな雰囲気の中で食べる喜びや楽しさを味わい、進んで食べようとする気持ちが育つようにすること。なお、食物アレルギーのある子どもへの対応については、嘱託医等の指示や協力の下に適切に対応すること。

イ　身近な人と気持ちが通じ合う

受容的・応答的な関わりの下で、何かを伝えようとする意欲や身近な大人との信頼関係を育て、人と関わる力の基盤を培う。

(ア)　ねらい

①　安心できる関係の下で、身近な人と共に過ごす喜びを感じる。

②　体の動きや表情、発声等により、保育士等と気持ちを通わせようとする。

③　身近な人と親しみ、関わりを深め、愛情や信頼感が芽生える。

(イ)　内容

①　子どもからの働きかけを踏まえた、応答的な触れ合いや言葉がけによって、欲求が満たされ、安定感をもって過ごす。

②　体の動きや表情、発声、喃語等を優しく受け止めてもらい、保育士等とのやり取りを楽しむ。

③　生活や遊びの中で、自分の身近な人の存在に気付き、親しみの気持ちを表す。

④　保育士等による語りかけや歌いかけ、発声や喃語等への応答を通じて、言葉の理解や発語の意欲が育つ。

⑤　温かく、受容的な関わりを通じて、自分を肯定する気持ちが芽生える。

(ウ)　内容の取扱い

上記の取扱いに当たっては、次の事項に留意する必要がある。

①　保育士等との信頼関係に支えられて生活を確立していくことが人と関わる基盤となることを考慮して、子どもの多様な感情を受け止め、温かく受容的・応答的に関わり、一人一人に応じた適切な援助を行うようにすること。

②　身近な人に親しみをもって接し、自分の感情などを表し、それに相手が応答する言葉を聞くことを通して、次第に言葉が獲得されていくことを考慮して、楽しい雰囲気の中での保育士等との関わり合いを大切にし、ゆっくりと優しく話しかけるなど、積極的に言葉のやり取りを楽しむことができるようにすること。

ウ　身近なものと関わり感性が育つ

身近な環境に興味や好奇心をもって関わり、感じたことや考えたことを表現する力の基盤を培う。

(ｱ)　ねらい
　　　①　身の回りのものに親しみ、様々なものに興味や
　　　　関心をもつ。
　　　②　見る、触れる、探索するなど、身近な環境に自
　　　　分から関わろうとする。
　　　③　身体の諸感覚による認識が豊かになり、表情や
　　　　手足、体の動き等で表現する。
　　(ｲ)　内容
　　　①　身近な生活用具、玩具や絵本などが用意された
　　　　中で、身の回りのものに対する興味や好奇心をも
　　　　つ。
　　　②　生活や遊びの中で様々なものに触れ、音、形、色、
　　　　手触りなどに気付き、感覚の働きを豊かにする。
　　　③　保育士等と一緒に様々な色彩や形のものや絵本
　　　　などを見る。
　　　④　玩具や身の回りのものを、つまむ、つかむ、た
　　　　たく、引っ張るなど、手や指を使って遊ぶ。
　　　⑤　保育士等のあやし遊びに機嫌よく応じたり、歌
　　　　やリズムに合わせて手足や体を動かして楽しんだ
　　　　りする。
　　(ｳ)　内容の取扱い
　　　　上記の取扱いに当たっては、次の事項に留意する
　　　必要がある。
　　　①　玩具などは、音質、形、色、大きさなど子ども
　　　　の発達状態に応じて適切なものを選び、その時々
　　　　の子どもの興味や関心を踏まえるなど、遊びを通
　　　　して感覚の発達が促されるものとなるように工夫
　　　　すること。なお、安全な環境の下で、子どもが探
　　　　索意欲を満たして自由に遊べるよう、身の回りの
　　　　ものについては、常に十分な点検を行うこと。
　　　②　乳児期においては、表情、発声、体の動きなどで、
　　　　感情を表現することが多いことから、これらの表
　　　　現しようとする意欲を積極的に受け止めて、子ど
　　　　もが様々な活動を楽しむことを通して表現が豊か
　　　　になるようにすること。
(3)　保育の実施に関わる配慮事項
　ア　乳児は疾病への抵抗力が弱く、心身の機能の未熟さ
　　に伴う疾病の発生が多いことから、一人一人の発育及
　　び発達状態や健康状態についての適切な判断に基づく
　　保健的な対応を行うこと。
　イ　一人一人の子どもの生育歴の違いに留意しつつ、欲
　　求を適切に満たし、特定の保育士が応答的に関わるよ
　　うに努めること。
　ウ　乳児保育に関わる職員間の連携や嘱託医との連携を
　　図り、第3章に示す事項を踏まえ、適切に対応するこ
　　と。栄養士及び看護師等が配置されている場合は、そ
　　の専門性を生かした対応を図ること。
　エ　保護者との信頼関係を築きながら保育を進めるとと
　　もに、保護者からの相談に応じ、保護者への支援に努
　　めていくこと。
　オ　担当の保育士が替わる場合には、子どものそれまで
　　の生育歴や発達過程に留意し、職員間で協力して対応
　　すること。

**2　1歳以上3歳未満児の保育に関わるねらい及び内容**
(1)　基本的事項
　ア　この時期においては、歩き始めから、歩く、走る、
　　跳ぶなどへと、基本的な運動機能が次第に発達し、排
　　泄の自立のための身体的機能も整うようになる。つま
　　む、めくるなどの指先の機能も発達し、食事、衣類の
　　着脱なども、保育士等の援助の下で自分で行うように
　　なる。発声も明瞭になり、語彙も増加し、自分の意思
　　や欲求を言葉で表出できるようになる。このように自
　　分でできることが増えてくる時期であることから、保
　　育士等は、子どもの生活の安定を図りながら、自分で
　　しようとする気持ちを尊重し、温かく見守るとともに、
　　愛情豊かに、応答的に関わることが必要である。
　イ　本項においては、この時期の発達の特徴を踏まえ、
　　保育の「ねらい」及び「内容」について、心身の健康
　　に関する領域「健康」、人との関わりに関する領域「人
　　間関係」、身近な環境との関わりに関する領域「環境」、
　　言葉の獲得に関する領域「言葉」及び感性と表現に関
　　する領域「表現」としてまとめ、示している。
　ウ　本項の各領域において示す保育の内容は、第1章の
　　2に示された養護における「生命の保持」及び「情緒
　　の安定」に関わる保育の内容と、一体となって展開さ
　　れるものであることに留意が必要である。
(2)　ねらい及び内容
　ア　健康
　　　健康な心と体を育て、自ら健康で安全な生活をつく
　　り出す力を養う。
　　(ｱ)　ねらい
　　　①　明るく伸び伸びと生活し、自分から体を動かす
　　　　ことを楽しむ。
　　　②　自分の体を十分に動かし、様々な動きをしよう
　　　　とする。
　　　③　健康、安全な生活に必要な習慣に気付き、自分
　　　　でしてみようとする気持ちが育つ。
　　(ｲ)　内容
　　　①　保育士等の愛情豊かな受容の下で、安定感を
　　　　もって生活をする。
　　　②　食事や午睡、遊びと休息など、保育所における
　　　　生活のリズムが形成される。
　　　③　走る、跳ぶ、登る、押す、引っ張るなど全身を
　　　　使う遊びを楽しむ。
　　　④　様々な食品や調理形態に慣れ、ゆったりとした
　　　　雰囲気の中で食事や間食を楽しむ。
　　　⑤　身の回りを清潔に保つ心地よさを感じ、その習
　　　　慣が少しずつ身に付く。
　　　⑥　保育士等の助けを借りながら、衣類の着脱を自
　　　　分でしようとする。
　　　⑦　便器での排泄に慣れ、自分で排泄ができるよう
　　　　になる。
　　(ｳ)　内容の取扱い
　　　　上記の取扱いに当たっては、次の事項に留意する
　　　必要がある。
　　　①　心と体の健康は、相互に密接な関連があるもの

であることを踏まえ、子どもの気持ちに配慮した温かい触れ合いの中で、心と体の発達を促すこと。特に、一人一人の発育に応じて、体を動かす機会を十分に確保し、自ら体を動かそうとする意欲が育つようにすること。

② 健康な心と体を育てるためには望ましい食習慣の形成が重要であることを踏まえ、ゆったりとした雰囲気の中で食べる喜びや楽しさを味わい、進んで食べようとする気持ちが育つようにすること。なお、食物アレルギーのある子どもへの対応については、嘱託医等の指示や協力の下に適切に対応すること。

③ 排泄の習慣については、一人一人の排尿間隔等を踏まえ、おむつが汚れていないときに便器に座らせるなどにより、少しずつ慣れさせるようにすること。

④ 食事、排泄、睡眠、衣類の着脱、身の回りを清潔にすることなど、生活に必要な基本的な習慣については、一人一人の状態に応じ、落ち着いた雰囲気の中で行うようにし、子どもが自分でしようとする気持ちを尊重すること。また、基本的な生活習慣の形成に当たっては、家庭での生活経験に配慮し、家庭との適切な連携の下で行うようにすること。

イ　人間関係
他の人々と親しみ、支え合って生活するために、自立心を育て、人と関わる力を養う。

(ア) ねらい
① 保育所での生活を楽しみ、身近な人と関わる心地よさを感じる。
② 周囲の子ども等への興味や関心が高まり、関わりをもとうとする。
③ 保育所の生活の仕方に慣れ、きまりの大切さに気付く。

(イ) 内容
① 保育士等や周囲の子ども等との安定した関係の中で、共に過ごす心地よさを感じる。
② 保育士等の受容的・応答的な関わりの中で、欲求を適切に満たし、安定感をもって過ごす。
③ 身の回りに様々な人がいることに気付き、徐々に他の子どもと関わりをもって遊ぶ。
④ 保育士等の仲立ちにより、他の子どもとの関わり方を少しずつ身につける。
⑤ 保育所の生活の仕方に慣れ、きまりがあることや、その大切さに気付く。
⑥ 生活や遊びの中で、年長児や保育士等の真似をしたり、ごっこ遊びを楽しんだりする。

(ウ) 内容の取扱い
上記の取扱いに当たっては、次の事項に留意する必要がある。
① 保育士等との信頼関係に支えられて生活を確立するとともに、自分で何かをしようとする気持

が旺盛になる時期であることに鑑み、そのような子どもの気持ちを尊重し、温かく見守るとともに、愛情豊かに、応答的に関わり、適切な援助を行うようにすること。

② 思い通りにいかない場合等の子どもの不安定な感情の表出については、保育士等が受容的に受け止めるとともに、そうした気持ちから立ち直る経験や感情をコントロールすることへの気付き等につなげていけるように援助すること。

③ この時期は自己と他者との違いの認識がまだ十分ではないことから、子どもの自我の育ちを見守るとともに、保育士等が仲立ちとなって、自分の気持ちを相手に伝えることや相手の気持ちに気付くことの大切さなど、友達の気持ちや友達との関わり方を丁寧に伝えていくことと。

ウ　環境
周囲の様々な環境に好奇心や探究心をもって関わり、それらを生活に取り入れていこうとする力を養う。

(ア) ねらい
① 身近な環境に親しみ、触れ合う中で、様々なものに興味や関心をもつ。
② 様々なものに関わる中で、発見を楽しんだり、考えたりしようとする。
③ 見る、聞く、触るなどの経験を通して、感覚の働きを豊かにする。

(イ) 内容
① 安全で活動しやすい環境での探索活動等を通して、見る、聞く、触れる、嗅ぐ、味わうなどの感覚の働きを豊かにする。
② 玩具、絵本、遊具などに興味をもち、それらを使った遊びを楽しむ。
③ 身の回りの物に触れる中で、形、色、大きさ、量などの物の性質や仕組みに気付く。
④ 自分の物と人の物の区別や、場所的感覚など、環境を捉える感覚が育つ。
⑤ 身近な生き物に気付き、親しみをもつ。
⑥ 近隣の生活や季節の行事などに興味や関心をもつ。

(ウ) 内容の取扱い
上記の取扱いに当たっては、次の事項に留意する必要がある。
① 玩具などは、音質、形、色、大きさなど子どもの発達状態に応じて適切なものを選び、遊びを通して感覚の発達が促されるように工夫すること。
② 身近な生き物との関わりについては、子どもが命を感じ、生命の尊さに気付く経験へとつながるものであることから、そうした気付きを促すような関わりとなるようにすること。
③ 地域の生活や季節の行事などに触れる際には、社会とのつながりや地域社会の文化への気付きにつながるものとなることが望ましいこと。その際、保育所内外の行事や地域の人々との触れ合いなど

を通して行うこと等も考慮すること。

エ　言葉
　　経験したことや考えたことなどを自分なりの言葉で表現し、相手の話す言葉を聞こうとする意欲や態度を育て、言葉に対する感覚や言葉で表現する力を養う。
　(ア)　ねらい
　　①　言葉遊びや言葉で表現する楽しさを感じる。
　　②　人の言葉や話などを聞き、自分でも思ったことを伝えようとする。
　　③　絵本や物語等に親しむとともに、言葉のやり取りを通じて身近な人と気持ちを通わせる。
　(イ)　内容
　　①　保育士等の応答的な関わりや話しかけにより、自ら言葉を使おうとする。
　　②　生活に必要な簡単な言葉に気付き、聞き分ける。
　　③　親しみをもって日常の挨拶に応じる。
　　④　絵本や紙芝居を楽しみ、簡単な言葉を繰り返したり、模倣をしたりして遊ぶ。
　　⑤　保育士等とごっこ遊びをする中で、言葉のやり取りを楽しむ。
　　⑥　保育士等を仲立ちとして、生活や遊びの中で友達との言葉のやり取りを楽しむ。
　　⑦　保育士等や友達の言葉や話に興味や関心をもって、聞いたり、話したりする。
　(ウ)　内容の取扱い
　　上記の取扱いに当たっては、次の事項に留意する必要がある。
　　①　身近な人に親しみをもって接し、自分の感情などを伝え、それに相手が応答し、その言葉を聞くことを通して、次第に言葉が獲得されていくものであることを考慮して、楽しい雰囲気の中で保育士等との言葉のやり取りができるようにすること。
　　②　子どもが自分の思いを言葉で伝えるとともに、他の子どもの話などを聞くことを通して、次第に話を理解し、言葉による伝え合いができるようになるよう、気持ちや経験等の言語化を行うことを援助するなど、子ども同士の関わりの仲立ちを行うようにすること。
　　③　この時期は、片言から、二語文、ごっこ遊びでのやり取りができる程度へと、大きく言葉の習得が進む時期であることから、それぞれの子どもの発達の状況に応じて、遊びや関わりの工夫など、保育の内容を適切に展開することが必要であること。

オ　表現
　　感じたことや考えたことを自分なりに表現することを通して、豊かな感性や表現する力を養い、創造性を豊かにする。
　(ア)　ねらい
　　①　身体の諸感覚の経験を豊かにし、様々な感覚を味わう。

　　②　感じたことや考えたことなどを自分なりに表現しようとする。
　　③　生活や遊びの様々な体験を通して、イメージや感性が豊かになる。
　(イ)　内容
　　①　水、砂、土、紙、粘土など様々な素材に触れて楽しむ。
　　②　音楽、リズムやそれに合わせた体の動きを楽しむ。
　　③　生活の中で様々な音、形、色、手触り、動き、味、香りなどに気付いたり、感じたりして楽しむ。
　　④　歌を歌ったり、簡単な手遊びや全身を使う遊びを楽しんだりする。
　　⑤　保育士等からの話や、生活や遊びの中での出来事を通して、イメージを豊かにする。
　　⑥　生活や遊びの中で、興味のあることや経験したことなどを自分なりに表現する。
　(ウ)　内容の取扱い
　　上記の取扱いに当たっては、次の事項に留意する必要がある。
　　①　子どもの表現は、遊びや生活の様々な場面で表出されているものであることから、それらを積極的に受け止め、様々な表現の仕方や感性を豊かにする経験となるようにすること。
　　②　子どもが試行錯誤しながら様々な表現を楽しむことや、自分の力でやり遂げる充実感などに気付くよう、温かく見守るとともに、適切に援助を行うようにすること。
　　③　様々な感情の表現等を通じて、子どもが自分の感情や気持ちに気付くようになる時期であることに鑑み、受容的な関わりの中で自信をもって表現をすることや、諦めずに続けた後の達成感等を感じられるような経験が蓄積されるようにすること。
　　④　身近な自然や身の回りの事物に関わる中で、発見や心が動く経験が得られるよう、諸感覚を働かせることを楽しむ遊びや素材を用意するなど保育の環境を整えること。

(3)　保育の実施に関わる配慮事項
　ア　特に感染症にかかりやすい時期であるので、体の状態、機嫌、食欲などの日常の状態の観察を十分に行うとともに、適切な判断に基づく保健的な対応を心がけること。
　イ　探索活動が十分できるように、事故防止に努めながら活動しやすい環境を整え、全身を使う遊びなど様々な遊びを取り入れること。
　ウ　自我が形成され、子どもが自分の感情や気持ちに気付くようになる重要な時期であることに鑑み、情緒の安定を図りながら、子どもの自発的な活動を尊重するとともに促していくこと。
　エ　担当の保育士が替わる場合には、子どものそれまでの経験や発達過程に留意し、職員間で協力して対応すること。

# 監修者・編者・著者紹介

▶ **監修**　**無藤　隆**（むとう　たかし）　第1章§1〜6

東京大学教育学部卒業。同大学院教育学専攻科博士課程中退。お茶の水女子大学助教授、同子ども発達教育研究センター教授、白梅学園大学教授を経て、現在、白梅学園大学名誉教授。専門は、発達心理学、幼児教育学、保育学。

【著書】『現場と学問のふれあうところ』（新曜社）、『幼児教育のデザイン』（東京大学出版会）他。

▶ **編者代表**　**岩立京子**（いわたて　きょうこ）　第1章§7、第5章§1〜3、第8章

東京学芸大学教育学部卒業。筑波大学大学院心理学研究科博士課程単位取得退学。博士（心理学）。筑波大学心理学系技官、東京学芸大学教育学部教授を経て、現在、東京家政大学子ども支援学部子ども支援学科教授。専門は、発達心理学、幼児教育学。

【著書】『乳幼児心理学』（編著、北大路書房）、『保育者を生きる』（共著、東京大学出版会）他。

**赤石元子**（あかいし　もとこ）　第5章§4、第6章

東京学芸大学教育学部卒業。東京都公立幼稚園、東京学芸大学附属幼稚園副園長、明治学院大学心理学部教育発達学科特命教授、聖心女子大学非常勤講師を歴任。専門は、幼児教育学、保育学。

【著書】『今日から明日へつながる保育』（監修、萌文書林）、『はじめての子ども教育原理』（共著、有斐閣）他。

**古賀松香**（こが　まつか）　第7章

お茶の水女子大学生活科学部卒業。同大学院人間文化研究科博士後期課程単位取得満期退学。白梅学園大学大学院子ども学研究科博士課程修了。博士（子ども学）。現在、京都教育大学教育学部教授。専門は、幼児教育学、保育学。

【著書】『社会情動的スキルを育む「保育内容人間関係」』（北大路書房）他。

▶ **著者**　**西坂小百合**（にしざか　さゆり）　第2章

東京学芸大学教育学部卒業。同大学院連合学校教育学研究科博士課程修了。博士（教育学）。現在、共立女子大学家政学部児童学科教授。専門は、発達心理学、幼児教育学、保育学。

【著書】『0〜6歳 わかりやすい子どもの発達と保育のコツ』（監修、ナツメ社）、『保育内容 人間関係』（共編著、光生館）他。

**森下葉子**（もりした　ようこ）　第3章

東京女子大学文理学部卒業。東京学芸大学大学院連合学校教育学研究科博士課程修了。博士（教育学）。現在、文京学院大学人間学部児童発達学科准教授。専門は、発達心理学、幼児教育学、保育学。

【著書】『父親の心理学』（共著、北大路書房）、『保育内容 人間関係』（共著、光生館）他。

**倉持清美**（くらもち　きよみ）　第4章

お茶の水女子大学家政学部卒業。同大学院人間文化研究科博士課程修了。博士（人文科学）。現在、東京学芸大学教育学部教授。専門は、保育学、発達心理学。

【著書】『保育実践のフィールド心理学』（共編著、北大路書房）、『児童学事典』（共著、丸善出版）他。

## 事例・写真 提供協力

お茶の水女子大学附属幼稚園

東京学芸大学附属幼稚園小金井園舎

文京区立お茶の水女子大学こども園

幼児写真家　天野行造

お茶の水女子大学附属小学校

小野寺香織

学校法人嵯峨学園　御室幼稚園

京都市立上賀茂幼稚園

京都市立待賢幼稚園

京都市立中京もえぎ幼稚園

京都市立深草幼稚園

京都市立伏見住吉幼稚園

齋藤麻由美

社会福祉法人あさか杏樹会
　　あさしがおかアンジュ保育園

社会福祉法人雲柱社　愛の園保育園

社会福祉法人京都保育センター
　　くりのみ保育園

鈴木百合香

東京学芸大学附属小金井小学校

西尾誠・由美

装幀
**大路浩実**

本文デザイン・DTP
**株式会社明昌堂**

## 新訂 事例で学ぶ保育内容 〈領域〉人間関係

2007年1月7日　初版発行
2008年9月15日　改訂版発行
2017年4月10日　改訂版第10刷発行
2018年5月7日　新訂版第1刷発行
2024年4月1日　新訂版第7刷発行

監修者
**無藤 隆**

編者代表
**岩立京子**

発行者
**服部直人**

発行所
**株式会社萌文書林**
〒113-0021　東京都文京区本駒込6-15-11
Tel.03-3943-0576　Fax.03-3943-0567
https://www.houbun.com/
info@houbun.com

印刷
**シナノ印刷株式会社**

© Takashi Muto, Kyouko Iwatate *et al.* 2018, Printed in Japan
ISBN 978-4-89347-257-1